교육복지법

김지영

publishing and culture
피엔씨 미디어

머리말

교육은 인간이 인간답게 살아갈 수 있는 최소한의 조건이며, 헌법이 보장하는 보편적 기본권이다. 현대사회에서 교육은 단지 개인의 역량을 계발하는 도구를 넘어, 사회 통합과 실질적 평등을 실현하는 핵심 사회제도로 자리매김하고 있다. 그러나 교육의 기회가 모든 사람에게 평등하게 보장된다고 단언할 수 없다. 빈곤, 장애, 다문화 배경, 지역 간 격차와 같은 복합적 요인들 속에서 수많은 아동·청소년들이 여전히 공교육의 울타리 밖에서 방치되고 있다. 이는 곧 '기회의 평등'이라는 교육의 근본적 가치가 현장의 구조적 불평등에 의해 침해되고 있음을 시사한다.

이러한 교육의 사각지대가 만연한 현실 앞에서 교육복지는 선택이 아닌 국가의 책무이며 사회적 의무임에도 불구하고 현재의 교육복지 체계는 명확한 법적 근거 없이, 복수의 부처와 수많은 개별 사업들에 분산되어 있다. 또한 정책 간 연계와 통합, 수요자의 권리 보장은 체계적으로 뒷받침되지 못하고 있다. 이로 인해 교육복지는 여전히 행정의 주변부에 머무르고 있으며, 제도적 지속 가능성 또한 취약한 구조를 벗어나지 못하고 있다.

이 책은 이러한 문제의식에 기초하여, 교육복지의 법제화를 위한 이론적·제도적 근거를 탐색하고, 통합적 법률로서의 「교육복지법」 제정의 필요성과 방향성을 제시하였다. 아동·청소년의 교육권 보장과 교육의 공공성 실현이라는 가치가 실질적으로 구현하기 위해서는 명확하고 통일된 법적 체계가 필요하다.

하지만 현재의 교육복지 제도는 통합적 법체계를 갖추지 못한 채, 여러 정부 부처를 중심으로 산발적인 개별 사업을 중심으로 운영되고 있다.

관련 법령의 미비와 산발적으로 규정되어 있는 법규정은 정책의 지속가능성과 책무성을 다하지 못하고 있으며, 이는 결국 실질적 교육복지의 실현을 저해하는 근본적 원인으로 작용하고 있다.

따라서 이 책은 실질적 교육복지의 구현을 위한 '교육복지법' 제정의 필요성을 체계적으로 분석하고, 그 방향을 모색하였다.

저자는 그동안 교육 현장에서 얻은 경험과 현실의 문제점을 인식하면서 아동·청소년에게 정책적으로 필요한 선택적 복지와 보편적 복지의 필요성에 대한 문제 인식을 바탕으로 교육학 박사학위를 취득하였다. 교육학만으로는 제도적 정책적 대안을 제시하고 제도를 개혁하는 데에는 한계가 있음을 인식하여 법학을 공부하여 법학박사학위를 취득하였다. 이를 통하여 현실과 규범의 구조적 괴리문제를 인식하고 이를 극복하기 위한 법적, 제도적 개선방안을 고민하였다. 두 학문의 경계를 넘나드는 긴 여정 속에서 저자는 한 가지 확신을 가질 수 있었다. '교육복지는 현장에서 끝나는 것이 아니라, 법과 제도로 뒷받침되어야 비로소 완결된다.'라는 것이다.

이와 같은 학문적 성찰과 실천적 고민을 하나의 연구로 엮어내기까지 여정이 가능할 수 있었던 것은, 박사과정 전반에 걸쳐 저의 지적 성장과 성숙을 이끌어 주신 국립 창원대학교 법학과 김명용 지도교수님의 가르침 덕분이다. 김명용 교수님은 저의 법학 박사학위 논문을 지도해 주신 은사님이자, 삶과 학문의 방향을 일깨워 주신 정신적 스승이다. 교수님께서는 교육복지라는 주제를 법학적으로 풀어내려는 제자의 의지를 존중해 주셨고, 논리와 엄정함을 놓지 않으면서도 제자에 대한 애정과 정의감이 담긴 연구로 나아갈 수 있도록 끝까지 이끌어 주셨다. 사회적 약자를 위한 법의 존재 이유와 행정법학이 지녀야 할 실천적 정의감을 가르쳐 주셨다. 김교수님께서는 늘 **“법은 사람을 향해야 한다.”**라는 말씀을 강조하셨고, 저는 그 말씀을 마음 깊이 새기며, 이 연구를 완성할 수 있었다. 학문 앞에서는 엄정하고 논리적이시면서도, 제자에게는 늘 따뜻하고 인자하셨던 교수님의 품격은 제 인생의 가장 소중한 만남 중 하나로 기억될 것이다. 부족한 제자에게 아낌없이 시간과 마음을 내어주신 은혜를 마음 깊이 새기며, 머리말의 첫머리에 그 깊은 존경과 감사를 진심으로 담았다.

이 자리를 빌려 귀한 조언과 격려를 아끼지 않으신 창원대학교 김현태 전 총장님, 국립창원대학교 법학과 오상호 교수님, 이재민 교수님, 동아대학교 전주열 교수님께도 진심 어린 감사를 전한다. 교수님들께서 보내주신 격려와 조언은 연구의 방향을 정립하는 데 큰 힘이 되었고, 학문 여정의 중요한 이정표가 되어주셨다.

더불어, 저의 교육학 석·박사과정을 지도해 주신 국립창원대학교 권요한 교수님께도 각별한 감사를 드린다. 권 교수님은 현장의 복잡한 맥락 속에서 정책과 제도가 어떻게 작동해야 하는지를 교육학의 시각에서 성찰하도록 도와주셨고, 교육의 공공성과 형평성에 대한 지속적인 문제의식을 심어주셨다. 이는 훗날 법학 연구로 확장되는 중요한 기반이 되었다.

또한 교육현장의 실천성과 현실감을 잃지 않도록 늘 조언을 아끼지 않으신 저자의 초등학교 은사님이신 강대룡 전 하동교육지원청 교육장님께도 감사의 말씀을 전한다. 언제나 따뜻한 격려로 제게 힘을 주셨고, 이 연구가 이론에 머물지 않도록 도와주셨다.

그리고 긴 학문 여정 내내 제 곁을 지켜 주신 사랑하는 어머니, 아버지께 진심으로 감사드린다. 늘 묵묵히 기도하시고 믿어주신 그 사랑이 있었기에, 이 길을 포기하지 않고 끝까지 걸어올 수 있었다. 이 책의 마지막 한 줄까지 부모님의 사랑으로 저술하였음을 고백한다.

이 책은 교육복지 제도화의 미비 속에서 방치된 수많은 이들의 현실에 작은 울림이 되기를 바란다. 나아가 '교육복지법'이라는 단일법제의 제정을 위한 공론화와 입법 논의가 본격화되는 데 기초자료로 쓰일 수 있기를 소망한다. 우리 사회의 아이들이 출발선에서부터 평등한 교육을 받을 수 있는 법적 장치의 마련에 작지만, 의미 있는 밑거름이 되기를 희망한다.

2025년 5월

저자 김지영

차 례

제3장 교육복지 관련법의 주요 내용 및 문제점

제4장 외국의 교육복지정책의 비교법적 검토

표그림목차

서 문

교육복지법 제정에 관한 연구

이 책은 교육적으로 불리한 취약계층에 대한 불평등을 해소하고 교육기회의 균등한 보장을 위하여 실시되고 있는 교육복지 정책을 보다 종합적이고 체계적으로 추진하기 위한 방안을 도출하고, 이를 토대로 교육복지법(가칭)의 제정방안을 제시하였다. 이에 주요 외국의 교육복지정책 관련 법·제도의 비교법적 검토를 통하여 한국에 대한 시사점을 도출하였다.

최근 우리 사회의 대표적인 문제로 이슈화되고 있는 저출산 및 사회 양극화가 심각한 수준에 이르고 있다. 우리나라는 그동안 교육복지 정책을 추진하고 법령을 정비하기 위한 노력을 하였다. 그러나 정권이 바뀔 때마다 교육정책, 더 나아가 교육복지정책이 변경되는 관계로 교육복지정책의 일관성 부족, 사교육비로 인한 부담과 이로 인한 출산 기피 초래, 공교육에 대한 불신과 낮은 만족도, 교육 소외와 격차 문제에 직면하고 있다. 이러한 이유에서 학계와 정치권에서는 교육복지정책의 일관성과 효율성을 확보하기 위하여 교육복지법의 제정이 필요하다고 일관되게 주장하고 있다.

첫째, 교육복지의 소외지역 발생에 관한 문제이다. 보편적인 사회적 소외계층으로 인식되는 대상인 노인, 아동, 장애인 등에 관하여는 개별 복지법이 존재하며 근로자에 대해서도 근로자복지기본법이 제정되어 있으며 청소년을 위한 청소년복지지원법이 별도 마련되어 있다. 한 영역에 단일 법령이 있는 경우, 법의 제정과 목적 이념, 원칙들이 총론적으로 규정되어 있는데 무엇보다 단일 법령이 각론에서 열거하기 곤란한 사안에 직면하여도 앞에서 규정한 법원칙에 근거할 수 있다. 교육복지는 교육과 복지라는 두 정책이 공존함에도 교육과 복지를 포섭할 수 있는 단일 법령이 부재하며, 헌법－교육기본법－초중등 교육법 등의 교육 관계 법령을 중심으로 청소년 관계 법령, 일반복지 관계 법령 등에 산재하여 있다. 사안에 따라 각 부처가 주관하는 개별 법령의 규율은 필연적이기에 특정 사안에 대해서 현행 교육관련 법령의 영향이 부족할 개연성이 높다.

둘째, 헌법상 문화국가원리 및 교육기본권의 실질적 보장을 위해서는 기본권 형성적 법률의 제정이 요구되는데, 교육복지법은 모든 국민에게 실질적인 교육기회를 보장하여 교육여건 불평등 해소를 통하여 능력에 따른 균등한 교육기회를 보장하고 궁극적으로 실질적인 교육기회를 보장하기 위한 법률이라고 할 수 있다. 특히 복지는 이른바 급부행정으로 근거법령이 있어야 국가의 복지행정권이 발동할 수 있다. 그 재정은 국민의 세금으로 충당되기 때문이며 국가가 기념적으로 교육복지를 지향한다고 하더라도 집행을 발동하기 위해서는 예산과 함께 입법적 근거가 구축되어야 한다.

셋째, 현행 교육기본법이 있으므로 개별법에 산재해 있는 교육복지 관련 조항들을 정리하여 종합적이고 체계적인 교육복지법을 제정할 필요가 있다. 이 방안은 ① 기존의 교육복지 관련법령들을 유지하면서도 교육복지법의 제정으로 교육복지 추진의 법적 근거를 마련하고, ② 통합적인 법적 근거로서 의미를 가지며, ③ 교육복지 정책의 총론적인 법적 근거로서 역할을 할 것이며, ④ 새로운 교육복지정책의 각론적인 법적 규율을 가능하게 할 것이다.

넷째, 법령의 실효성 제고와 학교 중심의 교육복지지원체제 구축의 법제화를 제시하고자 한다. 교육복지에 관한 규정들이 선언적 규정으로 유지되어서는 실체적인 면을 체감할 수 없다. 이를 위해서는 국가와 지방자치단체의 책임을 강행규정으로 부여하고 필요한 재원 확보 방안까지 구체적으로 명시하여야 한다. 현재의 교육복지 관련 법령들은 임의규정 또는 하위 법령에서 추가적으로 구체화하여야 실효성을 확보할 수 있는 선언적 규정에 불과하여 교육복지와 연관된 국민의 기본권이 프로그램 측면에 머물러 있음과 무관하지 않다. 교육복지에 관한 규정들이 선언적 규정에 그친다면 효율적인 성과를 기대할 수 없다. 예컨대 교육의 과정, 기회, 결과의 격차를 체감할 수 있도록 정교화되어야 하며 이를 위해서는 국가와 지방자치단체의 책임을 강행규정으로 부여하고 재원 확보 방안까지 구체적으로 명시하여야 한다. 특히 교육복지 정책 대상자는 대부분 학교에서 교육을 받는 학생들임에도 불구하고 이들에 대한 지원 및 관련 법에는 일반적인 규정만 있을 뿐 학교가 교육복지 대상자들을 위한 역할 수행은 명확한 규정이 포함되어 있지 않다. 수혜대상자와 직접적 전달자의 역할에 있는 학교가 전문성을 갖추어 적극적으로 대상자들의 소외, 배재, 부적응, 격차를 해소할 수 있도록 재량권을 부여할 수 있도록 법제화할 필요성이 있다.

본서는 헌법상 균등한 교육기회를 보장하여 교육격차를 해소하는 한편, 교육복지개념을 정립하고, 유사 법률에 산재되어 있는 교육복지 관련 규정들을 정비 내지 통합함과 함께 교육복지의 법적 근거를 마련하며, 재정적 집행의 지원체계를 구축하려는 차원에서 단일법 형식의 교육복지법을 제정하는 것이 타당하다고 판단여 제시하였다. 다만 입법기술상 기존의 개별법률 규정들은 유지하되 내용 및 관할권의 충돌에 있어서는 「교육복지법」이 우선한다는 규정을 두는 방법 또는 기존의 법령에 산재하고 있는 교육복지 관련 조항을 교육복지법에 담고 다른 법률을 폐지할 수 있을 것이다.

교육복지 관련 법들을 통하여 '교육복지 정책'이 운영되고 있으나, 교육복지 수혜자들의 만족도를 고려할 때, 교육복지 혜택에 대한 결과보고 의무에서 종결되는 것이 아니라, 정책에 대한 점검 및 기관별 평가, 과태료 등 의무이행 강제수단 도입을 위한 법적 개선이 필요하다.

지금까지 추진된 교육복지 정책으로 보편적 복지 및 선별적 복지의 수혜 대상과 범위 재원 등이 확대되었지만 여전히 교육복지 대상 및 범위의 불명확성, 지원내용 및 전달체계의 중복성과 산발적인 측면에 한계가 있다. 교육복지는 학습자들의 교육의 기회, 과정, 결과에 있어서 차별받지 않고 교육을 받을 권리가 실현될 수 있도록 돕는 일이 핵심이다. 소외와 불평등은 이러한 교육의 본질을 저해하는 요소이며 이를 제거하기 위한 노력은 교육정책의 기본이다. 이러한 교육복지의 본질이 활성화될 때 우리 교육복지의 효율성도 향상될 수 있으며, 그것이 곧 진정한 사회 선진화로 나아가는 기반을 마련할 수 있을 것이다.

제1장

서 론

I. 교육복지법 제정의 목적

모든 국가는 경제적 형평과 지속적인 발전을 근간으로 모든 사회구성원의 삶의 질을 향상하고자 복지사회의 구현을 공통의 목표로 하고 있다. 이러한 목표를 달성하는 데에 있어서 교육에 상당한 임무가 부여되어 있음은 이미 알려진 사실이다. 교육은 한편으로 각자의 역량을 함양하고 자아를 실현시켜 직업 및 생계를 유지하는 것과 관련이 있다. 교육을 통하여 개인은 사회적인 역량과 지위를 득하여 삶의 질을 높일 수 있다. 다른 한편으로 교육은 인적 자원의 개발을 통하여 국가 성장의 동력과 직결된다. 이는 국민적인 통합을 통하여 복지사회의 구현에 필수적인 요소가 된다. 이러한 교육의 중요성으로 각 국가는 자신의 정치·사회·문화적 배경에 따라 독자적인 교육정책을 도입하여 추진하고 있으며,[1] 사회국가원리에 입각하여 교육과 복지의 긴밀한 관계를 추구하며 교육을 복지의 하나로 다루어 왔다.[2] 특히 교육은 복지정책을 구체적으로 실시할 수 있는 중요한 요소로서 지속적인 발전에 필요한 생산적 자본과 창조적 인적 자본을 형성하는 사회적 투자(Social Investment)이고, 경제적

1) 김용훈, "교육복지의 구현을 위한 정책적 함의," 「서울법학」 제21권 제3호, 2014, 215면.

2) 노기호, "공정사회 실현을 위한 전제로서의 교육복지의 방향과 과제," 「법과 정책연구」 제14집 제4호, 한국교육법학회, 2014, 1643면.

어려움의 대물림 단절을 위한 근원이 된다는 점에서 능동적 복지의 개념의 핵심 요소이다.[3] 하지만 현재 우리 사회는 양극화된 교육격차로 위기에 봉착하고 있고, 이러한 격차는 COVID 19사태와 함께 지능 정보화 사회로의 전환이 일상 속으로 들어오면서 더욱더 확대되었다.[4] 하나의 예로서 교육 분야에서 양극화 현상은 원격수업에 따른 비대면 학습이 학습 격차를 초래한 것이다.[5] 원격수업의 특성상 스마트 학습기기, 인터넷 사용 등과 같은 물리적 인프라의 구축이 필요한 점 등이 학습 격차의 요인으로 작용하였으며, 이에 부모의 교육 수준 및 사회경제적 수준이 교육격차의 발생 요인으로 나타났다.[6]

그러나 우리 사회에서 교육복지에 관한 논쟁은 복지를 시행하는 방식과 소득의 자격 기준에 미달하는 수혜자에게 혜택을 부여하는 선별적 복지와 연령 등 객관적인 기본 기준을 충족한 모든 사람에게 동등하게 적용하는 보편적 복지로 귀결되고 있다.

이에 사회가 당면한 불평등의 문제를 해결하기 위하여 정부는 교육복지의 필요성에 대응하기 위하여 적극적으로 노력하고 있다. 김대중 대통령의 국민의 정부로부터 노무현 대통령의 참여정부로 이어지는 시기는 교육복지가 교육부의 주요한 정책의 하나로 자리매김[7]한 시기였다. 사회의 급격한 경제적 발전과 지능화, 현대화, 도시화의 변화가 이루어짐에 따라 사회 각 계층 간의 불평등과 격차가 발생하였고, 사회 각 분야에서 양극화가 심화되었다. 이러한 양극화 현상은 종국적으로 상대적 박탈감을 가져오고 사회통합을 저해한다. 이에 교육은 자아실현과 사회·경제적 역량 및 지위를 통하여 삶의 질을

---

3) 김인회, "교육 소외와 격차 해소를 위한 교육복지정책의 과제,"「한국사회정책」제17집 제1호, 2010, 130−131면.

4) 김경애, 코로나 19로 확대된 교육적 불리함과 정책 방향, 교육분과 제1차 포럼(21. 3. 24).

5) 한국교육신문, "코로나 1년... 갈수록 커지는 교육 불평등," 2021. 2. 28(검색일: 2023. 9. 19).

6) 충청북도 교육연구정보원 충북교육정책연구소가 '코로나 시대, 학생들의 삶 집중탐구'를 주제로 개최한 2021년 상반기 교육정책 포럼에서 최숙기 교수(한국교원대)는 원격수업 확대 및 등교수업이 병행된 블렌디드 환경에서 달라진 '학습' 형태에 대하여 심층적으로 분석하고, 가정환경 변인, 학생 변인에 따라 기존의 학습격차가 기초학력 저하, 전체 학습자 집단의 학력 하향, 중위권 학생들의 학력 하향 등 학력 양극화 현상이 일어나고 있다고 주장하였다.

7) 안병영, 교육복지정책론, 다산출판사, 2016, 85면.

높이며 행복한 삶을 추구할 수 있는 역할을 하며, 사회계층 간의 이동과 국가의 발전을 이끄는 원동력으로 작용하는 데에 있다.8)

그동안 정부는 교육복지의 실현을 위하여 무상교육 및 의무교육의 확대, 저소득층 교육지원, 농어촌 교육지원, 특수교육 대상자 확대, 교육복지종합대책(1997~2001)의 수립 및 추진, 교육복지투자우선지역지원사업(2003), 국가 온종일 돌봄 정책의 실시 및 다문화가정 자녀교육 지원대책, 2030 교육 비전 등 다양한 교육복지정책을 수립 및 시행하여왔다. 그리고 그동안 정부와 국회도 교육복지 관련 법률의 제정을 위하여 계속 노력하였다.9) 국회에 2005년부터 의원입법의 형식으로 교육복지 관련 법안이 주기적으로 상정되었으나, 입법화에는 이르지 못했다. 교육부는 2007년 9월에 「(가칭)교육복지지원법」제정을 분석하였으나, 법률안으로 제출하지 못하였고, 2017년 3월에 「(가칭)교육복지지원법」제정 추진을 통하여 정책 추진을 위한 계획을 밝힌 바 있다.10)

즉 개인의 사회경제적 배경과 소득의 차이에 의해 교육의 성취도가 결정되는 것을 억제하기 위해서는 교육 및 복지 정책적 측면에서 교육 취약계층에 대한 적극적인 조치와 정책의 확보가 필요하고, 교육의 형평성을 실현하기 위한 국가 차원의 정책이 필요하다는 점이 강조되고 있다. 과거보다 교육복지에 관한 관심과 지원 및 구체적인 정책사업이 확대되었으나, 아직도 교육복지의 개념과 교육복지 정책의 방향 및 정책의 실효성을 담보하기 위한 법적 방안은 마련되고 있지 않다.

최근에는 학생을 중심으로 전인적 방법으로 접근하는 통합적 지원이 논의되고 있다.11) 우리 사회의 필수적인 교육의 인간상은 4차 산업혁명과 인공지능 기술의 발달, 미래 사회의 변화에 유연하게 대응할 수 있는 자기주도적

8) 노기호, “교육기본권 실현을 위한 전제로서의 교육복지,” 「헌법학연구」 제18권 제3호, 한국헌법학회, 2012, 84면.

9) 이상윤, “교육격차해소를 위한 법제 개선방안 연구,” 한국법제연구원, 2010, 19−20면.

10) 교육부, 경제·사회 양극화에 대응한 교육복지 정책의 방향과 과제, 2017, 1면.

11) “교육복지사업, 학교에서 ‘학생’ 중심으로 강화,” 정책뉴스, 2022. 8. 22. 기사 (https://www.korea.kr/news/policyNewsView.do?newsId=148905001) 등 참조.

혁신 인재를 육성하여 적재적소에 배치함은 국민 모두 자신의 능력을 계발하고 실현될 수 있도록 지원함에 있다. 이를 통해 교육격차를 해소하여 궁극적으로 사회통합의 기반을 조성할 수 있을 것이다. 국가는 개인의 행복추구권을 위한 책임이 있고, 그 책무성의 출발점이 교육복지의 실현이라고 할 수 있을 것이다. 이를 위해 교육복지의 실현을 위한 법적 장치는 반드시 마련되어야 할 것이다.

그리고 교육복지라는 용어는 교육학뿐만 아니라, 사회복지학에도 사용되고 있으나, 그 개념이 불분명하여 교육복지의 개념을 학계마다 서로 다르게 사용되고 있다. 교육복지정책의 실효성을 확보하기 위해서는 교육복지와 관련된 법령의 정비를 통하여 교육복지법의 제정으로 법적 근거를 마련하는 것이 필요할 것이다. 사실 현재까지 법학계에서는 교육복지법에 관한 연구가 그리 많지 않다. 따라서 이 논문은 국민의 교육복지 증진을 도모하기 위하여 2008년도에 상정되었던 교육복지법안 등을 검토하여 교육복지단일법의 제정을 위한 논의를 하고자 한다. 먼저 교육복지의 개념에 관한 학계의 논의를 토대로 법학적인 관점에서 교육복지의 개념을 설정하고, 교육복지의 핵심적인 내용을 제시하고자 한다. 그리고 둘째, 현행 교육복지 관련 법령을 살펴보고, 그 문제점을 도출하고자 한다. 한국의 교육복지법의 제정에의 시사점을 도출하기 위하여 영국, 미국, 독일 등 주요 국가의 교육복지 관련 법령을 비교법적으로 검토하여 시사점을 제시하고자 한다.

Ⅱ. 교육복지법의 범위

현재 교육복지정책은 총체적인 법적 근거 없이 개별적인 법령에 따라 산발적으로 시행되고 있다. 즉, 교육복지 관련 법제는 「헌법」과 「교육기본법」을 근거로 하여 교육의 기회균등(제4조), 교육재정(제7조), 의무교육, 특수교육(제18조), 유아교육(제20조) 등의 조항과 특수교육진흥법, 지방교육재정교부금법, 아동복지법, 장애인복지법 등 일관성이 없어 안정적인 교육복지정책을 추진하기 어려운 실정이다. 즉, 개별 법령에 분산하여 규정되어 있어 법 집행에 있어 어려움을 주고 있으며, 법령 상호 간에 정합성도 문제된다.

따라서 본 서는 우리나라 교육복지정책의 법적 근거가 되는 교육복지 관련 법령을 연구의 중점적인 대상으로 하여 제정안을 제시하고자 한다. 교육복지 관련 법령을 검토함에 있어서 입법례와 법적 근거에 대한 법적 제도적 분석을 통하여 그 개선방안을 도출하는 것에 연구의 범위를 한정하고자 한다.

제1장에서는 교육복지의 필요성을 중심으로 연구목적, 연구의 내용 및 범위를 서술하였다.

제2장에서는 교육복지법 제정을 위하여 교육복지 관점에서의 이론적 검토로서 제1절에서 교육복지의 의의를 살펴보았고, 제2절에서는 국내 교육복지 정책 및 교육제도의 개관을 살펴보았다. 제3절에서는 역대 정부의 교육복지정책의 수립과 추진내용을 살펴보았다.

제3장에서는 현재 여러 법령에 개별적으로 규정되어 있는 교육복지 관련 법령으로 인하여 교육복지 정책이 법적용의 혼란 및 근거의 부족으로 교육복지의 효율성을 저하시키고 있으며, 더 나아가 안정적인 교육복지 정책을 추진할 수 없다는 생각에 교육복지 관련 법령의 주요 내용 및 문제점을 도출하였다. 그리고 제17대, 제18대, 제20대 국회에 발의되었으나 임기 만료로 폐기된 법률안을 검토하여 교육복지법의 제정에 고려되어야 할 내용을 도출하였다.

제4장은 교육복지에 관하여 법적 정비가 다소 잘 이루어져 있는 주요 국가의 교육복지정책 및 관련 법령을 비교법적으로 검토하였다. 미국, 영국, 독일, 노르웨이의 교육복지제도, 교육복지 정책과 교육복지 관련 법령을 살펴보고, 실제 나타나는 특징을 분석하여 우리나라의 교육복지 제정에의 시사점을 도출하였다.

제5장에서는 교육복지법의 제정방안으로서 제3장에서 교육복지 관련 법령의 문제점을 해결하기 위한 방안, 제4장에서 주요 국가의 교육복지정책 제도에서 도출한 시사점을 토대로 교육복지의 사각지대 발생, 정책과 맞지 않는 법체계, 일관성과 실효성의 부재, 유사 법안의 산재와 같은 현행 교육복지 관련법제의 문제점을 개선하기 위한 구체적 방안을 제시하였고, 마지막으로 교육복지법의 제정상 고려되어야 할 내용을 구체적으로 제시하였다. 끝으로 제6장 결론에서는 앞에서 논의한 내용을 요약·정리하였다.

제2장

교육복지의 개념 및 교육복지정책의 현황

I. ▸▸ 교육복지의 목표 및 개념

1. 교육복지의 목표

헌법은 복지국가를 지도이념으로 채택하고 있는데, 보편적으로 복지국가는 전 국민이 인간다운 생활을 최소한도로 누릴 수 있는 공동체 사회 또는 국가를 의미하는 것이다. 그러나 사회적 여건에 따라 '인간다운 생활' 수준은 가변적이라는 점을 반영할 때 이에 근거하는 교육복지의 목표도 정의하기가 쉽지 않다. 결국, 교육복지의 목표는 사회적·시대적 패러다임에 의존하는 유동적인 목표라고 할 수 있다.[1)]

교육은 국민의 인생을 좌우한다는 측면을 고려하여 우선 기회균등과 평등의 원칙이 강조되어야만 할 것이다. 이러한 입장에서 보편적 토대 위에 선별적 복지를 인정하여야 한다.

헌법이 보장하고 있는 교육을 받을 권리는 능력에 따라 균등한 교육을 받을 권리만을 인정하고 있는 것이 아니라, 일반적으로 교육정비 및 교육조건

---

1) 노기호, "교육기본권 실현을 위한 전제로서의 교육복지," 「헌법학연구」 제18권 제3호, 한국헌법학회, 2012, 86-87면.

개선, 교육기회의 균등한 보장을 국가에 적극적으로 요청할 수 있는 권리, 즉 국가로부터 교육에 필요한 물리적 환경을 요구할 수 있는 권리 및 개인의 정신적·육체적 상태에 따라 교육시설에 입학하여 배울 수 있는 권리로 인식하여야 한다.[2)]

현행 헌법이 추구하는 이념 아래 교육복지의 목표 등 다양한 요소를 반영함이 바람직할 것이다. 이를 고려하면 교육복지의 궁극적인 목표는 교육기회의 균등을 추구하여 교육불평등을 해소하고 교육평등을 실현하는 것이다. 이와 관련하여 교육기회의 균등을 정의할 때 성별이나 사회적 신분과 무관하게 일정한 연령에 도달한 아동 및 청소년은 학교에 다닐 수 있게 법적·제도적으로 보장되어야 한다는 것을 의미하며, 이를 실질적으로 보장하기 위해서는 교육을 받을 당사자들을 사회·경제적 제약으로부터 자유롭게 하는 것과 균등한 교육을 받을 토대를 확보해 줄 수 있는 정책이 요구된다.

교육복지의 목표는 교육기회·과정·결과에 이르는 전 과정에서의 불평등을 해소함으로써 실질적인 교육평등을 구현하는데[3)] 있다고 볼 수 있으며, 국가는 이를 보장하기 위한 법적·제도적 장치를 마련하여야 할 것이다.

2. 교육복지의 개념

1) 개 설

우리나라에서는 1980년대 이후 교육복지라는 용어를 교육학 분야에서 처음으로 사용하기 시작하였다. 최근에는 교육복지라는 용어는 언론 보도[4)]를

---

2) 강명원, "비대면 교육환경의 대응에 관한 연구," 「헌법학연구」제27권 제2호, 2021. 6, 315면.

3) 이시우 외, "교육복지체제 구축을 위한 법제연구－(가칭) 교육복지법 제정－," 국회법제실 연구용역과제보고서, 2005, 18면.

4) http://www.kcilbo.com/coding/news.aspx/3/1/82499(검색일: 2023. 1. 4), 충북교육청 2023년 교육복지사업 대폭 확대 추진.
http://www.ctnews.kr/article.php?aid=1684203841349215006(검색일: 2023. 5. 16), 대전교육청 저소득학생 교육복지 대폭 확대.
http://www.ctnews.kr/article.php?aid=1684203841349215006(검색일: 2023. 9. 12), 광주시교육청, '학생맞춤통합지원'체계 구축 시동.

통해서 쉽게 접할 수 있을 만큼 일상적인 용어로 사용되고 있다. 보편적으로 교육복지란 교육의 기회·과정·결과에서 야기되는 교육격차를 극복하기 위한 교육 여건을 구축함으로써 교육 기회를 균등하게 보장하는 것으로 정의되고 있다.[5)]

교육복지는 정책적 요구에 의한 교육복지정책 및 사업들이 추진되면서 구체화 되기 시작하였다. 제17대 국회에서(2004~2008) 입법발의 후 회기 종료로 폐기된 두 법안을 살펴보면 다음과 같다. 첫째, 2005년 5월 이인영 의원이 발의한 「교육복지투자우선지역 지원법안」은 '교육복지'를 "교육복지투자우선지역으로 선정된 지역 학생들의 학습 신장과 신체적·정서적 발달을 지원하는 내용으로 하는 사회복지"로 정의하고 있다. 둘째, 2006년 11월 발의되었던 「교육복지법안」은 '국민의 교육적 욕구를 충족시키기 위하여 개인적, 가정적, 지역적, 사회·경제·문화적 요인 등으로 인하여 발생하는 교육격차와 교육소외 및 교육부적응 현상, 교육여건의 불평등 현상 등을 해소하고, 국민을 대상으로 교육기회의 확대에서부터 교육과정과 결과에 이르는 전반적인 과정에 교육의 질적 수준을 증진시킴으로써 궁극적으로 사회통합과 국민의 삶의 질 향상에 기여하고 개인의 잠재적 능력을 최대한으로 향상할 수 있는 기회를 제공하여 자아를 실현시키는 제반 교육환경을 개선하는 교육서비스와 제도'로 정의를 내렸다.[6)]

교육복지의 개념은 시대적 흐름과 정부의 정책 기조에 따라 변화하는 유동적 개념[7)]이기 때문에 아직도 학술적, 법적, 정책적 개념이 명확하게 정의되지 못하고 있다.

5) 이상윤, 앞의 보고서, 28-29면.
6) 국회 의안정보시스템, 2023. 9. 15. 검색
7) 박재윤·황준성, "교육복지에 관한 법리 및 관련 법제의 현황과 과제," 「교육법학연구」 제20권 제1호, 대한교육법학회, 2008, 52면.

2) 교육학적 의미의 교육복지의 개념

교육학계에서는 교육과 복지와의 관련성에서 이해할 필요가 있다는 인식 하에 교육복지의 개념을 구체화하였으며, 교육학적 관점에서 교육복지의 개념 및 관계를 구분해 보고자 한다.

교육복지에 대한 개념을 교육학적인 관점에서 살펴보면, 교육 자체가 근본적으로 복지이므로 교육 활동과 교육복지가 같다는 의견, 교육은 사회복지의 한 부분으로 사회복지의 수단이기 때문에 복지 활동을 위한 수단이라는 견해, 교육복지는 교육 활동을 지원하기 위한 부수적이라는 견해 등 세 가지로 구분할 수 있다.

첫째, 교육복지는 교육과정을 수행하는 자체이기에 교육복지의 개념을 교육과 같다고 간주하고 교육복지를 교육의 한 부분으로 해석한다. 교육의 개념에 복지의 개념이 포함되어 있다는 관점은 교육을 받는 자체가 인간답게 하는 요소임을 강조하였고 교육의 가치를 실현함으로써 교육복지의 목적도 실현할 수 있다고 보고 있다.[8)]

둘째, 교육복지는 교육 활동을 지원하기 위한 부가적 활동이라는 견해로써 교육복지의 개념을 "교육적 가치를 실현하기 위한 전반적인 지원을 제공하는 것," "사회에서 규정하고 있는 교육에서 최소 기준에 모든 국민이 달성할 수 있고 개개인의 당면한 상황과 무관하게 필요한 교육을 받아 잠재력을 발휘할 수 있는 상태 및 이를 위한 공적 자원을 교육복지"라고 정의한다.[9)]

셋째, 교육복지는 교육복지의 불평등 해소를 위한 교육에서의 사회보장이라는 측면에서 "교육을 받는 사람을 대상으로 하는 사회복지"라고 정의하고 교육은 사회복지의 한 부분이기 때문에 교육 분야의 복지 활동이라는 견해이다.[10)] 이 관점은 학교 사회복지는 도움이 필요한 학생과 가족의 요구를 해소

---

8) 이기범, "복지사회와 교육, 자유, 평등 공동체를 위한 교육복지," 교육학연구, 1996, 21면.

9) 이혜영, 교육복지 투자우선지역정책의 효과적 추진을 위한 법·제도 마련 연구, 한국교육개발원 수탁보고서, 2002, 10면.

10) 이덕란, "교육복지 관련 법률의 주요쟁점 및 정비 방안," 교과부정책과제 전문가 협의회 자료집,

하기 위해 이들에 대한 개별적 서비스를 제공함과 동시에 사회복지사가 학교에서 사회복지서비스를 제공하는 것이라고 설명한다.[11] 교육복지를 복지의 한 부분으로 보는 관점은 교육이 복지를 위한 방법으로 전락할 수 있다고 평가하기도 한다.[12]

이러한 입장의 차이는 교육복지라는 용어가 교육이라는 영역과 복지라는 영역의 결합어로 이루어졌기 때문에 시원적으로 발생할 수 있는 각 영역 간의 관점의 차이 때문이라고 할 수 있다. 즉, 교육계에서는 교육복지를 '교육의 관점'을 통해 바라보며, 복지계에서는 '복지의 관점'을 통해 교육복지를 이해하는 과정에서 서로 다른 관점으로 정립하게 되는 것이다.

3) 사 견

앞에서 언급한 교육복지의 개념에 관한 관점 중 첫 번째 관점이 타당하다고 생각한다. 교육을 사회복지 실현을 위한 방법으로 선택하거나 교육의 문제를 사회복지의 기준에 의해 판단하는 것은 교육학의 관점과는 분명한 차이를 나타낸다. 복지가 '삶의 질 향상'을 지향하는 것처럼 교육 자체에 복지의 가치가 내포되어 있고 교육의 본질과 조화를 이룬다면, 교육을 통해 가치를 실현하는 방안을 강구함으로써 교육복지의 목적에 이바지할 수 있을 것이다.

교육복지에 대한 정책적 노력이 교육의 관점을 벗어나게 되고 교육복지는 교육복지를 담당하는 소수의 담당자 및 사회복지 관련자들의 관심에 제한된다면 교육 현장에서 적극적 실현이 어려운 결과를 초래할 수 있다. 따라서 교육과 교육복지가 분리되는 것이 아니며, 교육복지는 교육의 형태를 원활하게 수행하는 임무라는 방향에서 교육복지의 개념을 정립하여야 할 것이다.

2011, 11－12면.

11) 성민선, 학교사회복지의 이론과 실제, 학지사, 2004, 10－12면.

12) 이혜영, 앞의 보고서, 14면.

표 1 교육복지의 개념[13)]

학자(년도)	교육복지 개념 정의 및 구분
윤정일 (1990)	교육소외, 결손집단에 대하여 교육기회를 확충하고, 정상적인 학생집단에 대하여는 잠재능력을 최대한 계발할 수 있는 기회를 제공하고, 나아가 모든 국민의 교육적 요구에 부응하여 평생교육 기회를 제공함으로써 모든 개인으로 하여금 교육적 요구를 충족시키고 자아를 실현케 하며 사회전체가 학습하는 사회로 발전하도록 하는 교육서비스와 제도
이혜영 (2002)	교육적 가치를 구현하기 위해 제반 자원활동을 제공하는 것으로 모든 국민에 게 일정 수준의 교육을 받을 수 있는 기회를 제공하녀, 개인 및 사회경제적 요인으로 인해 발생하는 교육 소외 및 불평등 현상을 해소하여 모든 국민이 각자의 교육적 요구에 맞는 교육을 받음으로써 잠재능력을 최대한 계발할 수 있도록 제반 지원을 제공하는 것
김인희 (2006)	교육소외를 극복하여 정상적인 교육과 학습이이루어지는 상태 또는 교육소외를 극복하기 위한 의도된 노력의 총체 교육소외란 정상적인 교육의 기회를 통해 자신에게 필요한 학습경험을 갖지 못함으로써 자신이 지닌 잠재능력을 제대로 개발하지 못하여 정상적인 성장의 길을 걷지 못하고 그로 인하여 삶의 질이 향상되지 못하는 현상을 의미
윤철수 (2005)	교육소외 및 교육 불평등 현상을 해소하고 그 요인들을 완화하기 위한 노력들의 총체이면서 전 국민들이 교육을 통하여 스스로의 능력을 계발하고 인간다운 삶을 누리도록 하는 것
류방란 (2011)	누구나 공정한 교육기회 속에서 유의미한 학습경험을 하며 잠재력을 충분히 발휘하여 교육적 성취를 거둘 수 있도록 하며 적어도 사회구성원이 갖추어야 할 기초적인 공통의 기준을 공유함으로써 배제되지 않고 공동체로서 살아갈 수있도록 하려는 공적 행위
홍봉선 남미애 (2009)	사회복지의 한 영역으로서 평등지향의 가치를 근간으로 하고 전 국민의 교육적 욕구를 충족시키기 위해 교육취약집단은 물론 일반국민을 대상으로 교육기회의 확대에서부터 교육과정, 교육결과에 이르는 전 과정에 걸쳐 불평등을 해소하고 교육여건을 개선해주는 정책, 서비스 및 전문적 활동

13) 자료출처: 2017 전국교육정책연구소네트워크 공동연구(474면), 2017.

장진용 (2011)	저소득층 자녀들을 우선으로 하는 교육 기회균등 차원과 교육의 질적 향상 또는 평등을 위한 것(선별적 복지)
장덕호 (2012)	현재의 교육복지 개념은 교육과 사회복지의 관계를 동일개념으로 보는 입장, 사회복지를 교육을 위한 지원으로 보는 입장, 사회복지의 수단으로 교육을 보는 입장으로 구분되는 것으로 정리
정동욱 (2011)	교육격차 해소, 교육소외의 해소 등 상대적 격차 해소에 중점을 두는 입장과 최소한의 절대적 수준의 보장을 강조하는 입장

4) 법학적 의미의 교육복지의 개념

현행법상 교육복지의 개념에 관하여 규정을 두고 있지 않다.[14] 다만 헌법과 교육기본법의 규정에서 교육복지개념을 유추할 수 있으며, 조례에서 교육복지의 개념을 찾을 수 있다.

먼저 헌법에서 교육복지개념을 유추할 수 있는 조항은 헌법 제10조 인간으로서의 존엄과 가치, 제11조 평등권, 제31조 제1항 교육을 받을 권리, 제34조 제1항 인간다운 생활을 할 권리, 제34조 제2항 국가의 사회보장 사회복지 증진에 관한 노력 의무, 제34조 제4항 국가의 청소년 복지 향상 정책 실시 의무 및 사회적 약자가 국가로부터 보호를 받을 권리, 제37조 기본권 보장 등이다. 이러한 헌법규정은 교육복지의 개념을 직접적으로 명시하고 있지 않지만, 교육복지의 개념 정립에서 고려되어야 할 요소다. 따라서 이러한 헌법적 규정은 제3장에서 교육복지의 법적 근거에서 상세히 살펴보기로 한다.

교육기본법에서 교육복지 개념을 유추할 수 있는 조항으로 교육기본법 제2조 홍익인간의 이념, 제3조 학습권, 제4조 교육의 기회균등, 제9조 제3항 학교교육의 전인적 의무교육, 제12조 학습자의 기본적 인권보장 의무, 제27조 국가 등의 학생과 교직원의 건강 및 복지증진 의무, 제28조 장학제도 및 학비

14) 「교육기본법」제27조 (보건 및 복지의 증진) '국가 및 지방자치단체는 학생 및 교직원의 건강 및 복지의 증진을 위하여 필요한 시책을 수립·실시하여야 한다.'에서 학생과 교직원의 복지 등으로 표현되고 있으나 교육복지의 개념은 규정하고 있지 않다.

보조 의무 등이다. 이러한 규정에서 교육복지개념의 정립 시 고려대상이 될 수 있다.

아래 <표 2>에서 보는 바와 같이 지방자치단체 조례에서 교육복지 개념을 명시함을 확인할 수 있다. 대개 모든 학생을 수혜자로 사회적·경제적·지역적·문화적 요인 등으로 발생하는 교육의 불평등을 해결하고 학생들의 잠재능력을 발견하여 발전할 수 있도록 부여하는 형태의 공적 지원으로 설명하고 있다. 대부분 교육의 기회·과정·결과·문화적 요인 등에서 발생하는 교육격차를 해소함으로써 모든 학생들이 공적 지원 시스템을 통하여 교육받을 권리를 보장하는 것으로 교육복지 개념을 정의하고 있다.

표 2 교육복지 관련 조례 비교표[15)]

자치법규명 (공포번호, 공포일자)	교육복지 정의
광주광역시 교육청 교육복지 운영 및 지원 조례 (제6171호, 2023.7.1.)	지역적, 사회적, 경제적, 문화적 요인으로 발생하는 개인·집단·지역 간의 학습기회, 학습과정, 학업성취, 학교생활 등의 차이를 해소하기 위해 학생에게 제공하는 모든 형태의 공적 지원
강원특별자치도 교육청 교육복지 조례 (제5028호, 2023.6.2.)	모든 학생들이 인간답게 성장하기 위해서 동등한 교육기회를 가질 수 있도록 교육기회에의 균등한 접근을 위한 모든 형태의 지원
제주특별자치도 교육청 교육복지 운영 및 지원 조례 (제3367호, 2023.3.24.)	가정적, 지역적, 사회·경제·문화적 요인으로 발생하는 개인·집단·지역 간의 학습기회, 학습과정, 학업성취, 학교생활 등의 차이를 해소하기 위하여 학생에게 제공하는 모든 형태의 공적 지원
충청북도 교육청 교육복지 지원에 관한 조례 (제4881호, 2023.2.3.)	모든 학생들을 대상으로 교육소외 및 교육불평등요소들을 해소하고 생애발달적 욕구를 충족시키기 위하여 공적 차원에서 추구하는 다면적인 지원

15) 자치법규정보시스템홈페이지(https://www.elis.go.kr/)/교육자치법규/교육복지: (검색일: 2023. 9. 17).

서울특별시 교육청 교육복지 기본 조례 (제8594호, 2023.1.12.)	모든 학생들에게 일정한 교육을 받을 수 있는 기회를 제공하며, 개인 및 사회경제적 요인에 의한 교육 소외·부적응, 불평등 현상을 해소하여 모든 학생들이 각자의 교육적 요구에 맞는 교육을 받음으로써 잠재 능력을 최대한 계발할 수 있도록 제반사항에 대하여 지원하는 것
경기도 교육청 교육복지 운영 및 지원 조례 (제7500호, 2022.12.28.)	가정적, 지역적, 사회·경제·문화적 요인으로 발생하는 개인·집단·지역 간의 학습기회, 학습과정, 학업성취, 학교생활 등의 차이를 해소하기 위해 학생에게 제공하는 모든 형태의 공적 지원
대구광역시 교육청 교육복지 운영 및 지원 조례 (제5743호, 2022.2.28.)	사회·경제·문화적 요인으로 발생하는 개인·집단·지역간 학습기회, 학습과정, 학업성취, 학교생활 등의 차이를 해소하기 위해 학생에게 제공하는 여러 형태의 공적 지원
울산광역시 교육청 교육복지 지원 조례 (제2535호, 2021.12.29.)	모든 학생들에게 일정한 교육을 받을 수 있는 기회를 제공하며, 개인 및 사회·경제적 요인에 의한 교육소외·부적응, 불평등 현상을 해소하여 모든 학생들이 각자의 교육적 요구에 맞는 교육을 받음으로써 잠재 능력을 최대한 계발할 수 있도록 제공하는 모든 형태의 공적 지원
충청남도 교육청 교육복지 운영 및 지원 조례 (제4466호, 2019.4.10.)	충청남도(이하 “도”라 한다) 내 모든 학습자가 개인 및 사회적·경제적 요인에 따른 교육 소외·부적응 현상을 해소하여 각자의 교육적 요구에 맞는 교육을 받음으로써 잠재능력을 최대한 계발할 수 있도록 제공하는 모든 형태의 공적 지원
전라남도 교육청 교육복지 운영 및 지원 조례 (제5286호, 2021.4.8.)	지역적, 사회적, 경제적, 문화적 요인으로 발생하는 개인·집단·지역 간의 학습기회, 학습과정, 학업성취, 학교생활 등의 차이를 해소하기 위해 학생에게 제공하는 모든 형태의 공적 지원

5) 정책적 의미의 교육복지의 개념

교육복지가 구체적으로 정책상 어떻게 시행되고 있는지를 살펴봄으로써 교육복지의 개념을 도출할 수 있을 것이다. 정부는 다양한 사회정책 및 입법적 노력을 진행하고 있고 교육복지 정책이 효과적으로 추진되기 위해서는 최근의 교육복지 정책 변화를 검토하고 실천 원칙의 필요성을 제기하였다. 여기서 교육복지 정책은 어떠한 요소를 중심으로 이루어지는지 살펴보겠다.

정부에서 '교육복지'라는 용어를 언제 공식적으로 사용하였는지 분명하게 파악하기는 어렵지만, 명시적으로 드러난 것은 노태우 정부의 교육정책자문회의가 대통령에게 보고한 '교육발전의 기본구상'[16]과 1995년 5·31 교육개혁을 통해 일부 표현되기 시작했다. 1997년 외환위기 사태로 대량실업이 발생하고 빈곤층이 증가하면서 사회적 양극화 현상이 심각한 문제로 대두됨에 따라 정부는 부처에서 직접 정책을 수립하여 예산 확보, 법령 개정 및 추진체계 구축 등의 기반을 집행하였다.

2004년에 교육복지 정책을 "개인적·가정적·지역적·사회적·경제적 요인 등으로 인해 발생하는 교육 소외, 교육 부적응 및 교육여건 불평등 현상을 해소하고 모든 국민이 높은 교육의 질적 수준을 누리도록 하여 국민 삶의 질 향상과 사회통합을 기함은 물론 국가의 성장 동력을 강화하기 위해 펼치는 다양한 정책적 노력의 총체"[17]로 공식화하였다. 이는 정부의 교육복지 정책이 교육격차 해소를 중심으로 모든 국민의 교육기회를 보장하는 수준에 주목하고 있음을 알 수 있다.

그동안 정부가 정책적으로 추진한 내용을 중심으로 교육복지의 개념 요소를 찾아보면 대체로 다음과 같다.

---

16) 1989년 2월 설치된 교육정책자문회가 1991년 2월 18일에 개최한 제5차 대통령 보고에 제출한 제1차 종합보고서이다.

17) 교육인적자원부, 참여정부 교육복지 종합계획－참여복지 5개년 계획안(교육복지부문), 2004, 1면 참조.

(1) 무상교육

교육복지 정책을 살펴보면, 초기에는 의무교육제도 및 무상교육 제도 등을 통해 교육과정을 경험할 수 있는 교육기회의 확대로 학교의 물리적 환경개선, 교사의 수업질과 같은 교육여건의 차이를 줄이는 정책이 강조되었다.[18)]

우리 헌법 제31조는 모든 국민은 자녀에게 초등교육과 법률이 정하는 교육을 받게 할 의무를 부여하고, 이러한 의무교육은 무상으로 하고 있다. 교육기본법 제8조에서는 6년의 초등교육과 3년의 중등교육을 의무교육 기간으로 두고 있다. 하지만 2019. 12. 3.「초중등교육법」에 고등학교 무상교육 조항을 신설하여 국가와 지방자치단체가 비용을 부담하도록 개정하였다.[19)] 그리고 「지방교육재정교부금법」을 개정하여 2020년부터 2024년까지 고교학비 총 소요액의 5%를 지원 부담하도록 하였다.[20)] 이를 통하여 대통령령으로 정하는 사립학교를 제외한 고등학교, 고등기술학교 및 이에 준하는 각종학교의 고교학비를 국가가 무상으로 부담하고 국민의 교육기본권을 보장하여 궁극적으로

18) 김인희, "교육소외와 격차해소를 위한 교육복지정책의 과제,"「한국사회정책」제17권 제1호, 한국사회정책학회, 2010, 129면 참조.

19)「초·중등교육법」제10조의2(고등학교 등의 무상 교육)
① 제2조 제3호에 따른 고등학교·고등기술학교 및 이에 준하는 각종학교의 교육에 필요한 다음 각 호의 비용은 무상으로 한다.
1. 입학금
2. 수업료
3. 학교운영지원비
4. 교과용 도서 구입비
② 제1항 각 호의 비용은 국가 및 지방자치단체가 부담하고, 학교의 설립자·경영자는 학생과 보호자로부터 제1항 각 호의 비용을 받을 수 없다.
③ 제1항 및 제2항에도 불구하고 대통령령으로 정하는 사립학교 설립자·경영자는 학생과 보호자로부터 제1항 각 호의 비용을 받을 수 있다.

20)「지방교육재정교부금법」제3조(교부금의 종류와 재원)
④ 국가는「초중등교육법」제10조의2에 따른 고등학교 무상교육을 위하여 국가 예산이 정하는 바에 따라 제2항에 따른 교부금 외에 따로 증액교부할 수 있다.
제14조 (고등학교 등의 무상교육 경비 부담에 관한 특례)
① 국가는「초중등교육법」제10조의2에 따른 고등학교 등의 무상교육에 필요한 비용 중 1,000분의 475에 해당하는 금액을 제3조 제4항에 따라 따로 증액교하여야 한다.
② 시·도 및 시·군·구는「초중등교육법」제10조의2에 따른 고등학교 등의 무상 교육에 필요한 비용 중 1,000분의 50에 해당하는 금액을 교육비특별회계로 전출하여야 한다.

불평등한 교육비 부담 구조를 개선하고 사회적 형평성을 높일 수 있었다.[21)]

재정적인 문제와 무상교육의 확대 방안을 국가 및 지방자치단체가 협력하여 공교육을 통해 국민의 교육을 받을 권리와 실질적인 교육 기회의 평등을 보장하는 것이 교육복지 실현의 지향점이라 할 것이다.

(2) 지역 간의 교육격차해소

교육시설이나 교육인력이 특정 지역에 편중되지 않고 지역 간에 균형 있는 교육체계가 이루어질 수 있도록 하여야 한다. 지방대학의 경쟁력 저하와 우수인력 유출로 인구와 산업 등 전반적인 부문이 서울(수도권)에 편중되는 구조가 형성되어 있는 현실을 고려하여 정부의 조치로 지방대학 및 지역균형인재 육성에 관한 법률이 2014. 1. 18. 제정되었다. 그리고 지역간 교육불균형이 심화됨에 따라 지역·계층·학교간 교육격차 해소를 위한 체계적인 교육균형 발전을 위한 취지로 부산광역시교육청 법제심의위원회는 2023. 3. 1. 지역간교육격차해소 추진단 설치 및 운영에 관한 규정[22)]을 발령하였다.

---

21) 교육부 보도자료, 고등학교 무상교육 실현 방안 보고안, 2019. 4, 1면.

22) 부산광역시 교육훈령 제198조 「지역간교육해소추진단 설치 및 운영에 관한 규정」 제1조(목적) 지역별 교육불균형이 심화됨에 따라 지역·계층·학교 간 교육격차 해소를 위한 체계적인 교육균형 발전 정책 추진을 위해 지역간교육격차해소추진단의 설치 및 운영에 관한 사항에 대해 정함을 목적으로 한다.
제2조(설치 및 기능)
① 부산교육균형발전을 위해 지역간교육격차해소추진단(이하 "추진단"이라 한다)을 교육감 직속으로 둔다.
② 추진단은 다음 각 호의 업무를 수행한다.
1. 교육균형발전에 관한 업무
2. 원도심·교육소외지역 교육발전 업무
3. 소규모학교 교육력 제고
4. 교육자유특구 업무
5. 교육지원시설 설립에 관한 총괄기획·조정
6. 교육지원시설 중장기 설립 계획 수립
7. 교육지원시설 설립 관련 정책방향 조사·연구
8. 폐교활용 기본계획 수립
9. 폐교활용에 관한 기획·조정
10. 원도심·교육소외지역 교육시설 환경개선 기획·조정
11. 원도심·교육소외지역 학교시설복합화 기획·조정
12. 과밀학급 해소 업무 관리
13. 그 밖에 지역 간 교육격차 해소를 위해 교육감이 필요하다고 인정하는 사항

지역간교육격차해소 추진단 설치 및 운영에서는 2025년 2월 28일까지 효력 기간을 두고 지역별 교육불균형이 심화됨에 따라 지역·계층·학교 간 교육격차 해소를 위한 체계적인 교육균형발전 정책추진을 위해 지역간교육격차해소추진단의 설치 및 운영에 관한 사항에 대해 정함을 목적으로 하는 규정을 두고 추진하고 있다.

공교육 시스템 내에서 이러한 지역 교육격차를 해소하기 위한 체계를 갖추는 것은 유의미한 제도로 볼 수 있고 교육복지 실현을 위한 원리가 되어야 한다. 교육복지가 교육불평등 문제를 해소하여 교육에서의 '형평성(equity)'을 지향함을 강조하며 교육불평등 해소의 과정에서 필요한 지역 간의 교육격차 해소 원칙을 교육복지 실천 원칙으로 제시함을 강조하였다.

(3) 지역교육복지 네트워크구축

네트워크(Network)[23]는 '사회관계망,' '조직 간 연줄망,' '서비스 연계망,' '기관 간 연계,' '조직 간 협력,' '지역사회 관계망' 등 다양하게 사용되고 있다. 네트워크란 자원, 기술, 사회관계, 지식, 등을 공유할 수 있는 사람이나 관계의 망으로서 유대관계를 맺는 것이라고 할 수 있다.

지역교육복지 네트워크 구축의 유용성은 다음과 같다. 지역 네트워크 이론을 교육복지영역에 접목한다면 다양한 사회적 관계망이 형성되고, 지역의 주민 자치 활동의 활성화로 네트워크를 통한 의사결정을 통하여 지역 단위의 공동 사용 재정의 마련에도 용이할 것이다. 또한, 산업 기업 등과 연계하여 경제 공동체 활동의 증가로 지역사회 내 경제 활동도 증진시킬 수 있게 된다.

2008년 교육복지투자우선지역지원사업이 시도교육청으로 이양되면서 교육복지우선지원사업으로 추진체계가 변화되었다. 이는 지방정부에 책임을 전가하며 지역 격차를 심화시킨 비판을 받게 되었다.[24] 문재인 정부는 중앙정부

---

23) 이준영, 사회복지 네트워크의 이론과 과제, 춘계학술대회 자료집, 2007.

24) 이광현, "교육복지투자우선지역사업 재정 배분방안 연구," 「교육재정경제연구」 한국교육재정경제학회, 2011, 15－17면.

차원의 전담조직(교육복지정책과) 설치[25] 등으로 국가의 책임을 강화하는 노력을 하였음에도, 지방정부 및 단위학교 차원의 분산된 추진체계로 인하여 교육복지 정책의 효율성에 한계를 보였다. 이렇게 교육복지 관련 정책이 확대되면서 교육복지의 범위가 불분명해지고 성과가 나타나지 않는 한계도 여전히 나타나고 있다.[26] 따라서, 교육복지가 통합적으로 추진되기 위해서는 중앙과 학교 지방자치단체의 연계와 협력이 필요하다.

(4) 저소득층 및 취약계층을 위한 지원

최근에는 수요자 중심 지원기반구축이라는 정책목표에 저소득층 및 취약계층을 위한 맞춤형 지원과 교육결과의 평등차원을 강조하는 성장단계별 학습결손 예방을 강조하며 고등학교 무상교육 확대 등 보편적 지원을 기조로 하여, 저소득층 및 교육취약계층을 대상으로 하는 선별적 지원을 강조하고 있다.[27]

6) 교육복지개념과 교육격차 해소의 구별

교육복지와 중복적으로 흔히 사용되는 용어가 '교육격차 해소'이다. 이는 용어 자체에 격차를 해소한다는 의미가 내재되어 있어 교육복지에서 지향하는 형평성 및 기회균등을 강조할 수 있다는 이유라고 본다.

교육격차란 통상적으로 사회적·경제적·문화적 요인으로 인하여 발생하는 개인·집단·지역 간의 교육 기회·교육과정 등의 차이로 정의하고 있다.[28] 개인·집단·학교·지역 간에 발생하는 교육 결과 및 교육여건, 교육내용 등의 격차 또는 교육여건의 차이로 인하여 발생하는 용어로 사용되기도 한다.[29] 일반적으로 교육 결과를 나타내는 학업성취도를 교육격차의 중요한 원인으로

---

25) 문재인정부 국정백서, 교육혁신과 미래세대를 위한 과감한 투자, 국정백서 편찬위원회, 제19권, 2022, 326면.

26) 교육부, 교육현안보고서, 2023, 1호, 3면.

27) 한국교육개발원, 교육복지정책 평가 및 개선과제, 2019, 18면 참조.

28) 교육복지법안 제3조 제2호, 권영진 의원, 교육복지법 제정을 위한 입법공청회 자료, 109면.

29) 김인희, 교육소외와 격차해소를 위한 교육복지정책의 과제, 「한국사회정책」제17권 제1호, 한국사회정책학회, 156면.

인식하는 경향이 있으나 학업성취도가 교육격차의 모든 측면을 나타내는 것은 아니다. 교육격차는 사교육비, 계층, 지역, 다문화 자녀는 물론이고 복지라는 요소가 연관되다 보니 학교부적응 대상까지도 포함하여 넓게 적용되고 있다.

한편으로 교육학에서는 교육격차의 개념을 "교육투입의 부족 또는 결핍 과정이 잘못되어 생기는 교육 산출의 차이 정도, 교육의 격차는 한 개인이 다른 개인 보다 상대적인 의미에서 부족하고 기회에서의 균등보다 결과에서의 균등, 교육의 분화기능의 관점"에서 정의하고 있다.[30] 사전적 의미의 교육격차는 "지역과 제도적 요인, 학교 특성, 개인의 지적 능력, 사회경제적 배경과 같은 다양한 요인에 따라 개인이나 집단 사이에서 발생하는 교육적 수준 차이"[31]이다. 교육격차의 원인 중에서 정당한 사유 없이 발생하는 교육격차는 교육 불평등에 해당한다고 할 수 있다.

따라서 교육격차를 해소하는 것은 근본적인 원인인 사회적 양극화 문제를 해결하지 않고는 실익이 없을 것이다. 교육격차는 학습상의 격차를 넘어 가정환경과 사회경제적 수준 지역과 계층의 격차를 모두 포함하는 개념이기에 시대가 지날수록 심화되고 있는 것이다.

교육에서 형평성을 지향하는 교육복지 역시 교육격차 해소의 의미를 포함하는 넓은 개념이라고 할 수 있다. 교육격차 해소는 일정 기준에 위치한 집단 간 비교에서 나타나는 차이의 해결을 강조하는 개념이므로 집단 간 양적 비교가 가능한 영역에 적용할 수 있음에 비해, 교육복지는 다양한 취약집단에게 요구되는 각종 지원을 포함하는 개념이라는 점에서 '교육격차 해소' 보다 광의의 개념이라 할 수 있다.[32]

---

30) 서울대학교 교육연구소, 교육학용어사전, 1995, (네이버 지식백과 2023. 9. 19. 검색).
31) 국립국어원 우리말 샘, https://opendict.korean.go.kr/main, (2023. 9. 19. 검색).
32) 김정원, 교육복지정책의 효과적 추진을 위한 법·제도 마련 연구, 교육과학기술부, 2013, 42면.

그림 1 교육복지와 교육격차 해소의 상호관계

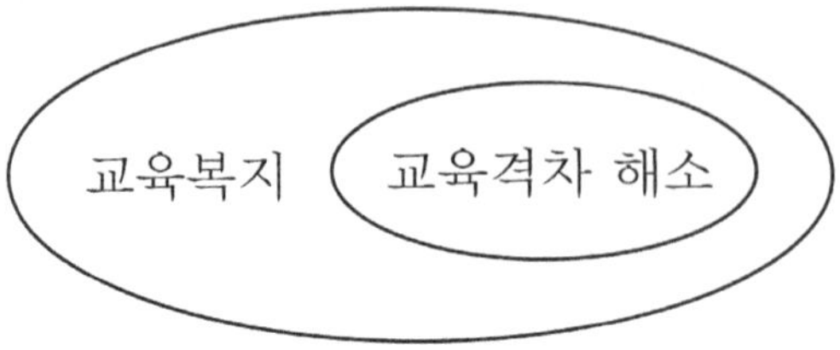

교육복지는 교육격차 현상을 조건으로 하며, 교육격차가 깊어질수록 교육복지의 수요는 증가한다. 교육복지는 교육적 기능의 정상화를 위한 노력으로 교육복지 정책은 교육정책의 요소로 위치해야 하며 교육에 있어서 교육복지는 주요 영역으로 인식됨이 마땅하다.

교육격차 및 교육복지의 개념 정의에서 교육과 교육복지의 관계를 제시해 줌으로써 교육복지는 교육의 일부로서 교육적 기능을 수행한다고 할 수 있다. 현행 교육제도만으로 교육격차를 예방하고 해소하기에는 제한적이므로 교육격차를 예방 및 해소할 수 있도록 하는 것이 교육복지의 중심이며, 이를 제도화 하는 것이 바로 교육복지제도라 할 것이다.

7) 소 결

우리나라 헌법과 교육기본법에서 별도의 교육복지 정의를 규정하고 있지 않다. 헌법의 '교육을 받을 권리'를, 교육기본법에서는 '국가와 지방자치단체는 학생과 교직원의 건강과 복지증진을 위한 시책을 수립하고 실시해야 함'을 명시하고 있다. 그리고 교육청의 조례에서는 교육복지 개념을 확인할 수 있는데, 대부분의 지역교육청은 교육복지 대상을 '모든 학생'으로 지원 대상자를 선정하고 있어 다양한 요인들에 의한 교육격차를 해소함을 목적으로 하고 있음에 유념할 필요가 있다.

교육복지는 균등한 교육기회를 실현하는 중요한 부분으로서 궁극적으로 불평등을 해소하여 실질적인 교육평등을 구현하는 데에 있다. 그러나 교육복지의 혜택을 배분 및 제공하는 문제는 복잡하며 이는 여건에 따라 달라질 수 있다. 보편적 복지는 효율성과 공평성을 증진할 수 있지만, 공공재정에 부담을 주고 일부 불필요한 대상자에게 혜택을 주는 문제가 발생할 수 있다. 반면에 선별적 복지는 재정의 효율적 분배를 가능하게 하지만 중복 선정 등의 문제를 가지고 있다. 교육복지의 기본적 이념은 모든 국민의 교육받을 권리를 실현하는 데 있으며, 궁극적인 목표는 교육기회의 확대에서부터 교육과정, 교육결과에 이르기까지 교육의 질적 수준을 향상시킴으로써 실질적인 교육평등을 구현할 수 있는 교육서비스제도라고 볼 수 있다.

결론적으로 보편적 복지가 확대되면 취약계층 학생들의 필요를 충족하기 부족할 것이며 보편적 지원까지 확대되면 교육복지 정책에 필요한 전달체계 및 예산 등의 확립이 어려우므로 가장 우선적인 지원 대상은 경제적 취약계층이 되어야 한다.

Ⅱ. 교육제도로서 교육복지정책의 의의 및 상호관계

1. 교육제도로 자리매김한 교육복지정책

교육불평등, 교육격차, 교육소외 등에 관한 문제들은 교육복지정책의 영역이며, 교육복지정책은 교육소외 현상과 교육의 형평성 문제를 극복하기 위한 노력이며 이는 궁극적으로 국민 개개인의 타고난 소질을 계발하여 인격을 완성하게 하고, 자립생활을 할 능력을 신장함으로써 인간다운 생활을 영위할 수 있으며,[33] 더 나아가 교육체제의 효율성과 정당성과도 연관된다고 할 수 있다.

33) 헌재, 1991. 7. 22, 89헌가106 결정.

따라서 교육복지가 교육소외를 해소하기 위한 노력이라면 교육복지정책은 교육소외 현상을 정책대상으로 하여 필요한 제반 조치를 반영하여야 한다. 참여정부 교육복지종합계획은 교육복지정책의 목표를 중심으로 모든 국민의 교육기회 보장 및 기초학력 성취, 학교부적응 예방 및 치유, 교육여건 개선, 공정하고 건설적인 교육환경 구축을 정책영역으로 설정하고 그에 대한 구체적 정책대상을 제시하였다.

1995년 문민정부에서 발표한 5·31 교육개혁안의 '신교육체제'[34] 구상에서 정부 정책에 교육복지라는 용어가 최초로 등장하였다.[35] '신교육체제'는 모든 국민이 자아실현을 최대화할 수 있는 교육복지 국가를 지향한다는 점을 밝힌 바 있다.[36] 이후 교육인적자원부는 1997년 '교육복지종합대책'을 발표하였고, 1998년 IMF 외환위기를 거치면서 2004년에는 교육부의 정식 직제로서 교육복지정책과가 신설되었다. 이후 중앙정부 지방자치단체와 시도교육청에서도 교육복지 관련 사업들이 지속적으로 추진·확대되어 왔다.

우리나라의 교육복지는 교육복지에 관한 정책들이 추진되는 과정에서 선별적 복지에서 보편적 복지로 전환되어왔다. 1998년에 저소득층 대상 학습비 지원 사업이 시작되었고 1999년에 저소득층 급식비 지원, 2003년에 교육복지 투자우선지역 지원사업, 2004년에는 중학교 무상교육이 전국적으로 실시되고 초등돌봄교실 사업이 시작되어 현재까지 시행되고 있다.[37]

이후 2000년대 중반부터 무상급식[38], 방과후학교[39] 등 모든 학생을 대상

---

34) 대통령자문 교육개혁위원회(1995. 5. 31.), 김영삼 정부가 출범하면서 대통령 직속 교육개혁 전담기구인 교육개혁위원회가 설치되었고, 세계화·정보화 시대의 문명사적 전환에 대응하기 위한 국가적 생존전략이자 교육적 병폐를 해결하기 위한 종합적인 대책을 마련하였다. 누구나 언제 어디서나 열린 교육을 받을 수 있는 열린교육 사회 평생학습사회건설을 비전으로 기존의 개혁안이 대학입시 문제에 그치는 단기적·대중적 수준을 넘어 우리나라 교육의 근본을 전환하려는 제안으로서 신교육체제 수립을 위한 광범위한 기반 구축에 역점을 두고 있다.

35) 안병영, 하연섭, 5·31 교육개혁 그리고 20년, 다산출판사, 2015, 63면.

36) 장덕호, 교육복지론 제2판, 2020, 박영사, 31면.

37) 김성학, "저소득층 청소년 대상 교육복지 사업의 현황, 과제 그리고 가능성," 「청소년 복지연구」 제10권 제3호, 한국청소년복지학회, 2008, 3-26면.

38) 무상급식은 2001년 경기도 과천시에서 최초 도입이 되었고 기초지방자치단체 단위에서는 2007년 경상남도 거창군에서 시작되었다. 2008년에는 남해군에서 도입되었고, 2009-2010년 사이에 창녕군,

으로 하는 보편적 교육복지정책들이 등장하기 시작하여 전국적으로 확대되었다. 장애학생 대상의 무상의무교육이 2008년 실시되고 고등학교 무상교육은 2019년 2학기에 시작되어 2021년 3월에 완성됨으로써 유치원부터 고등학교까지 무상교육 체계가 완성되었다.[40)]

표 3 교육복지정책의 영역과 대상[41)]

목표	정책영역	구체적 정책대상
1. 국민기초교육 수준 보장	모든 국민의 교육기회 보장 및 기초학력 성취	장애 및 건강장애 학생 저소득층 학생 저학력 성인 외국근로자 자녀 기초학력 미달자
2. 교육부적응 및 불평등 해소	학교부적응 예방 및 치유 교육여건 불평등 해소	도시저소득지역 및 농어촌지역 학생 정보화 격차 사교육으로 인한 불평등
3. 복지친화적 교육환경 조성	밝고 건전한 교육환경 구축	비복지적 학교풍토 비교육적·비위생적 학교 환경 취약한 학생 보건

교육부와 시도교육청 등 교육정책 당국은 무상교육, 무상급식 등 모든 학생을 대상으로 하는 보편적 교육복지 정책을 확대하였고 동시에 교육취약계층의 학생을 선별적으로 지원하는 사업을 실시하였는데 대표적인 정책으로 교육복지우선지원사업과 저소득층 학생 교육 지원사업이 있다.

고성군, 함안군, 의령군, 하동군, 합천군, 통영시에서 자발적으로 도입하였다. 2009년 지방선거에서 경기도교육감 김상곤 후보는 전면 무상급식을 공약으로 제시하고 당선되어 무상급식을 전국적으로 확산시키는 계기를 만들었다(경남도민일보, 이슈 진단 경남 무상급식 경과와 전망, 2015. 3. 17).

39) 방과후학교 정책은 1995년 교육개혁위원회가 "개인의 다양성이 발휘될 수 있는 교육적 기회를 제공하는 교육 프로그램"으로 교육부가 1996년 2월 방과후 교육활동 활성화 방안을 발표하면서 시작되었고 김대중 정부에서 1999년 2월 4일 특기적성 교육활동이라는 명칭으로 변경되었다. 노무현 정부에서 2004년 사교육비 경감 방안의 대책을 통해 '방과 후 교실' 추진을 밝히고 교육인적자원부는 2007년 3월 '방과후학교 운영 기본계획'을 발표하여 1,150억 원의 예산을 투입하였다. (방과후학교 법이 필요하다 정책토론회 자료집, 대한민국국회, 2016, 28−29면).

40) 교육복지론, 장덕호, 2020, 박영사, 32면 참고하여 재정리하였다.

41) 교육인적자원부, 교육복지종합계획, 2004.

저소득층에 대한 교육비 지원은 국민기초생활보장법상[42]의 교육급여[43]와 기초생활수급자를 포함한 저소득층을 대상으로 하는 교육비 지원으로 구분할 수 있으며 교육급여와 교육비는 동시 지원이 가능하다. 국민기초생활보장법에 따른 교육급여는 중위소득 50% 이하에 해당하는 기초생활보장 수급가구의 초·중·고 학생이고, 교육급여 수급자로 선정되면 교육활동지원비 연 1회, 입학금·수업료·교과서 대금[44]을 지원을 받는다.

전국 17개 시도교육청에서는 초·중등교육법에 근거하여 자체예산으로 저소득층 학생 교육비 지원사업을 실시하고 있다. 교육비 지원 대상자로 선정되면 시도교육청으로부터 입학금과 수업료를 포함하여 급식비, 방과후학교 자유수강권, 인터넷 통신비를 지원받을 수 있다. 교육급여는 「국민기초생활 보장법」에 따라 중위소득 50% 이하인 가구의 초중고 학생에게 교육활동지원비를 지급하는 제도이다. 2024년 교육활동지원비는 2023년 기준 11% 인상되어 연간 초등학생 461,000원, 중학생 654,000원, 고등학생 727,000원이 지급된다.[45]

표 4　2022년도 시도교육청별 교육비 지원 기준[46]

지역	고교학비	학교급식비	방과후학교 자유수강권	교육 정보화 지원	
				컴퓨터	인터넷 통신비
서울	60%	60% 학교장	80%	−	60% 한부모, 차상위

42) 「국민기초생활보장법」 제7조에 따르면 생활이 어려운 국민들에게 필요한 급여를 행하이들의 최저생활을 보장하고 자활 조성을 목적으로 제정된 법률로 1.생계급여, 2. 주거급여, 3. 의료급여, 4. 교육급여, 5. 해산급여, 6. 장제급여, 7. 자활급여가 있다.

43) 「국민기초생활보장법」 제12조 (교육급여) ①교육급여자는 수급자에게 입학금, 수업료, 학용품비, 그 밖의 수급품을 지급하는 것으로 하되, 학교의 종류·범위 등에 관하여 필요한 사항은 대통령령으로 정한다. ②교육급여는 금전 또는 물품을 수급자 또는 수급자의 친권자나 후견인에게 지급하는 것으로 한다. 다만, 보장기관이 필요하다고 인정하는 경우에는 수급자가 재학하는 학교의 장에게 수급품을 지급할 수 있다.

44) 교육부는 2019년 2학기부터 고등학교 무상교육을 시행하면서 입학금과 수업료를 학교장이 정하는 사립학교를 무상교육 대상학교에서 제외하였으며 이에 따라 자율형사립고나 일부 사립 특수목적 고등학교는 무상교육 대상이 아니다(2019. 8. 16. 보도자료).

45) 교육부 보도자료, 2024년 초중고 학생 교육급여와 교육비 신청, 2024. 2. 26.

부산	60%	–	90% 학교장	의료, 한부모 차상위	교육, 한부모 차상위, 학교장
대구	60% 학교장	–	80% 학교장	교육	교육, 한부모 차상위, 학교장
인천	60%	60% 학교장	90% 학교장	–	60% 한부모, 차상위
광주	–	–	80% 학교장	주거	교육, 한부모 차상위, 학교장
대전	60%	–	80% 학교장	의료, 한부모 차상위	교육, 한부모 차상위
울산	60% 학교장	135%	80% 학교장	교육	교육, 한부모 차상위
세종	–	–	80% 학교장	교육	교육, 한부모 차상위
경기	60%	60%	80% 학교장	의료	교육, 한부모
강원	80% 학교장	–	80% 학교장	의료, 한부모	교육, 한부모 차상위
충북	–	52%	80% 학교장, 다자녀	교육	교육, 한부모 차상위
충남	70%	60%	100% 학교장, 다자녀	의료	교육, 한부모 차상위
전북	68% 학교장, 다자녀	–	80% 학교장, 다자녀	교육, 한부모	교육, 한부모 차상위
전남	60%	–	80% 학교장, 다자녀	교육, 한부모, 차상위	교육, 한부모 차상위, 학교장
경북	68% 학교장, 다자녀	80% 학교장	80% 학교장, 다자녀	생계	60% 한부모, 차상위
경남	–	–	80% 학교장	–	교육, 한부모 차상위
제주	–	–	80% 학교장, 다자녀	교육	교육, 한부모 차상위

46) 교육부 조간 보도자료, 2024. 2. 23.

이상의 교육급여와 교육비지원사업의 내용을 정리하면 <표 5>와 같다.

표 5 교육급여와 교육비 정책 비교

구 분	교육급여	교육비 지원
주 관	교육부, 시도교육청	시도교육청
근 거	국민기초생활보장법 제12조	초·중등교육법 제60조의4부터 제60조의10
사업성격	국기의 범정 의무지출(권리성 급여*) *국민은 관련 법률에 따라, 교육활동을 위해 해당 급여를 국가에 요구할 권리가 있음	시도교육청 재량적 예산사업 ※ 교육청 예산 상황에 따라 유동적
지원대상	중위소득 50% 이하 초중고 학생	시도교육청별로 다르나, 통상 중위소득 50~80% 이하 초중고 학생 (기초수급자, 법정차상위 등 포함)
지원내용	– 교육활동지원비 (초) 연 33만 1천 원 (중) 연 46만 6천 원 (고) 연 55만 4천 원 – 입학금, 수업료 – 교과서비 ※ 입학금·수업료·교과서비는 고등학교 무상교육 제외 학교에 다니는 학생 대상으로 실제 지출된 비용을 지원	시도교육청별로 다름 – 입학금, 수업료, 학교운영지원비 ※ 교육급여 수급자는 학교운영지원비만 지원 – 고교 교과서비 – 급식비 – 방과후학교 자유수강권 (연 60만 원 내외) – 교육정보화지원 등 (인터넷통신비 등 23만 원, PC지원)

출처: 교육부, 2024년 업무보고, 2024. 2. 24.

교육복지는 "교육에서의 평등"을 실현하기 위한 사회적 노력이며, 이를 실현하기 위해 다양한 기관들이 연계하고 협력하여 운영되고 있다. 교육복지 정책이 운영되는 일련의 과정에서 각 시·도의 역량에 따라, 개별 학교의 역량에 따라 그 밖의 다양한 이유로 교육복지우선지원사업은 지역별로 운영형태가 상이한 현황을 보여준다.[47] 교육복지우선지원사업('교복우사업')은[48] IMF

외환위기 이후 심화된 사회양극화, 특히 교육불평등과 빈곤대물림에 대한 정책적 대응으로 시작되었다.[49] 2003년 교육복지투자우선지역지원사업('교복투사업')이라는 이름으로 시작되었으며, 교육부가 주도하는 시범사업으로 운용되었다. '교복투사업'은 지역 공동체의 구현을 통해 취약계층의 삶의 질 제고를 목표로 하였고, 대상 학생의 학교교육과정 이수와 함께 교육, 문화, 복지 차원의 지지망을 구축하여 저소득층 학생의 욕구에 맞는 프로그램을 제공하였다.[50] 교복투사업의 성과는 긍정적으로 보고되었지만, 시도교육청의 자율적 사업 운영의 제약 등의 어려움 등이 한계로 지적되었다.[51] 이러한 한계점을 개선하기 위해 2010년 교육과학기술부에서는 「교육복지우선지원사업 관리·운영에 관한 규정」을 제정[52]하여 정책의 법적 근거를 마련하였고, 2011년부터 교복우사업은 지방자치단체 즉 시·도교육청 주도 아래 운영이 가능하였으며 현재에 이르게 되었다. 현재는 중앙 차원에서는 한국교육개발원에 위탁하여 시도별로 통일된 성과관리가 이루어질 수 있도록 성과관리 모델을 제시하고, 시·도교육청 차원에서는 시·도교육복지협의회를 통하여 단위학교의 사업 활성화를 위한 지원업무를 담당하도록 하였으며, 교육지원청 차원에서는 지역교육복지지원센터를 통하여 지역 차원의 사업 계획을 수립하여 효과적인 운영을 위한 지원을 추진하도록 하고 있다.[53]

---

47) 김선숙, 「교육복지우선지원사업 운영 매뉴얼 개발」, 교육부 중앙교육복지센터, 2020.

48) 교육복지우선지원사업이 처음 시작된 2003년에서는 '교육복지투자우선지역지원사업'으로 명명되었고, 사업 재원이 지방교육재정 특별교부금에서 보통교부금으로 변경된 2011년부터 '교육복지우선지원사업'으로 명칭이 변경되었으며 두 정책은 동일한 사업이다.

49) 김진숙, 교육복지우선지원사업의 현주소와 방향, 한국교육개발원, 2020.

50) 서동미, 한국 학교사회복지의 제도화 과정과 주요 쟁점, 학교사회복지, 2018, 38면.

51) 교육과학기술부, 2010년도 주요 예산사업비 설명자, 2010, 재구성하였다.

52) 교육복지우선지원사업 관리운영에 관한 규정, [시행 2011. 2. 18.] [교육과학기술부훈령 제203호, 2011. 2. 18, 제정]

53) 장덕호, 앞의 책(2020), 50면.

2. 교육제도와 복지정책의 상호관계

우리나라 교육제도는 교육복지사업으로 지속적으로 전환되었고, 교육복지사업을 추진해 오면서 제도적 근거의 마련, 재원의 안정성 확보 방안을 마련하고 있다. 초중등교육법 시행령에 사업의 근거를 마련하여 한시적 사업을 지원하고 있으며 지방교육재정교부금법 시행령에 교부기준을 명시[54]하면서 기반이 공고해졌음을 확인할 수 있다. 이는 지방교육자치제도 시행 후 학교 및 시·도 교육청의 자율성 확대를 위해 교육부의 각종 지침 및 권한을 폐지[55]하여 지역사회와 학교에서 교육제도와 교육복지의 실효성 있는 적극적인 정책적 노력을 하였음을 알 수 있다. 시도교육청에서 각종 정책을 주관하며 지역의 특성을 반영하여 추진할 수 있게 된 것이라 할 수 있다.

1) 경제적 지원 측면

앞에서 언급한 바와 같이 교육복지의 개념 요소의 하나인 교육기회의 보장은 무상의무교육 정책으로 시행하고 있다. 현재 초·중학생을 대상으로 입학금, 수업료, 교과서대금[56], 대통령령이 정하는 바에 따라 소속 학교 및 학급 학생에게 학교 급식비[57]를 지원하고 있다. 2021년부터 고등학생을 포함한 모든 학년에 대한 무상교육 범위를 확대하여 실시하고 있다(교육청 재정보조금

---

54) 「지방교육재정교부금법」 제3조(교부금의 종류와 재원) 제3항
지방교육재정교부금은 1971년 12월 28일 의무교육실시를 위한 재정확보와 지역간 학교교육의 균형 있는 발전을 위해서 제정되었다(제2330호). 이후 2000년을 기준으로 지방교육재정교부금은 보통교부금, 특별교부금, 증액교부금으로 구성되었으며 2004년 지방교육재정의 재원 확보 및 지원구조의 투명화를 위한 법개정 이후 봉급교부금과 증액교부금을 보통교부금으로 통합('지방교육재정교부금법 개정한 교육위 통과, 2004. 11. 25. 연합뉴스)하고 2006년 재개정을 통해 내국세분 교부금의 교부율을 20.0%로 인상하였다. 현행 교부금의 재원은 당해연도 내국세 총액이 20.79%와 교육세 세수 일부 합계금액이며 보통교부금과 특별교부금으로 나뉜다.

55) 교육부, 권한배분 우선정비과제 이행현황, 2021. 12. 31, 3-9면.

56) 1966년부터 도서·벽지 등 특수지역의 초등학교 학생들에게 교과서를 무료로 지급함으로써 특별한 정책적 배려를 기울여 왔고(도서·벽지 교육진흥법 제3조 3항), 1985년부터 중학생에게도 교과서 무상공급이 이루어졌으며 2021년 고등학교 무상교육이확대됨에 따라 고등학교 교과서도 무상으로 지급되고 있다(법제처 국가법정보센터 교과용도서 무상지급 규정 참고).

57) 「학교급식법」 제4조(학교급식 대상) 및 제9조(급식에 관한 경비의 지원) 제1항

미지원대상인 자율형사립고, 공립을 제외한 일부 특수목적고는 무상교육대상에서 제외). 한국의 고등학교 진학률이 99.7%에 달하고 있으므로 보편적 교육인 고등학교 학비를 국가가 부담함으로써 국민의 기본교육권이 보장받을 수 있게 되었다.

우리나라 유아교육은 유치원(국·공·사립)과 어린이집 등의 보육기관으로 이원화되어 있다. 현재의 이원화된 유아교육과 보육이 균형적이고 조화로운 발전을 위하여 유치원 누리과정[58]을 도입하였다. 2012년부터 도입된 누리과정 학비의 재원은 지방교육재정교부금으로 충당하였고 추가로 재원이 확보되지 않은 상태에서 중앙정부와 시·도교육청의 갈등이 지속되었다. 2017회계연도 예산안 가결과 함께 「유아교육지원특별회계법」[59]이 제정되어 3년 동안 유아교육지원특별회계가 설치 및 운영[60]됨에 따라 중앙과 지방의 갈등이 소강되어 유아교육·보육과정 정책이 안정적으로 추진될 수 있는 계기를 맞이하였다.

사회 교육격차 심화, 사교육비 증가, 저출산 고령화 사회 도래 등 이유로 교육경험에 제약을 받는 학생이 증가함에 따라 정부는 방과후교육, 다자녀 국가장학금[61], EBS교육프로그램[62] 등의 정부가 지원하는 무상프로그램을 실시하고 있다.

---

58) 누리과정이란 생에 출발선에서의 균등한 기회를 제공하고 학부모의 교육비 부담 경감을 실현하고자 유치원과 어린이집에 공통의 교육 및 보육과정을 도입하고 소득수준과 무관하게 만 3~5세에 해당하는 유아들에게 학비와 보육료를 지원하는 것을 말한다.

59) 「유아교육지원특별회계법」(시행 2022. 12. 31. 법률 제19203호, 2022. 12. 31,일부개정), 유아교육 및 보육을 통합한 공통의 교육·보육과정 정책의 안정적인 추진을 위하여 2022년 12월 31일에 만료되는 이 법의 유효기간을 2025년 12월 31일까지로 3년 연장하였다.

60) 한국재정정보원 보도자료, 2018. 12. 24.

61) 다자녀국가장학금은 2018년부터 다자녀 가구 내 대학생 모두에게 지원을 하고 있으며 2023년 기준으로 지원 금액이 소득 3구간 이하는 520만 원, 소득 4~8구간 이하는 450만 원을 지원하고 있다. 예를 들어 소득 6구간 이하 가정의 경우, 세자녀 모두 450만 원을 지원받을 수 있으며 이를 통해 다자녀 가구의 등록금 부담을 경감하여 교육기회의 확대에도 도움이 된다(한국장학재단 다자녀 국가장학금 2023. 10. 3. 검색).

62) 최근 교육부가 발표한 지역·소득에 따른 교육격차 해소 및 사교육 경감을 위하여 누구나 누릴 수 있는 맞춤형 학습지원을 위하여 ebs프로그램 수준별 강좌 확대 및 유료강좌 무료전환 등의 자기주도학습을 전환하였으며(교육부, 사교육 경감 대책 발표 보도자료, 2023.7.30.), 유료 온라인 'ebs중학 프리미엄 강좌'를 전면 무료로 전환하였다(교육부, 'ebs중학 프리미엄' 전면 무료 전환 보도자료, 2023. 7. 17).

우리나라의 교육제도와 취약계층별 복지정책은 밀접하게 결합되어 있다고 볼 수 있는데 교육에의 접근 기회가 제한된 취약계층, 교육의 과정에서 학습경험을 하지 못하는 취약계층, 조기 학업중단 취약계층 등 다양하게 교육복지를 실시하고 있으며 대상에게 교육급여, 교복우사업 등을 실시하고 있다.

2) 학생 지원 측면

그동안 정부의 지속적인 노력에도 불구하고 최근 6년간(2017~2023) 기초학력 미달 비율이 매년 증가[63]하여 국가와 시도교육청의 책무성이 시급하고 기초학력 보장법 시행으로(2022년) 모든 학생의 기초학력을 보호하는 국가 교육 책임제 달성을 목표로 기초학력 보장 종합계획을[64] 실시하였다. 세부적인 추진 방안으로 정확한 진단을 기반으로 학생들의 학습 및 성장에 결정적 시기인 초등학교 3학년과 중학교 1학년을 '책임교육학년'으로 지정하여 맞춤형 학업성취도 평가를 하고 있다. 학업성취 진단 결과를 토대로 정규수업 및 방과후 수업, AI 맞춤형 학습, 학습 관리 튜터링을 연계하여 체계적인 학습지원[65]을 하고 있다.

학교부적응의 대상은 학업중단 청소년, 외국인 근로자, 탈북청소년, 귀국학생 등이 있다. 학업중단 청소년은 학교 밖 청소년이라고 명명되기도 하는데 학교 밖 청소년이란[66] 초·중등 학교 또는 동일한 과정을 교육하는 학교에 입학 후 3개월 이상 결석하거나 취학 의무를 유예한 청소년, 고등학교 과정을 교육하는 학교에서 퇴학 처분을 받거나 자퇴한 청소년, 고등학교 및 고등학교 교육과정 이수 기관에 진학하지 않은 청소년을 의미한다. 2020학년도 기준 학업중단율은 초등학교 0.4%(11,612명), 중학교 0.5%(5976명), 고등학교 1.1%(14,439명)[67]인

---

63) 2017년 대비 2021년에 기초학력 미달 비율이 학년별·과목별로 2.1%~5.7% 증가, 교육부 보도자료, 2022. 10. 11., 2면.

64) 교육부 보도자료, 「제1차 기초학력 보장 종합계획(2023~2027)」발표, 2022. 10. 11. 「기초학력보장법」 시행 2022. 3. 25., 법률 제18458호, 2021. 9. 24, 제정.

65) 교육부 책임교육 정책실, '공교육 경쟁력 제고방안'보도자료, 2023. 6. 21, 9-10면.

66) 「학교 밖 청소년 지원에 관한 법률」제2조

것으로 조사되었다. 정부는 학교부적응 대상 학생에 대한 교육지원 정책을 추진하고 있는데 세부적으로 Wee 프로젝트 사업, CYS－Net 지원, 대안학교 운영 등이 있다.

위(Wee) 프로젝트 사업[68]은 학교 교육청 지역사회의 협력으로 정서불안, 학교폭력, 학교 부적응 등에 처한 위기학생 예방 및 위기학생에 대해 상담 및 치유 지원 등 종합적인 지원 체제를 구축하는 사업이다. 위(Wee) 프로젝트 사업의 실시하는 1차 기관인 "위(Wee) 클래스"는 학교단위에 설치한 학교상담실을 일컬으며, 2차 기관인 "위(Wee) 센터"란 특별시 · 광역시 · 특별자치시 · 도 및 특별자치도 단위에 설치한 학생상담지원시설을 말한다. 3차 기관인 "위(Wee) 스쿨"이란 시 · 도교육청 단위에 설치한 위탁교육시설을 말한다.

지역사회 청소년 통합지원 체제(Community Youth Safety－Network: CYS－ Net)는 여성가족부[69]에서 주관한 지역사회 내 청소년 관련 지원을 연계하여 학업중단, 가출, 인터넷 중독 등 위기청소년에 대한 상담 · 보호 · 교육 · 직업체험 및 취업지원 등을 제공하며, 건강한 사회구성원으로 성장할 수 있도록 제공하는 정책이다. CYS－Net은 1차 안전망은 경찰 응급센터 아동성폭력상담소와 같이 심각한 위험한 상황에 노출된 학생에게 도움을 줄 수 있는 기관들과 연계망을 운영하는 것이고, 2차 안전망은 청소년들의 자립과 독립적인 삶을 위해 필요한 사회복지관 주민센터 등의 기관들과 연계망을 구축한다. 마지막으로 3차 안전망의 대표적인 기관은 학교, 방과후 교육기관, 청소년수련시설 등이 있다[70]. CYS－Net은 위기상황에 노출된 청소년에게 제공되는 통합적인 지원체제이다.

'대안학교'[71]는 학업을 중단하거나 개인의 적성에 적합한 교육을 받으려

---

67) 한국교육개발원, 교육통계서비스.
68) 위(wee) 프로젝트 사업 관리 · 운영에 관한 규정 (시행 2020. 3. 2, 교육부훈령 제329호).
69) 여성가족부 정책정보, 학교 밖 청소년 지원(http://www.mogef.go.kr/, 2023. 10. 13, 검색).
70) 이문미, "한국과 중국의 교육복지정책에관한 비교연구," 한국교원대학교 박사학위 논문, 2019, 91면.
71) 「초중등교육법」 제6조의3

는 학생을 대상으로 실습 및 체험 위주의 교육, 인성 교육 또는 개인의 소질·적성 개발 중심의 교육 등 다양한 교육을 하는 학교에 해당하는 학교라고 정의한다. 정부는 2005년 대안학교를 도입하고, 2007년 「대안학교의 설립·운영에 관한 규정」[72]을 제정하여 2009년 대안학교 설립인가 기준을 완화하는 등 학업중단학생의 교육기회 확대를 위한 법령을 정비하고 교육여건을 개선하기 위한 지원을 확대하였다. 2014년부터 교육부는 학교 내 대안교실 운영[73][74]을 지원하고 있는데 이는 학업중단 위기학생을 대상으로 학교적응을 돕기 위한 프로그램을 창의적이고 유연하게 적용하여 학생의 교육적 요구에 부응하도록 한다는 취지를 내포하고 있다.[75]

3) 특수교육 지원

한국의 특수교육은 1994년 특수교육진흥법[76]의 개정으로 통합교육이 실현될 수 있는 법적 기반을 마련하였다. 2008년 5월 특수교육대상자의 확대, 특수교육대상자에 대한 의무교육체제 구축, 통합교육의 내실화, 특수교육 교원 배치기준 마련, 진로 및 직업교육 실시, 고등교육 및 평생교육 강화 등의 내용이 포함된 「장애인 등에 대한 특수교육법」[77]이 제정되었다. 이 법을 통해 장

---

72) 대안학교의 설립·운영에 관한 규정(시행 2022. 7. 5. 대통령령 제32768호, 2022. 7. 5, 일부개정) 참조.

73) 학교 내 대안교실은 학교 내에서 정규교육과정의 전부 또는 일부를 대체하여 대안교육 프로그램을 운영하는 별도의 교실이다. 대안교실의 운영 형태는 전일제 또는 부분 운영제로, 전일제는 교육과정의 전부를 대체하는 별도의 대안 학급을 편성하는 형태이고, 부분 운영제는 교육과정의 일부를 대체하는 형태로 반일제, 기수제, 요일선택제 등의 형태로 운영된다. 대안교실에서는 학생 개개인의 소질이나 적성이 발현될 수 있도록 치유, 공동체 체험, 학습·자기계발, 진로·직업개발 등을 주제로 다양한 프로그램을 운영하며, 프로그램은 학교별로 상이하다.

74) 「초중등교육법」 제28조(학습부진아 등에 대한 교육).

75) 김인희, 교육복지와 교육환경, 제1세션 발표논문, 2016, 26면.

76) 장애인 교육을 국가 차원에서 보장하기 위해 1977년 12월 31일에 법률 제3053호로 제정·공포된 법이다. 「특수교육 진흥법」은 1994년에 전면적인 개정이 이루어지는 등 모두 9차례에 걸쳐 개정이 이루어졌으며, 2007년 5월 25일 「장애인 등에 대한 특수교육법」이 법률 제8483호로 공포됨으로써 폐지되었다(특수교육학 용어사전, 2009, 국립특수교육원).

77) 「장애인 등에 대한 특수교육법」은 장애인 및 특수한 교육환경을 필요로 하는 사람에게 차별 없이 양질의 교육환경을 제공하여 개인적 자아실현과 사회적 통합을 조화롭게 이루기 위한 목적으로 2008년 5월 26일 시행되었다.

애학생의 교육을 위한 특수교육지원체제의 토대가 마련되었고 특수교육대상 학생의 교육지원에 대한 보완 및 개선이 지속적으로 이루어져 왔다.

2023년 특수교육 운영계획[78]에 의하면 특수교육 운영의 중점 추진과제는 ① 학생 중심 특수교육 전달체계 내실화, ② 모두를 위한 통합교육 지원 강화, ③ 개별 맞춤형 특수교육 확대, ④ 장애인 고등교육 및 평생교육의 확대 등 네 가지 추진 전략으로 제시되었다. 모두를 위한 통합교육의 경우 일반학교 특수교육대상 학생 지원체계를 강화하여 통합교육 내실화를 도모, 일반교육교원과 특수교육교원의 협력체계 강화로 통합교육의 활성화를 도모, 장애이해교육 내실화를 통한 장애인에 대한 편견 해소 및 일상적 장애공감 문화를 조성, 장애학생 인권 침해 예방 및 자기보호 역량 강화를 위한 인권·성교육 내실 등을 통해서 모두를 위한 통합교육 지원체제를 강화하고 있다.

Ⅲ. 역대 정부의 교육복지정책의 현황 및 주요 내용

1. 교육개혁의 한 정책으로서 교육복지의 대두[79]

우리나라에서 교육개혁의 일환으로 교육복지가 대두되면서 정부 정책에 교육복지라는 용어가 처음 등장한 것은 1995년 김영삼 정부 당시 5·31 교육개혁에서였다.[80] "언제, 어디서나, 누구나 원하는 교육을 받을 수 있는 열린 교육체계를 구축함으로써, 모든 국민이 자아실현을 극대화할 수 있는 교육복

78) 교육부, 2023년 특수교육 운영계획, 2023.

79) '교육대통령'이라고 자임한 김영삼 대통령은 1994년 1월 대통령 직속 자문기구로서 교육개혁위원회를 구성하였고, 1994년 제1차 보고서를 발표한 뒤 1995년 5월 31일에 '세계화와 정보화를 주도하는 신교육 체제수립을 위한 교육개혁 방안'을 발표하였다. 뒤이어 1996년 2월 9일, 8월 20일, 1997년 6월 2일에 각각 제2차, 제3차, 제4차 개혁방안을 발표하였다. 교육부는 교육개혁 위원회의 보고서는 2차 보고서부터 실질적인 5·31교육개혁 안이라고 판단하고 통틀어 '5·31 교육개혁안'이라고 명명하였다.

80) 안병영·하연섭, 5·31 교육개혁 그리고 20년, 다산출판사, 2015, 63면.

지국가를 만든다."[81] 그러나 당시 교육복지국가의 개념은 이상적에 불과하였다.[82]당시 교육개혁의 중점적 과제는 단위학교의 자율성 확대와 교육의 질 개선, 공·사립, 사회계층과 지역 간 교육형평성을 제고하는 것 등이 주요 과제였다. 노태우 정부에서 교육정책자문위원회[83]가 대통령 권한 위임을 근간으로 교육복지를 제시하였다면 김영삼 정부에서는 교육부에서 정책을 수립하였다. 교육개혁의 이념으로 교육복지를 표방하는 신교육체제는 '모든 국민이 자아실현을 최대화할 수 있는 교육복지국가'라는 이념을 세웠고 학습자 중심 교육, 교육의 다양화, 자율과 책무성을 바탕으로 여기에서 언급한 교육복지란 과거의 획일적 관행에서 탈피하여 학생들의 자율성과 창의성을 발휘하게 함으로써 국가경쟁력을 높이는 것이다.[84] 5·31 교육개혁방안에서는 '암기위주의 입시교육' 패턴의 타파, 교육의 개방성과 자율성 및 다양성 등에 관한 교육복지를 다루고 있다. 열린교육사회·평생학습사회의 기반구축, 교육재정 GNP 5% 확보,[85][86] 지방교육자치제도의 개혁,[87] 교육정보화의 청사진과 개혁 방안,[88] 유아교육의 공교육 체제 확립[89]등의 시책들은 향후 '교육복지국가' 실현

81) 교육개혁위원회, 1996, 67면.

82) 정필운, "교육복지정책을 체계적으로 추진하기 위하여 독자적인 법률 제정이 필요한가," 「한국정책논집」 제17집, 한국교육법학회, 2017, 3면.

83) 대통령 교육정책자문회의는 헌법 제75조가 규정하고 있는 대통령이 대통령령을 발할 수 있는 권리에 의하여 1988년 12월 27일 대통령령 제12563호 "교육정책자문회의 규정"이 공포됨으로써 설치되었다. 자문회의는 독학에 의한 학위인정, 대학입시제도 자율화, 교육복지 구현, 지방교육자치제개선, 교육재원 확충 등 36개 교육개혁방안을 수립·제시하였지만, 교육정책이 중앙에서만 추진되고 지방이나 단위학교에서는 추진할 수 있는 제반이 부족했다. 의결기구가 아닌 자문기구이므로 대통령이나 정부의 판단과 정책의지에 따라 채택여부가 결정되는 문제점이 있었다. 류명혜, "대통령 교육정책자문회의의 교육개혁 자문활동 평가," 한양대학교 박사학위논문, 2000.

84) 류방란, 한국 사회 교육복지지표 개발 및 교육격차분석, 한국교육개발원, 2006, 21면.

85) 공교육에 투자를 확대하여 사교육비의 부담을 줄이고 지방교육재정의 책임을 강화하여 교육자치가 장착될 수 있도록 한다.

86) 서울특별시교육연구원, 교직실무편람, 1998, 20－23면.

87) 교육위원 정수의 1/3 배수는 시·도 단체장이 추천하며 2/3배수는 교육계에서 추천, 위원 정수의 축소 조정 및 교육감은 교육과 학예에 관하여 당해 지방자치단체를 대표하고 교육위원회의 사무를 총괄 처리함, 3차 교육개혁 방안, 1996.

88) 21세기형 첨단학교 및 가상대학을 운영하고 정보기술 활용 교육의 저변 확대 및 기회 균등화, 각종 교육 자료의 전자화, 멀티미디어화 및 한국화 추진, 제3차 교육개혁 방안, 1996. 8. 20.

89) 유아학교체제를 단계적으로 구축하여 초등학교 취학 전 유아에 대한 유아교육 권리를 보장함으로

에 영향을 주었다. 그러나 1997년 발생한 외환위기 이후 경제성장, 노동시장 구조의 변화 등으로 소득 격차, 양극화 발생 등의 문제가 심각해지는 추세를 보였고 이는 교육복지정책의 목표와 지향점에 중요한 부분이 되었다. '교육복지 종합대책'[90]의 내용에 따르면 교육적으로 특별한 관심과 배려가 요구되는 장애아를 위한 특수교육 발전,[91] 학교 중도 탈락자 종합대책, 학습부진아 교육지원, 귀국학생에 대한 교육 대책[92]으로 구성되어 있다.[93] 이러한 대책은 복지문제와 교육문제의 연계성을 주지할 수 있는 의미를 가지며, 복지사회 실현을 위해 교육정책을 적극적으로 모색하는 의미도 지닌다.

교육개혁위원회에서는 유아의 건전한 성장 발달을 도모하고 저소득층과 농어촌의 유아교육 기회를 확대하기 위하여 만 5세 아동에 대한 무상교육 실시를 제안하였고, 「유아교육법」에 보육시설 및 유아학교 체계 변경과 만 5세에 해당하는 유아에게 무상 유아교육 권리를 명시할 것을 요청하였다.[94] 그러나 국가 재정의 투입과 보육시설 기능이 중첩되는 문제 등으로 인하여 추진되지 못하였고,[95] 2004년 1월 29일 「유아교육법」이 제정되었다. 「유아교육법」의 제정으로 2005년부터 만 5세에 달하는 유아에 단계별 무상교육을 실시하는 계기가 되었다.[96]

써 유아교육 개혁의 추진 체제를 확립한다. 유아교육에 대한 국가와 지방자치단체의 지원을 확대하며 2005년까지 초등학교 취학 전 유아학교 취원율이 100%가 될 수 있도록 추진한다. 서울특별시연구원, 1998, 28면.

90) 해방 이후 한국교육정책에서 최초로 마련된 체계적이고 종합적인 교육복지정책은 1997년 이후 교육부가 발표한 '교육복지 종합대책'이라고 할 수 있다.

91) 교육부는 1992년 4월에 수립한 '특수교육발전계획(1992~1996)'이 1996년에 종료됨을 감안하여 1996년 5월 '특수교육종합발전계획(1997~2001)'을 수리하였다. 하지만 1995년 안병영 교육부 장관은 국민 모두가 나은 삶을 누리고 교육에서 평등이념을 실질적으로 구현하는 것이 진정한 교육복지 국가라고 하면서 1996년 12월 '더불어 사는 복지사회를 향한 특수교육 발전방안(1997–2001)'을 발표하였다, 국립특수교육원, 2010, 81–82면.

92) 1998년 2월 24일 신설 「초·중등교육법 시행령」 제19조(재외국민 자녀 입학절차 등) 및 제75조(귀국학생의 입학 등)

93) 한만길 외 3, 21세기 교육복지 발전 방안 연구, 한국교육개발원 연구보고, 2000, 26면.

94) 제2기 교육개혁위원회, '유아교육의 공교육 체제 확립 방안 발표,' 1996. 6. 2.

95) 국가기록원, 2017, 260면.

96) 국가기록원, 2017, 261면.

문민정부의 교육복지정책은 우리 교육 현장에 '권위' 관계에 기초하여 폐쇄적으로 운영되던 교육이 '열린 교육'으로 교육을 둘러싼 제도적 환경을 변화시키는 계기가 되었다. 문민정부에서 진행하였던 주요 교육정책과제들을 유아교육, 초중등교육, 대학교육, 평생교육으로 범주화하여 살펴볼 수 있다. 유아 및 초중등 교육분야는 유아교육의 공교육화를 위한 유아교육 내실화, 학교운영위원회 설치·운영 등을 통하여 열린 교육의 증대, 학교생활기록부 도입, 방과후 교육활동 내실화와 교육방송·에듀넷지원 등을 통한 학부모 부담 경감정책 추진, 교육과정 운영의 다양화와 학교장의 책인 운영제 확립 등 초중등교육의 자율화 및 다양화 추진, 교육재정 GNP 5% 달성, 시군지역의 중학교 의무교육 확대, 초등학교 교육의 무상화 실현, 학급당 학생 수 감축 등 교육환경 개선, 과학기술 및 진로·직업 교육 강화, 교직의 전문성 향상, 특수학교의 물리적 환경 개선, 국제화·개방화·정보화 및 통일대비 교육 강화 등의 정책들을 추진하였다. 대학 교육에서는 대학의 정원정책과 학사운영에 있어서 독립적인 권한 부여, 대학설립준칙제도의 도입 등의 대학설립제도 개선, 대학의 책무성 강화, 내신성적 40% 이상 반영, 수능시험성적 반영 비율 대학의 자율 결정 등 대학입학전형제도 시행, 대학의 특성화, 대학평가체제 구축과 연구비 지원 확대를 통한 대학의 경쟁력 도모 등의 정책을 추진하였다. 평생교육 분야에서는 열린 교육과 평생학습사회 확립을 위하여 평생교육진흥원 설립·운영, 학점은행제 실시, 한국직업능력개발원 설립·운영 등의 정책을 추진하였다.

이상에서 살펴본 바와 같이, 1990년대 말까지 한국의 교육복지는 교육복지라는 용어가 등장하면서 교육복지의 보편적인 정책과 선별적 교육복지에도 관심을 갖기 시작하였다. 선별복지의 대표적인 정책인 무상의무교육의 실현을 확대하려는 노력, 교육취약지역 학생에 대한 교육지원, 특수교육의 확대와 지원, 교육의 내실을 기하기 위한 학습부진아에 대한 지원, 교육지원 등의 분야에서 지속적으로 발전해 왔다고 볼 수 있다.[97]

97) 한만길 외 3, 앞의 보고서, 26면.

2. 교육의 기회균등 및 교육 기회 보장

1) 교육의 기회균등

국민의 정부는 헌정 이후 최초로 선거에 의한 여야간 수평적 정권교체를 달성한 야당 정권으로서 정치적으로 직접 민주주의와 시장경쟁의 논리와 오래된 관행의 혁신을 포함하여 사회 전반의 변화를 안고 출범하였다.[98] 교육분야의 개혁은 IMF 사태 이후 산업구조조정을 비롯하여 악화된 사회경제적 제약조건[99]과 사회개혁의 흐름 속에서 시작되었다.

국민의 정부는 '98년 교육정책의 목표'로 첫째 사람다운 사람을 기르는 교육, 둘째 지식·정보화 사회를 주도하는 교육, 셋째 국민의 고통을 완화할 수 있는 교육으로 국가 교육의 방향을 제시하고 학생의 입시부담감 해소, 학부모의 사교육비 경감, 기업의 여건을 고려한 인력 공급, 사회에 협동하는 인간 배출, 교사의 명예와 교원 보장을 목표로 설정하였다.[100] 1998년 2월 대통령직 인수위원회는 새 정부 100대 추진과제 중 교육관련 5대 과제로, ① 다양한 교육수요에 부응하는 교육의 실시로 창의성과 인성교육의 강화, ② 학부모 부담 완화를 위한 과외비 경감대책 마련, ③ 교원 근무여건 개선 및 인사제도 개선을 통한 우수교원 확보, ④ 교육부문의 효율성 제고 및 교육자치기반 조성, ⑤ 경쟁력 강화와 구조조정을 위한 산업교육체제 구축 등을 선정하였다.[101] '98년 이후 계속적으로 발표되고 추진된 교육개혁과 교육복지 관련 정책들은 다음과 같다. 문민정부의 교육개혁안들이 교육현장에서 충실히 실행될 수 있도록 교육개혁 추진에 관한 홍보·교육개혁추진을 위한 시민운동의 활성화 등에 관하여 대통령

98) 김동성, "교육개혁과 정책의 책무성," 「한국행정연구」 제10권 제2호, 한국행정연구원, 2001, 55면.

99) 국민의 정부가 출범한 1998년은 외환위기를 겪은 직후여서 정부는 국가신용도의 하락, 급격한 환율상승 등의 경제적 위기에 직면하고 있는 상태였고 문민정부의 교육개혁의 기조를 계승함과 동시에 시대적 흐름과 교육적 필요, 구체적인 동향 등을 교육정책에 반영하였다. 이종태, 2000년 한국교육의 개관, 2000, 2－8면.

100) 함종한, 국정감사를 통해 본 국민의 정부의 교육정책, 1998, 5면.

101) 한국교육신문사, 한국교육연감, 1998, 55면.

의 자문에 응하고 심의하기 위하여 '새교육공동체위원회'[102]를 구성하였고 '교원노조 합법화 추진,[103] '65세에서 62세로 교원정년의 단축,'[104] '교육발전 5개년 계획 시안'[105], 초중등학교 정상화 방안으로서 '교육비전 2002: 새로운 학교문화 창조'[106]발표, '저소득층 자녀 학비지원제도 도입,'[107] '두뇌한국 21(Brain Korea 21) 정책추진을 통한 연구중심대학과 대학원 육성,'[108] '평생교육법의 제정[109]과 평생교육활성화 정책추진,[110]' 학교의 위기를 극복하여 공교육 붕괴

---

102) 1998. 7. '새교육공동체위원회' 발족.

103) 1998. 11, '교원노조 합법화', 교원노조를 합법적으로 인정하고 단체교섭권을 부여(파업등의 쟁의행위 금지)하여 1998년 이래로 불법적으로 결성되어 있던 교원노조를 합법화함으로써 교원의 노동직을 수용함으로써 전국교직원노동조합과 한국 교직원노동조합의 복수 교원노조가 탄생.

104) 1991. 1. '교원정년 단축', IMF 구조조정에 따른 사회전체의 분위기에 맞추어 교원정년을 65세에서 62세로 낮추고 타 직종과 정년의 형평성을 도모하고 교직사회의 체질개선을 위한 토대를 구축하는 창원에서 단행되었으며 정부는 고령사회의 퇴진으로 부족한 교원을 신규 임용하면 교직사회가 젊어져서 교직을 활력화할 수 있고 교육의 질을 높일 수 있다고 판단하였다(신현석, 정책 입안 및 시행에 대한 포괄 평가, 2002, 9−15면).

105) 1999. 3. 교육부는 변화하는 세계 속에서 창조적 지식기반 국가건설을 주도하는 교육을 위해서 국민의 정부 존속 기간 동안 추진할 교육개혁의 방향을 종합적으로 제시할 수 있는 추진계획을 수립·발표하였고 1999년부터 2003년까지 5년간 연차적으로 추진할 8개의 분야와 필요한 총예산 113조에 대한 예산 투입계획과 재정확보 방안을 제시하였다(신현석, 앞의 논문, 9−15면).

106) 1998. 10. 수행평가·학교생활 기록부 및 고교교장추천제를 골자로 하는 대학입학전형제도 개선책과 21세기 지식기반사회가 요구하는 인재양성에 필수적인 학습자 중심의 열린교육 학생의 자기주도적 학습능력의 배양 및 창의성 신장과 인성교육을 통해서 새로운 학교문화를 창조하기 위한 5가지 청책방안(자율과 참여의 학습공동체, 학생중심의 교육과정, 학교안팎의 학습활동, 다양한 능력의 신뢰성 있는 평가, 전문성을 높이는 인사관리와 교원연수)을 제시하였다(신현석, 앞의 논문, 10면).

107) 저소득층 자녀 학비지원제도 도입은 1998년 외환위기로 실직자의 자녀를 위해 만들어진 실직자 자녀 학비지원 사업에서 시작되어 2000년에 저소득층 자녀 학비지원 사업으로 확대되었으며 2005년 동 사업을 지방으로 이양하여 시·도교육청 실정에 맞게 수립하였다(송기창, 고교 무상교육 실현을 위한 방안 연구, 2018, 27면).

108) 1999. 5. 21세기 지식기반국가의 발전을 주도할 창의적이고 국제적인 고급인력양성체제를 구축하기 위하여 세계적인 수준의 대학원중심 대학을 육성하고 우수지방대학을 지원하는 특수목적의 국책사업이며 1999년부터 7년간 총 1조 4,000억 원이 투입되는 세계수준의 대학원 중심대학 육성 및 지역우수대학육성 대학원 전용시설등의 사업과 매년 1,000억 원이 투입되는 기존 학술지원사업을 개선한 대학원 연구력 강화사업과 학술진흥사업으로 구분된다(신현석, 앞의 논문, 11면).

109) 김대중 정부는 1997년 외환위기 이후 한국의 경제적 재건을 위하여 노력을 가하는 상황에서 평생교육체제를 재정비하기 위하여 사회교육법을 「평생교육법」으로 개정하여 평생교육의 진흥을 국가의 의무로 규정하였고, 2000년 2월 교육부를 '교육인적자원부'로 재출범하여 인적자원 정책의 조정과 총괄기능을 부여하는 등 평생교육 활성화를 위한 인적자원 개발 사업 및 시설과 제도의 구축에 힘을 쏟았다(박선희, 평생교육 정책의 정부별 변천과정 탐색, 한국행정사학지, 2020, 179면).

110) 2002년 국가인적자원개발 기본계획과 연계하여 '평생학습진흥 기본계획'을 수립하였고 이는 평생교육에대한 지원체제 강화, 평생학습도시 추진, 원격교육 활성화, 평생교육의기회 확대 추구로 성인들이 양질의 교육서비스와 학습참여 기회 확대 방안이 마련되는 계기가 되었다(박선희, 앞의 논문, 180면).

를 치유하기 위한 종합적인 '공교육 내실화 방안[111]'을 마련하였다.

2001년에는 교육복지의 구현과 민생안정을 도모하고 교육의 기회균등을 보장함으로써 국민의 기초학력 행상 및 교육복지 실현을 위하여 중학교 무상 의무교육의 전면적인 확대[112]계획을 발표하였다. 이는 '의무교육은 무상으로 한다.'라는 헌법 제31조 제3항이 초등학교(1959)에 이어 43년 만에, 교육법 규정이 제정(1985)된 후 17년 만이다. 중학교 의무교육은 1985년 도서·벽지 지역을 대상으로 실시된 이후 1994년 읍·면 단위지역까지 확대되었으나 전체 중학생 187만 명 중 36만 명(19.5%)[113]만 해택을 받고 있었다. 일반시·광역시·특별시를 내포한 전국단위의 중학교 무상의무교육 실시의 확대로[114] 학부모들은 한 해 등록금 50만 원과 교과서 대금 2만 원 등 모두 52만 원을 절감할 수 있게 되었다.[115]

특수교육 지원과 관련하여 김대중 정부에서는 '일반교육과 특수교육의 책임감과 공존으로 모든 학생의 교육성과 최대화[116]'를 비전으로 2003년 2월 19일 '제2차 특수교육발전 5개년 계획(2003~2007)'을 발표하였다. '제2차 특수교육 발전 5개년 계획'에서는 유치원부터 고등학교까지 특수교육대상학생의 무상교육 보장[117] 및 모든 학생의 만족한 삶을 지원하는 체제[118]로 구축하였다.[119]

---

111) 2002. 3. 공교육 내실화 방안의 주요 대책으로 사교육비 부담을 경감하는 학교교육, 교원의 사기진작 및 전문성 제고, 수업의 질 제고를 위한 교육과정 운영, 올바른 학생문화 정립을 위한 학교 공동체 책임 강화 및 지식정보 사회에 부응하는 교육환경 조성 등이 있다(신현석, 앞의 논문, 15면).

112) 국가기록원, 중학교 무상 의무교육 전면 확대 계획, 국무회의 보고자료, 2001. 1. 22, 230－233면.

113) 국무회의 보고자료, 중학교 무상 의무교육, 2001, 232면.

114) 국가재정을 고려 연차별로 확대하여 2004년까지 완결
- 1차년도(2002년): 1학년(일반시, 광역시 및 특별시)
- 2차년도(2003년): 1·2학년(일반시, 광역시 및 특별시)
- 3차년도(2004년): 1·2·3학년(일반시, 광역시 및 특별시)

115) 최종덕, 중학교 의무교육 확대 실시와 발전과제, 국회보, 2001, 80면.

116) 국립특수교육원, 제5차 특수교육 발전 5개년 계획 기초 연구, 2017.

117) 특수교육대상학생의 무상교육 목표를 달성하기 위하여 지역별·학교과정별 균형적인 특수교육 기회 보장을 과제로 선정하였으며, 특수학교 신·증설 및 특수학급 증설, 특수학교와 특수학급의 인원수 감축, 장애인 편의시설 확충 및 통합교육 강화를 중점 과제로 추진하였다(정민호, 제5차 특수교육발전 5개년 계획 기초 연구, 국립특수교육원, 2016, 17면).

118) 모든 학생의 만족한 삶을 지원하는 목표 달성을 위하여 지역사회 중심의 특수교육 지원체제 구축 및 지원확대를 추진 과제로 선정하였고 중점과제로 특수교육 예산 및 투자 확대, 특수교육 관련

이상의 교육복지 정책을 살피건대 김대중 정부는 김영삼 정부가 추진하였던 5·31 교육개혁을 계승하고 있지만, 교육복지정책의 추진 방법으로 교원·학부모·지역사회가 참여하는 교육개혁, 체감할 수 있는 현장 중심의 교육복지 정책, 사회의 다양한 계층들이 참여하는 방식 등을 내세움으로써 시민 참여 중심의 상향식 교육복지 정책을 추진하려 하였음을 볼 수 있다.

2) 교육 기회 보장

참여정부의 시기는 2003년 2월부터 2008년 2월까지 국민이 정치결정에 참여하는 비율이 기존의 정부보다 높아지고 국민의 자율성과 책임성을 강조하였기에 참여정부[120]라 명명하였다.

김대중 정부는 만 5세아 무상교육 및 저소득층 자녀학비지원 등 취약계층에 대한 교육지원 등이 시행되었으나 교육복지 개념이 논의되지는 않았고, 노무현 정부에서는 IMF 이후 고용 불안정, 비정규직의 증가, 저소득층 및 사회계층의 분열 등은 한국 사회에 사회·경제적 양극화 현상을 심화시켰고, 계층 간 사교육비 격차 및 교육격차가 확대되어 교육양극화 현상이 심각한 사회문제로 [121]대두됨으로써 본격적으로 교육복지의 개념이 논의되었다. 교육양극화 문제를 해결하기 위하여 참여정부는 2004년 1월 20일 복지부·문화체육관광부·노동부·정보통신부·건설교통부·여성부 등 6개 부처가 참여하여 참여정부 5년간(2004~2008년)의 복지 로드맵을 수립하여 발표하였다. 이후 2004년 10월 19일

부처 간 연계·협조 체제 강화 등을 추진하였다.

119) 양한재, "특수교육정책 평가 연구," 중부대학교 박사학위논문, 2019, 24−25면.

120) 노무현 정부는 국민의 자발적이고 능동적인 참여의 힘으로 탄생한 '참여정부'이다. 참여정부는 국민이 국정의 주인이고, 국민의 참여를 바탕으로 국정을 운영하겠다는 기본정신을 나타낸다. 또한 국민의 폭넓은 참여를 기반으로 개혁과 통합, 나아가 선진국으로의 도약과 지속가능한 발전을 추진한다는 의미를 담고 있다. 인수위는 그동안 새정부 별칭을 정하기 위해 온라인과 오프라인을 통해 국민들로부터 여론을 수렴, '국민참여정부,' '희망의 정부,' '참여와 민주정부' 등을 놓고 막판 심사를 벌여 참여정부로 최종결정했다. 인수위 기획분과위원은 "이제는 우리 민주주의를 국민의 참여가 일상화되는 참여 민주주의의 단계로 발전시키겠다는 점과 진정한 국민주권, 시민주권의 시대를 열겠다는 의미"라고 설명했다(행정안전부 대통령 기록관, 참여정부 국정운영백서1, 국정홍보처, 2008, 19면).

121) 오정란, 교육복지 내실화를 위한 교육복지사업 발전방안 연구, 전라북도교육연구정보원, 2012, 1면.

국무회의에서 교육복지부문 참여복지 5개년 계획을 추가 확정하며 참여정부의 복지추진계획 수립을 완료하였다.122)

교육복지 종합계획123)을 통하여 달성하고자 하는 목적은 ① 모든 국민의 교육기회 및 국민 기초교육수준을 보장,124) ② 교육 부적응 및 교육여건의 불평등을 해소,125) ③ 복지 친화적 교육환경의 조성,126) ④ 교육복지 정책 참여를 활성화하고 정책의 실효성을 위한 교육복지정책 추진체제를 구축하고 교육복지정책을 안정적이고 지속적으로 실효성 있게 추진하기 위하여 가칭「교육복지기본법」 제정 방안의 목적을 달성함과 동시에, 모든 국민이 자주적인 능력을 개발하여 개인 삶의 질 향상을 모색함으로써 국가 발전의 실현에 이바지함이 교육복지 종합계획의 목표이다.

표 6 참여정부 교육복지 종합계획127)

정책목표	정책영역	대상	과제 및 내용
국민기초 교육수준 보장	모든 국민의 교육기회 보장	장애인 및 건강장애인	특수교육 강화 특수교육 지원 범위 확대 급식비와 학교운영지원 포함 특수교육지원센터 182개 설치
		저소득층 학생	유아교육 기회 확대 만 3세－만5세 무상 교육/보육 지원 대상 확대(2008)
			저소득층 교육비 지원

122) 보건복지부, '참여복지 5개년계획에 교육복지 추가,' 보도자료, 2004. 10. 20, 1면.

123) 교육인적자원부, '교육복지분야 5개년계획', 교육복지정책과, 2004. 10. 20, 2면.

124) 장애 및 건강장애 학생, 저소득층 학생, 저학력 성인, 외국인근로자 자녀 등의 실질적인 교육기회를 보장하고 기초학력 미달자에 대한 학업 지원을 강화한다(교육인적자원부, 앞의 보고서, 2004).

125) 학교부적응 학생·귀국자녀·북한이탈 청소년 등의 교육 부적응 현상을 치유하고 학업 중단을 예방하며, 농어촌 및 도시저소득 지역의 교육여건 불평등 해소를 위한 정책을 배가한다(교육인적자원부, 앞의 보고서, 2004).

126) 교육공동체 구성원의 인권 및 복지 의식을 제고하여 건강하고 안전한 학교 내·외 교육환경을 조성하고 학생 건강 증진 등을 통한 밝고 건강한 교육환경을 조성해 나간다(교육인적자원부, 앞의 보고서, 2004).

127) 교육인적자원부, 앞의 보고서(2004) 6면 자료를 재구성하였다.

			고교생 학비 지원 확대(10%) 가계곤란자 3만명에 대한 학생 부담 2% 융자 실시(2005)
		저학력 성인	저학력 성인의 교육기회 확대 사이버학교 체제로 전환
		고등교육 소외자	장애인·저소득층 고등교육 기회 확대
		외국인근로자 자녀	외국인근로자 자녀 입학 지원 시도교육청에 외국인근로자 입학상담센터 설치(2005)
	기초학력성취	기초학력 미달자	기초학력 보장
교육 부적응 및 불평등 해소	학교부적응 치유	학업중단자	학업중단자 예방 및 대책
		귀국학생	귀국학생 교육지원
		북한이탈 청소년	북한이탈 청소년 대책 북한이탈청소년을 위한 특성화 학교 개교(2006)
	교육여건 불평등 해소	도시저소득지역학생	도시저소득지역 교육지원 교육복지투자우선지역 40개 확대(2008)
		농어촌지역학생	농어촌지역 교육여건 개선
		정보화 취약 계층	정보화 격차 해소 저소득층 학생 PC 및 인터넷 통신비 지원
		저소득층 자녀	사교육으로 인한 불평등 완화
복지 친화적 교육환경 조성	밝고 건강한 교육환경 구축	학교풍토	밝고 즐거운 학교 만들기
		학생건강	학생 건강 증진 국민건강보험법에 의한 검진기관에서 종합검진 실시(2005)
		학교내외 교육환경	안전하고 건강한 교육환경 조성 시도교육청 혁신복지담당 지역교육청 교육복지전담관 단위학교 학생복지부 설치

교육복지정책은 대부분 학교 현장을 통해 실시되고 있으며 교육복지투자우선지역 지원 사업, 방과 후 학교, 특수교육 지원, 이주 배경 학생 교육 지원, 유아, 저소득층 급식비 및 교육비 지원은 학교 현장과 밀접한 관련이 있다. 첫째, 교육복지투자우선지역 지원 사업은 국민의 정부에서 추진한 중산층 육성 및 서민생활 향상 대책의 일환으로 교육복지의 사각지대라고 할 수 있는 도시 저소득지역의 교육복지 대책 추진의 필요성이 제기되어 관계부처와 민간단체 등의 참여 아래 교육복지 대책의 수립이 논의되었다. 2002년 광복절 대통령 경축사에서 도시 저소득지역의 교육환경개선을 위한 정책을 추진하겠다고 공포함으로써 실시되었다.[128] '교복투사업'은 저소득층 학생의 학습능력 증진과 학습결손 방지를 위한 학습동기 유발에 집중하여 학생들의 학습을 신장할 수 있는 인적 자원 및 유관기관과의 협업을 통한 효과를 제고하고 있다.[129] 저소득층 학생 중 성장 과정에서 학대 등의 경험으로 인하여 심리적 문제로 적응이 어려운 학생들을 위하여 지방자치단체와의 연계를 통한 기반 시설 확충과 적절한 프로그램을 지원하였다.[130]

둘째, 사교육비의 증가가 사회적 이슈로 되어 2004년 2월 17일 정부는 「2·17 사교육비 경감대책」을 발표하였고 교과 보충수업을 도입하였으며, 초등학교에서 보육프로그램의 도입을 강조하였다. 주요한 내용을 살펴보면, EBS수능강의, 방과후교육활동, 수준별이동수업 확대실시, 교원평가제, 고교평준화보완, 대입제도개선 등으로 정리해 볼 수 있다. EBS교육을 통해 전자통신학습체제를 구축하여 사교육 수요를 공교육으로 끌어들여 사교육비를 절감하고 무너진 공교육을 정상화하고자 하였고, 지역여건과 학부모의 교육수요를 반영하여 다양한 교육기회를 제공하기 위해 방과 후 교육활동과 수준별 이동수업을 확대 실시하였으며, 고교평준화제도를 보완하기 위해 수준별 교육과 학생의 수준에 맞는 과목선택권을 확대하였다. 또한, 학교교육의 정상화를 위해 다양한 학생

128) 교육인적자원부, 교육복지 추진사업, 2003, 1면.
129) 김정원, 2007년 교육복지투자우선지역 지원 사업 성과와 발전 방향, 한국교육개발원, 2008, 15면.
130) 김정원, 앞의 보고서(2008년), 16면.

선발을 유도하고 학교생활기록부의 기록 내용 반영 비중을 확대하였으며, 교원의 능력 향상을 위하여 새로운 교원평가제 도입을 추진하였다.[131] 사교육비 경감 대책 이후 교육인적자원부는 기존의 방과 후 학교를 도입·추진하게 되었다.[132] 방과 후 학교의 목적은 학생의 소질 및 적성을 계발하고 취미와 특기 발전을 위한 다양한 교육 경험을 제공하여 교외에서 실시되는 다양한 사교육을 학교내 공교육으로 흡수하여 학부모의 사교육비 경감을 위한 정책이었다. 또한 저소득층 및 농산어촌 학생의 충분한 교육권 확보를 통해 계층 간에 나타나는 교육양극화를 해소하기 위함이 목적이였다.[133] 특히 소외계층 및 저소득층 지원, 청소년 보호, 보육, 농어촌 지원 등에 주안을 두어 학부모의 사회적 지위 및 경제적 여건과 무관하게 모든 학생들이 학교에서 충분한 교육을 받음으로써 교육복지를 실현할 수 있었다. 그리고 지역주민을 대상으로 프로그램을 운영하고, 지역사회 인프라를 통한 지역의 인적·물적 자원의 활용으로 학교를 평생학습의 공간으로 활성화할 수 있었다.

셋째, 2003년 2월 국무조정실, 보건복지부, 교육인적자원부, 노동부, 정부통신부, 건설교통부 등 관계부처 합동으로 발표한「제2차 장애인복지발전 5개년 계획」[134][135]에 의한 교육인적자원부「특수교육 발전 종합계획」의 주요 과제인 장애유아 무상교육비 지원[136], 특수교육실무원 인건비 지원, 특수교육지원센터[137] 설치 및 운영을 위해 특수교육 지원 사업이 진행되었다. 유·초·중·고등

131) 교육인적자원부, 사교육비 경감대책, 2007, 20-24면 재구성.

132) 김홍원, 방과 후 학교 성과 분석, 한국교육개발원, 2007, 2면.

133) 교육인적자원부, 2007년도 방과 후 학교 운영 기본계획안, 2007, 2면.

134) 보건복지부, "제2차 장애인복지발전 5개년계획확정," 복지노동심의관실, 2003.

135) 〈제2차 장애인복지발전 5개년계획 2003-2007 주요내용〉
1. 장애인 복지 향상 2. 장애인 특수교육 확충 3. 장애인 고용 확대
4. 장애인 정보화 증진, 5.장애인 이동편의 확충, 6. 사회적 인식 개선
7. 추진체계 및 정보통계 인프라 구축

136)「특수교육진흥법」제5조.

137)「장애인 등에 대한 특수교육법」제11조 (특수교육지원센터의 설치 · 운영)
① 교육감은 특수교육대상자의 조기발견, 특수교육대상자의 진단·평가, 정보관리, 특수교육 연수, 교수·학습활동의 지원, 특수교육 관련서비스 지원, 순회교육 등을 담당하는 특수교육지원센터를 하급교육행정기관별로 설치·운영하여야 한다.

학교 과정별로 장애 학생에게 교육의 기회를 확대하여 특수교육 대상 학생의 지역 및 교육기회 불균형을 완화하고 고등교육 기회를 확대하며, 장애 학생의 전반적인 삶의 질 개선을 도모하는 교육복지 국가 실현을 지향하고 건강장애 학생[138]의 수학권 보장 및 건강하고 안전한 학교생활 적응을 위한 교육지원 프로그램 확대를 위해 병원학교[139]를 설치하여 운영하였다. 또한 대학교에 재학 중인 장애 학생에 대한 실질적인 학습권 보장과 고등교육에 진학할 수 있는 기회 확대를 위해 대학생활 적응지원과 장애 특성에 적합한 교수·학습 활동 지원을 통한 정책을 실시하였다.[140]

2008년 5월 26일 「장애인 등에 대한 특수교육법」이 시행되어 장애아 의무교육이 유치원과 고등학교 과정까지 확대되었고 특수교육 대상자의 의무교육도 고등학교 과정까지 확대되었다.[141]

넷째, 「다문화가족지원법」에서 규정하고 있는 다문화가족이란, 「재한외국인 처우기본법」 제2조 제3호의 국제결혼이민자를 포함하고 있으며 「국적법」 제2조부터 제4조의 규정에 따라서 대한민국 국적을 취득한 자로 이루어진 가족이으로 「국적법」 제3조와 제4조에 의해 대한민국 국적을 취득한 자와 동법 제2조에서 제4조까지의 규정에 따라 대한민국 국적을 취득한 가족을 의미한

---

② 제1항에 따른 특수교육지원센터는 하급교육행정기관이나 특수학교, 특수학급이 설치된 일반 초·중·고등학교 또는 관할 지역의 관공서(장애인복지관을 포함한다) 등 특수교육대상자를 비롯한 지역주민의 접근이 편리한 곳에 설치하여야 한다.

③ 특수교육지원센터의 설치·운영 등에 관하여 필요한 사항은 대통령령으로 정한다.

138) 「장애인 등에 대한 특수교육법」 제15조 및 시행령 제10조
만성질환으로 인하여 3개월 이상의 장기 입원 또는 통원치료 등 계속적인 의료적 지원이 필요하여 학교생활 및 학업 수행에 어려움이 있는 사람.

139) 장기 입원환자나 통원치료로 인해 학교교육을 받을 수 없는 학생들의 위해 병원 내에 설치된 학교로 2023년 10월 현재 전국에 31개의 병원학교가 있다(https://hospital.s4u.kr, 전국병원학교 홈페이지 2023. 10. 14. 검색).

140) 「장애인 등에 대한 특수교육법」 제5조 10항(국가 및 지방자치단체는 장애인에 대한 고등교육 방안을 강구하여야 한다), 제31조(편의제공 대학의 장은 해당 학교에 재학 중인 장애학생의 교육활동의 편의를 위하여 다음 각 호의 수단을 적극적으로 강구하고 제공하여야 한다).
「장애인차별 금지 및 권리구제에 관한 법률」제14조(정당한 편의제공 의무, 교육책임자는 당해 교육기관에 재학 중인 장애인의 교육활동에 불이익이 없도록 다음 각 호의 수단을 적극적으로 강구하고 제공하여야 한다).

141) 경향신문, 2008. 5. 26, 12면.

다. 우리나라의 국적취득 여부와 무관하게 외국인이 한국에 입국하여 한국 사람과 결혼하였다면 결혼한 외국인과 함께 가족구성원으로 이루어진 가정은 모두 다문화가족이 되는 것이다.

2007년 기준 14,654명의 다문화가정 학생들이 초중고에 재학중이며,[142] 2006년 5월 1일 다문화가정 자녀 교육지원 대책을 발표하였다. 다문화가정의 자녀 상당수가 한국어 능력 부족 및 한국문화 부적응으로 인해 학습 부진과 결손, 사회적 편견으로 사회적 이탈의 어려움이 있어 교육복지 입장에서 대책을 수립하여 교육양극화를 예방하고자 하였다.

교육인적자원부는 다문화가정 자녀들의 체계적이고 실질적인 지원을 위하여 '2007년 다문화가정 자녀 교육지원계획'을 발표하였다.[143] 부처 및 지역간 협력체제를 구축하고[144], 시도교육청은 다문화 학생과 학부모의 언어와 문화적 장벽을 해소하고 자아정체성을 확립하며 일반인이 다문화 이해를 확대하는 것을 주요 내용으로 정책을 실시하였다. 교육인적자원부는 교육청을 중심으로 지방자치단체, 대학, 언론사, NGO 등이 참여하는 '다문화교육 지원협의회'를 구성하여 지역여건에 따라 '시 · 도 다문화교육 센터'로 지정하여 다문화가정 자녀 교육지원이 효과적으로 이루어지도록 전달체계를 구축하였다.[145] 정부는 외국인 근로자 자녀의 교육권 보장 자원을 위해 출입국사실증명서 또는 외국인등록사실증명서 제출만으로 초등학교 입학절차를 간소화[146] 하였고, 불법 체류자의 자녀에 해당하는 경우 거주지 전 · 월세 계약서, 주민의 거주확인 보증서 등의 서류 제출로 간소화하여 학교 입학 절차를 완화하였다.[147]

142) 교육인적자원부, 2007년도 다문화가정 자녀 교육 지원 계획, 2007, 5면.
143) 교육인적자원부, 앞의 계획서(2007년) 재구성하였다.
144) 교육과정 및 교과서에 다문화 교육 요소를 반영하고 외국인 근로자 자녀의 교육권을 보장하는 제도적 기반을 추진하였다.
145) 교육인적자원부, 앞의 계획서(2007년), 교육복지정책과, 12면.
146) 「초중등교육법」시행령 제19조.
147) 교육인적자원부, 다문화가정 자녀 교육지원 대책, 2006, 9면.

다섯째 저소득층 세대 학부모의 유아교육비 부담의 경감을 위하여 만 5세 유아의 교육비를 무상 지원하고 만3~4세 유아의 교육비률 차등 지원하였다. 2007년부터는 사립학교 기본보조금 제도를 도입하여 국공립·사립유치원에 대한 학부모 부담 비용을 경감하였다.[148] 국민기초생활보장 수급자 자녀, 복지시설수용학생, 자치단체에서 선정한 결식학생, 차상위 저소득층 학생들에게 급식비를 지원하였으며,[149] 학교장이 '학생복지심사위원회'의 심의를 통하여 선정된 학생에게 입학금과 수업료, 학교운영비를 지원하였다. 정보화 격차를 해소하기 위해서 저소득층 자녀에게 PC·인터넷 통신비와 정보화 교육을 실시하였다.[150] 이처럼 노무현 정부의 교육복지정책들은 저소득층 학생과 학교 부적응 및 교육 소외까지 포괄하고 있으며 유아교육부터 평생교육까지 정책의 범위도 확대되었음을 알 수 있다. 중학교 의무교육실시, 교육복지투자우선사업 시행, 학비지원 확대, 방과 후 학교의 도입과 확산 등을 통하여 교육기회 및 교육여건의 불평등으로 인한 교육격차를 해소하고자 하는 교육복지정책을 활성화 하였다. 특수교육대상자에 대한 교육기회와 복지 확대, 다문화 가정 자녀 교육지원 본격화 등을 통하여 교육소외 및 부적응 문제에도 실효성 있는 교육복지 정책을 시행하였다.

3. 교육 기회 확대 및 격차 해소

1) 교육 기회 확대

이명박 정부는 2008년 미국 발 경제위기[151]의 영향으로 취약계층이 증가

148) 교육인적자원부, '함께 가는 학습복지사회 건설을 위한' 「2007년 주요 업무계획」, 2007, 65면.

149) 교육인적자원부, 앞의 계획서(2007년), 72면.

150) 교육인적자원부, 앞의 계획서(2007년), 9면.

151) 2006년 하반기 미국의 서프라임 모기지 사태 이후 미국경제와 세계경제는 심각한 금융위기를 경험하고 있었고 미국의 5대 투자은행들이 모두 파산하거나 인수 혹은 상업은행으로 전환되었고 금융위기가 실물경제로 급격히 확산되어 세계 각 나라에 빠르게 확산되고 있었다. 미국 연방준비제도 이사회의 의장이었던 앨런 그린스펀은 '반세기에 한번, 아마도 한 세기에 한번 일어날만한 사안'이라고 표현하였고, '1929년 대공항 이후 가장 심각한 위기'라고 하였다(정상진, 미국발 세계 금융위기의 원인 분석, 한국전문경영인학회, 2009, 91－92면).

되고 사회양극화 문제가 심화되고 있는 정세에서 교육경쟁을 중시하는 신자유주의 교육개혁[152]을 추진하였다.[153] 이명박 정부는 과거의 대한민국이 교육에 대한 열정을 통하여 근대화를 이룰 수 있었듯 선진화로 나아가는 길 역시 대한민국의 인재들로부터 나온다는 믿음을 가지고 '인재 대국'을 5대 국정지표 중 하나로 선정하였다.[154] 인재 대국 목표를 위한 방안으로는 수요자가 중심이 되는 교육경쟁력 강화, 단위학교의 책무성과 자율성 강화, 핵심인재 양성, 평생학습 활성화, 지방교육자치의 내실화[155], 기초학력 바른 인성 책임제 등을 제시하였다.[156]

이명박 정부는 인재 대국을 추구하는 비전의 교육개혁을 추진하는 동시에 최근 10년간 중산층이 급격히 감소하고[157] 빈곤층이 크게 증가하며, 계층간 불평등 정도가 심화됨에 따라[158] 자율과 경쟁의 교육정책을 뒷받침할 만한 적극적이고 체계적인 교육복지 정책을 수립·추진하였다. [159] "누구에게나 차별없는 최고의 교육을" 통하여 교육복지 확충을 통한 선진일류국가를 실현하는 '이명박 정부 교육복지 대책'을 수립하였으며, 교육복지 종합계획의 비전을 제시하였다. 전략으로 5년간 핵심 과제 15개를 포함한 총 54개의 과제를 제시하였으며,[160] 교육복지 종합계획 추진으로 실질적인 교육격차를 해소하고 국

---

152) 이명박 정부의 교육개혁은 5·31 교육개혁을 계승하는 동시에 이전 시기 진행되었던 신자유주의적 교육개혁의 실시를 특징으로 하고 있다.

153) 안선회, "국민 모두의 행복을 위한 교육개혁," 「계간 민주」 제6호, 민주화운동기념사업회, 2013, 134면.

154) 대한민국정부, 이명박정부 국정백서 교육개혁과 신고졸시대 개막, 50면.

155) 국가는 국가수준의 교육과정 기준을 설정 및 교육격차 해소 등 최소한의 역할만을 수행하고 여타 핵심기능은 시도교육청에 이양하며, 시·도간 이해대립 사안의 조정 공동문제 대책 마련 등을 위해 시도교육감협의회 역할을 강화하고 중앙과 지역의 정책협의를 정례화한다. 이를 위해 차관 지속의 '교육분권화 추진단(2008.3.7.)'을 운영한다.

156) 안선회, 앞의 논문(2013년), 134면.

157) 통계청, 가계수치조사 결과, 2008.

158) 교육과학기술부, 이명박 정부 교육복지 대책, 2008, 2면.

159) 〈이명박 정부 교육복지 수립경과〉

① 취임사: "형편이 어려워도 공부할 수 있어야 합니다. 교육복지로 가난의 대물림을 끊겠습니다(2008. 2. 25).

② '교육격차 해소 종합대책' 대통령 보고(6.5)

③ 이명박 정부 '교육복지 대책' 수립 계획 마련(7.15)

④ 이명박 정부 새로운 20대 국정전략 "교육복지 확대" 채택 (10. 7. 국무회의 확정)

민이 직접적으로 체감하고 공감하는 정책의 실시로 지리적 여건과 학교·학생의 특성을 고려한 맞춤형 복지를 추진하였다.

이명박 정부시기에는 저소득층과 소외계층의 교육기회 확대를 실시하기 위하여 중학생·저소득층·농산어촌 학생·장애학생 및 저학력 성인을 대상으로 하였고, 교육격차 해소와 관련하여 기초학력 미달학생, 교육복지정책의 사각지대 보완과 관련하여 유치원 교육을 받지 않는 유아, 발달지체 유아·다문화가정·북한이탈청소년·농산어촌학생 및 위기학생과 장애학생을 대상으로 삼고 있다.[161]

표 7 이명박 정부 교육복지정책 추진과제[162]

영역	계획
저소득층 중고생 기초교육비 지원 확대	–중학교 무상교육 대폭강화 –저소득층 고교생 학비 지원 확대 –수익자부담 교육경비 지원 –저소득층·농산어촌학생 급식비 지원
저소득층 대학생 학자금 지원 확대	–맞춤형 국가장학지원 확충 –국가장학재단 설립
기초학력 향상 지원체계 구축	–선진화된 학력평가 시스템 구축 –학습부진 학생의 기본학습권 보장 –기초학습지도 보조강사제 도입
영어교육 격차 완화	–정부초청 해외영어봉사 장학생 사업[163] –방학중 집중 영어캠프 운영[164] –원어민 원격 화상강의[165]
방과 후 학교 활성화지원	–방과 후 초등 돌봄 교실 확대 –저소득층 자유수강권 지원 확대 및 내실화 –농산어촌 방과후학교 운영 지원 –대학생 멘토링 활성화

160) 교육과학기술부, 앞의 보고서(2008년), 19면.
161) 교육인적자원부, 앞의 보고서(2008년) 내용을 재구성하였다.
162) 교육과학기술부, 앞의 보고서(2008년), 19–25면.

다문화학생 교육지원 확대	–한국어 기초학력 향상 –다문화가정 학부모의 교육 역량 강화 –다문화 교육 기반 구축 –다문화 이해 제고 및 확산
북한이탈학생 교육지원 강화	–입국초기 적응교육 지원 –정규학교 교육지원 강화 –민간 교육시설지 지원 강화
저소득층 교육정보화 격차 완화	–농산어촌 학교 u–러닝 환경 조성 –EBS 수능교재 무상 지원
농산어촌 학생 교육격차 완화	–농산어촌 연중 돌봄학교 육성 –기숙형 학교(150교) 선정 –농산어촌형 k–2학교 운영지원[166]
도시 저소득층 학생 지원	–교육복지투자우선지역 확대 –사업 추진체계 내실화 추진 –맞춤형 프로그램 지원
학생의 건강 관리능력 증진	–학생 건강조사 차계 선진화 –다양한 학생건강정보 제고 –건강환경 평가제도 도입
안전하고 맛있는 학교급식제공	–노후 급식시설 현대화 등 급식환경 개선 –식재료 원산지 표시제 도입 –우수농산물 급식지원[167]
학교부적응 및 학업중단학생 교육지원	–학교부적응 및 학업중단 학생 지원체계 구축 –학업중단학생 교육기회 확대 및 지원
유아기본능력 보장 지원	–기본능력 함양 –유아와 부모 통합적 지원 –지원체제 강화
장애인의 생애주기별 교육지원	–취학 전 교육지원 –초중등 단계 장애학생 교육지원 –고등교육 단계 장애학생 교육원 –장애성인에 대한 교육지원
저학력성인 교육지원	–성인 초중 학력인정 유연성 제고 –성인 고졸학력인정 체제 유연성 제고 –중졸 미만 성인의 문해학습 지원
교육복지 지원체제구축	–교육복지 추진체제 정비 –교육복지지수 개발 –정보 DB구축

이명박 정부의 교육복지 정책을 살피건대, 참여정부에 비하여 교육복지정책 대상과 프로그램이 확장되고 다양해졌다. 교육복지 정책의 구체적인 추진 현황을 살펴보면 첫째, 중학교 무상교육이 대폭 강화되었다. 기초생활수급자의 중고생자녀에게만 지원되었던 학교운영지원비 지원이 2012년 중학생 전체에게 지원되었고[168] 학부모들의 중학교 학비 부담을 정부가 책임지게 되었다. 구체적으로 학교운영지원비 수혜자의 범위가 확대된 계기를 살펴보면 헌법재판소에서 2010년 6월 4일 사립중학교에 재학 중인 학부모들이 중학교에 납부한 학교운영지원비를 학교회계 세입항목에 포함하고 학교운영지원비의 조성 및 운영 사용에 관한 사항을 학교운영위원회가 심의하도록 규정하고 있는 법률에 대한 위헌법률심판제청을 기각한 사건에 대하여 사립학교 학부모들이 청구한 사건에 관하여는 재판의 전제성을 갖추지 못하여 기각하였지만, 공립중학교 학부모들의 청구에 관하여는 학교운영지원비는 의무교육의 유지를 위해 국고지원 받고 있는 분류이므로 학교운영지원비만 학부모의 부담인 것은 헌법 제31조 제3항 의무교육의 무상원칙에 위배된다고 판시하였다. 헌법재판소의 결정에 따라 정부는 2013년 12월 30일 「초중등교육법」 제12조 제4항을[169] 개정하여 중학교에서 학교운영지원비를 징수할 수 없도록 하였다.[170]

둘째, 저소득층·농산어촌지역의 학생들에게 급식비 지원을 확대하였으며,[171] 2008년 5월 26일 제정된 장애인 등에 대한 특수교육법 시행령에 따라

163) 원어민 자원봉사자를 농산어촌 초등학교 방과 후 학교 영어강사로 활용.

164) 농산어촌 및 도시저소득층 초등학생 대상 운영.

165) 농산어촌 및 도서벽지 학교에 도입하여 영어교육 질 제고.

166) 유치원생 및 초등학교 1·2학년생으로 구성하고 원거리 통학문제 해결 및 교육안정망을 확보.

167) 지방자치단체의 우수농산물 급식지원 확대 유도.

168) 「초중등교육법」제32조에 의거 학교윤영지원비는 학교운영위원회에서 자율적으로 결정하여 운영되었는데 2008년부터 정부의 지원이 점차적으로 확대되어 2004년 중학생 전체의 교과서 대금 무상화 이후 학교운영지원비 무상화로 중학교 무상의무교육의 범위가 입학금, 수업료, 교과서대금, 학교운영지원비로 확대되었다.

169) 「초중등교육법」제12조 제4항 (국공립학교의 설립자·경영자와 의무교육대상자의 교육을 위탁받은 사립학교 설립자·경영자는 의무교육을 받는 사람으로부터 수업료와 학교운영지원비를 받을 수 없다).

170) 헌법재판소, 2012. 8. 23, 2010헌바220.

만 3세 미만 장애영아 무상교육 실시 및 유치원 과정과 고등학교 과정 의무교육을 단계적으로 확대하여 실시하였다.[172)]

셋째, 학년이 올라갈수록 기초학력 미달 학생 비율이 증가하여[173)] 2008년부터 국가수준 기초학력 진단평가 및 학업성취도 평가를 실시하여 기초학력 미달 학생을 정확하게 파악하여 기초학력 미달 학생에 대한 지원 근거를 마련하였다.[174)]

넷째, 2003년부터 도시 저소득층 지원을 위해 추진해 온 '교육복지투자 우선지역 사업'에 대한 사업지역과 지원학교 확대 요구가 증가하고 있는 상황에서 교육복지투자우선지역 사업 대상지역은 아니지만, 기초생활수급자 학생이 다수 밀집된 학교[175)]에 대한 지원이 미비하여 '교육복지투자 우선지역사업'을 확대하였다. 정부는 2008년 60개 사업지역 322개교에서 2008년 말 100개 사업지역 540개교까지 지원을 확대하였고 기초생활수급자 등 저소득층 학생이 밀집한 학교에 대한 지원사업을 실시하였다. 정부는 2010년에 「초중등교육법 시행령」 제54조를 개정하고 교육과학기술부 장관 및 교육감이 학습부진 또는 정서장애 심리적 불안정 등의 사유로 정상적인 학교생활이 어려운 학생 및 학업을 중단한 학생 등이 밀집한 학교에 대하여 교육 복지문화 프로그램 등을 제공하는 지원사업을 시행할 수 있도록 법적 근거를 마련하였다. 또한 교육부는 「초중등교육법」제28조와 초중등교육법시행령 제54조를 근거로 2011년에

---

171) 기초생활수급자와 일부 차상위계층에 이루어진 급식 지원이 2011년 모든 차상위계층 학생으로 확대되었으며, 2012년 모든 농산어촌 학생이 급식비를 지원받게 되었다.

172) 「장애인등에 대한 특수교육법」제3조(특수교육대상자에 대하여는 유초중 및 고등학교 과정의 교육은 의무교육으로 하고, 제24조에 따른 전공과와 만 3세 미만의 장애영유아교육은 무상으로 한다).

173) 2007년 학업성취도 평가결과 과학: 초6(2.9%) 〈 중3(4.4%) 〈 고1(13%)
사회: 초6(2.2) 〈 중3(5.3%) 〈 고1(12.3%)
교육과학기술부, 앞의 보고서(2008년), 10면.

174) 한국교육신문, '기초학력 미달학생 지원 체계 구축', 2009.2.1.자 기사 참조(국가 수준의 학력평가를 통해, 미달학생이 집중된 교육청과 학교는 이에 대한 개선계획을 제출하고, 이를 바탕으로 재원이 투입되고 아울러 학력평가와 정보공시, 시·도교육청 평가 등을 통해 미달학생 지도성과가 좋은 학교와 교육청에는 인센티브를, 그렇지 못한 학교·교육청은 불이익을 받게 된다. 교과부는 실질적인 교육격차 해소는 바로 학력격차를 줄이는 것이라고 강조했다).

175) 기초생활수급자 및 한부모가정 학생 수(2007): 도시 321천 명, 농촌 88천 명.

'교육복지우선지원사업관리 운영에 관한 규정'을 제정하였다. 이러한 과정을 통해 교육복지우선지원사업의 법적 기반 및 재원의 안정성을 확보할 수 있었다.[176)]

다섯째, 다문화가정의 학생·학부모에 대한 통합적 지원이다. 급격하게 증가하는 다문화가정 학생의 상당수는 사회·경제적 취약계층이며 문화·언어적 차이로 인한 언어발달 지체와 학교 및 문화부적응 등을 경험하고 있다. 동 현상의 개선방안으로 학생에게 연령과 수준을 고려한 한국어 및 기초학력프로그램을 지원하고 학부모에게는 학교생활안내 및 통역을 지원하였다. 학교내에 '다문화 이해교육' 실시를 강화하였고 교대와 사범대 등에 '다문화교육' 교과를 개설하여 교원능력을 숙고하였다. 북한이탈학생 지원에 대한 정책도 진행되었는데 북한이탈 청소년 수는 매년 증가추세이며 남북한 사회·문화·가치관 차이와 학습결손으로 부적응이 심각한 상황이다. 개선 정책으로 입국초기 통일부와 협력하여 적응교육과정과 교육과정을 내실화하여 구성하고 진로상담 등을 지원하며, 재북학력·연령·학업능력에 관한 학력 인정을 종합적으로 고려하였다.[177)] 한겨레 중고[178)]의 '디딤돌 학교' 기능을 강화하였고 북한이탈 청소년 대상 학력인정 대안학교 설립 규정 완화 및 민간교육시설의 예산지원 확대로 2011년 3월 '여명학교,'[179)] 2011년 6월 '새날학교,' 2013년 3월 '인천

176) 송지훈, "교육복지우선지원사업 정책 개선을 위한 실태조사 연구," 인문사회과학기술융합학회, 2017, 306면.

177) 적응교육과정(6개월－1년) 수행 후 일정 기준 도달 학생은 정규학교 전출 지원.

178) 2005년 7월 11일 학교 설립을 인가받았으며, 2006년 1월 25일 특성화중고등학교로 지정되었다. 2006년 3월 1일 한겨레중고등학교로 개교하였다. 2007년 2월 14일 제1회 졸업식을 통해 5명의 졸업생을 배출하였다. 2008년 1월 21일 북한이탈주민 정착지원사무소 청소년반을 전면 위탁받았다. 북한이탈 청소년을 위한 최초의 학교로, 입학 대상은 북한이탈 청소년과 북한이탈청소년 및 북한이탈주민의 자녀(제3국 출생)들이며, 제3국 출생 학생들을 위한 한국어 수업이 별도 진행된다.

179) 고등학교 과정의 사립 대안학교로, 2004년 9월 14일 개교하였다. 북한이탈청소년과 북한이탈주민의 자녀들을 교육하는 학교로, 통일부 산하 사단법인 여명에서 운영한다. 2011년 3월 서울시 교육청으로부터 고등학교 과정은 3년제 대안학교로 정식 학력인가를 받았으며, 2013년 2월에는 1년 과정의 중학교 과정을 비인가 형태 위탁형 대안학교로 지정받았다.
(사)여명은 북한이탈주민들의 남한사회 정착을 돕기 위해 교육, 취업, 생활지원사업 등을전개함으로써 평화적 남북통일을 준비하는 것으로 2004년 4월 30일 23개 개신교가 연합하여 설립하였다(2023.10.18. http://www.ymschool.org/접속).

한누리학교'가 북한이탈 청소년 대안학교로 인가를 받았다.

여섯째, 농산어촌의 학교·학생수 감소 및 도·농간 학력격차 및 교육격차 해결과 학교수 감소로 유치원 및 초등 저학년 학생의 원거리 통학에 따른 불편 해소 및 안전을 위하여 농산어촌에 '연중 돌봄학교'를 운영하였다.[180] 학교 부적응 학생 교육지원 대책으로는 학교, 교육청, 지역사회의 긴밀한 협력으로 개인적·가정적·사회적 위기상황에 노출된 학생에 대한 학교안전통합시스템를 구축하였다.[181] Wee 프로젝트 사업과 관련하여 2012년 4월 20일 「초중등교육법」 시행령 제54조를 개정하여 교육과정을 정상적으로 이수하기 어려운 학생 및 학업을 중단한 학생에 대하여 진단·상담·치유 프로그램 등을 제공하는 정책을 신설하고 세부 사항은 「위프로젝트 사업 관리·운영에 관한 규정」[182]에 위임하였다.

이명박 정부는 저소득층 및 서민을 중심으로 교육복지 정책 지원을 확대함으로써 취약계층의 교육기회를 보장하고, 기초학력 보장 체계를 구축함으로써 교육격차 완화를 위한 기반을 마련하여 불평등 문제에도 적극적으로 접근하고자 하였다.

2) 교육격차 해소

2022년 5월 3일 대통령직인수위원회는 5월 10일 출범하는 윤석열 정부의 국정비전과 목표를 설정하고, 이를 구현하기 위한 '국민께 드리는 20대 약속'과 '110대 국정과제'[183]를 선정하여 발표하였다. 교육 관련 정책은 국정목표 4.

---

180) 농산어촌에 365일 교육서비스를 제공하며 학기중, 주말 및 방학중 다양한 프로그램을 일년 동안 계속 운영하는 제도이다.

181) 『Wee』는 "Wee+Education", "Wee+Emotion"이니셜로 단위학교-지역교육청-시도교육청 차원의 학교부적응 학생 예방 및 위기학생 원스톱서비스 제공을 위한 안정망을 구축한다. 단위학교 1차 안정망(we class)-지역교육청 2차 안정망(we center)-시도교육청 장기 위탁교육기관(we school) 운영 등 3단계 안정말 구축.

182) 국가법령정보, 사업기관의 지정 및 지원, 프로그램 등을 제공하는 사업 신설은 「위(wee)프로젝트 사업 관리운영에 관한 규정」 동법 제1조-제14조를 참조.

183) 제20대 대통령직 인수위원회, '윤석열 정부 110대 국정과제,' 2022. 5. 제20대 대통령실.

'자율과 창의로 만드는 담대한 미래'와, 약속 15. '창의적인 교육으로 미래 인재를 육성하겠습니다.'의 81~85번 과제[184]에 담겨 있다. 5가지 국정과제 중 초·중등교육 분야의 정책은 '100만 디지털 인재양성,'[185] '모두를 인재로 양성하는 학습혁명'[186], '국가교육책임제 강화로 교육격차 해소' [187]등이다. 2022년 5월 출범한 윤석열 정부는 종합적 교육복지 정책을 별도로 발표하지 않았기에 국정과제 교육분야의 국정목표 중 교육복지와 관련된 정책을 중심으로 현재 실시되고 있는 교육복지 정책을 살펴보고자 한다.

표 8 윤석열 정부 교육 교육복지정책[188]

추진정책	실천과제
세계 최고의 교육 및 돌봄 국가 책임	– 초등학교 방과후와 돌봄을 통합한 늘봄학교 전국 도입 – 0세부터 국가책임의 보육과 교육의 체제 구축을 위한 유보통합 추진
기초학력 보장 및 학생맞춤 통합지원 체계 구축	– 초3, 중1을 '책임교육학년'으로 지정하고 학력 진단을 바탕으로 기초학력 집중 지원 – 학업중단 예방을 위하여 실태조사 및 DB 구축·운용 정보화전략계획 수립 – 학생중심의 맞춤형지원을 위해 「학생맞춤통합지원법」제정 추진
우선 지원대상 교육 확대	– 교육격차 완화를 위해 교육급여를 인상하여 최저교육비 100% 수준으로 지원

184) 110대 국정과제, 앞의 보고서(2022년), 137–144면.

185) 국정과제 81: 100만 디지털 인재 양성은 디지털·AI 등의 역량을 갖춘 신산업·신기술 분야의 핵심 인재를 적기에 양성하고 4차산업혁명 시대, 디지털 대전환에 대응한 SW·AI 및 디지털 교육기반 조성이 목표이다.

186) 국정과제 82: 모두를 인재로 양성하는 학습혁명은 AI 등 신기술을 활용한 교육 혁신으로 미래 핵심역량을 갖춘 인재를 양성하고 학생 개개인을 위한 국가 책임의 학습 지원과 진로·경력관리 시스템을 구축하는 것이 목표이다.

187) 국정과제 84: 국가교육책임제 강화는 모든 아이들이 행복하게 성장할 수 있도록 교육과 돌봄의 국가책임을 강화하고 소외계층 없는 맞춤형 교육과 전 국민 평생학습 지원 등으로 교육격차를 해소하는 것이 목표이다.

188) 교육부, 2024년 주요정책 추진계획, 2024. 1. 24, 4–18면 참고 재구성하였다.

	– 이주배경 대상자에게 집중 한국어교육을 제공하는 '한국어 예비과정'신설 – 장애학생 행동중재 지원 기반 구축
사교육 카르텔 혁파 및 사교육비 경감	– 사교육 카르텔 신고센터 운영, 엄정 대응 – EBS교재 등을 활용한 공교육 중심의 대입 준비체제 안착 – 교육발전특구와 연계하여 '사교육 제로 학교·지역' 발굴 및 확산

교육부는 교육분야 국정과제를 기반으로 '교육개혁, 대한민국 제도약의 시작'이라는 비전 아래 국가 발전의 원동력이 되는 교육과 우리 국민의 복지를 위해 '자유창의에 기반하여 모두를 키워주는 교육'을 목표로 2023년부터 4대 개혁분야와 10대 핵심정책을 통해 본격적으로 추진한다고 보고했다.[189)]

2023년 교육복지 정책의 일환으로 현행 실시되고 있는 정책은 첫째, 윤석열 정부의 국정과제 국가교육책임제 강화로 교육격차 해소에 따라 추진 중인 '학생성장통합지원 체계'[190)] 실효성을 위하여, 교육복지 사업 대상을 '학습부진아 등이 밀집한 학교'에서 '학생'으로 대상을 확대하였다. 「초중등교육법」 시행령 일부개정안[191)]의 국무회의 통과로 교육청이 학생을 직접 지원할 수 있는 교육복지안전망사업 운영의 근거[192)]를 마련하였다. 학업중단 위기학생에 대한 학업중단숙려제[193)] 안내를 통하여 시도교육청 운영지침에 따라 숙려기간 동안 개개인에게 적합한 프로그램을 선정하여 실시하고, 교내 협업체계를 구

189) 교육부, '교육개혁, 대한민국 재도약의 시작', 보도자료, 2023. 1. 5.

190) 학생의 학습참여를 어렵게 하는 경제적 어려움·아동학대·기초학력·학교폭력·심리 및 정서 문제 등을 제거하고 학생의 성장을 지원하기 위한 학생 중심의 맞춤형 통합 지원 체계.

191) 「초중등교육법 시행령」제54조(학습부진아 등에 대한 교육 및 시책) 제3항, (시행 2023. 6. 28, 대통령령 제33566호, 2023. 6. 27, 일부개정), 국가법령정보.

192) 개정안의 주요 내용은 교육·복지·문화 프로그램 등의 지원 대상을 '학습부진아등의 밀집 학교 지원'에서 '학습부진아 등'으로 확대하였고 학교규칙의 기재사항에 '학업 중단 예방에 관한 사항'을 추가하였다. 개정으로 인해 교육지원청의 직접지원 사업으로 확대되어 복지의 도움이 필요한 학생에 대한 촘촘한 교육복지 지원이 이루어질 수 있고 학업 중단 예방에 대한 학교의 책무성이 강화되어 효율성을 높일 수 있을 것이다.

193) 학업중단 징후 또는 의사를 밝힌 초·중·고 학생 및 학부모에게 Wee센터(Wee클래스), 청소년상담복지센터 등에서 외부 전문 상담을 받으며 일정기간 숙려하는 기간을 갖도록 하는 제도

축한다. 각 시도교육청 운영지침에 근거하여 결석·성적처리 등을 따르며 숙려기간[194] 종료 후 학업 복귀 시 학교적응을 지원하며 학업중단 시 학교 밖 청소년 지원센터 등 청소년 지원기관으로 연계하여 지원하고 있다.

둘째, 2023년 12월 관계부처 합동으로 발표한 평생학습 진흥방안[195] 중 교육복지완 관련된 평생교육 정책을 살펴본다. 모든 국민이 함께 누리는 평생학습 진흥을 위해 평생학습 사각지대를 발굴하고 맞춤형 지원으로 사각지대 없이 모두가 누리는 평생학습의 실현이 비전이다.[196] 우리나라 고령인구의 비중은 25년 20%~30년 30%~50년 40%에 육박할 전망[197]이며 고령층의 수요가 높은 인문·자연·건강·문화예술 등 대학강좌를 고령층 눈높이에 맞게 재구성하여 고령층 특화형 대학 전담과정 개설·운영, 읍면동 평생학습센터·지역 도서관 등에서 고령층 학습컨설팅 프로그램을 운영 및 찾아가는 고령층 평생학습 프로그램을 활성화하는 마을 단위 고령층 평생학습 프로그램 강화, 교육부·국가평생교육진흥원·시도평생교육진흥원이 거버넌스를 구축하려 세대 간 융합형 프로그램[198]을 개발 확대하는 등의 고령층 특화형 평생학습도시를 지정·운영한다. 장애인에 대한 사회적 지원 확대가 요구되고 있지만, 장애인 평생학습 인프라는 여전히 미흡[199]하다. 장애인 생애주기·특성별 지원정책·평생교육 안내·상담지원 등을 제공하고 발달장애인의 기초학력 보장을 위한 문해교육 온라인 콘텐츠[200] 보급을 확대하며 지역사회에서 필요한 평생학습 프로그램과 인프라를 제공하는 장애인 평생학습도시를 지속적으로 확대한다.

---

194) 숙려기간은 최소 2주일 이상 최대 7주 이하의 기간 내에서 시도교육청 운영지침에 따라 결정하여 운영한다(학교 밖 청소년지원센터, 학업중단 숙려제, 2023. 10. 27. 검색)

195) 제5차 평생교육진흥 기본계획(23~27년). 평생학습 진흥방안, 관계부처 합동, 2022. 12.

196) 23–24 내 장애인 평생교육 법적근거 강화·고령층 대학 전담과정 개설·장애인 평생교육바우처 지원 확대 및 25~27년 내 평생교육바우처 저소득층 5%지원·비문해자 디지털 문해교육 활성화.

197) 통계청, 고령인구 연령구조 추계, 2021.

198) 실버 디지털교육: 청년층이 스마트폰 활용법 등 강사–고령층이 학생
리더십 교육: 은퇴기업인이 강상–학생·학부모가 학생

199) 국립특수교육원, 장애인 평생교육 현황, 2021.

200) 온라인 콘텐츠 접근성을 위해 콘텐츠에 수어·자막 등 제공 확대, 2022년 기준 전체 강의의 약 9% 강의에서 수어와 자막 제공 중(평생학습 진흥방안, 2023, 43면).

비문해자를 대상으로 스마트폰 · 키오스크 사용 등 실생활에 필수적인 수준별 맞춤형 디지털 배움터를 운영하고 찾아가는 디지털 배움터 버스[201]를 운영하고 있다. 북한이탈주민 · 재외동포 · 다문화가족 등의 한국사회 · 문화 적응력을 위하여 각 부처 · 지방자치단체 · 대학 등을 연계하여 학부모와 학생을 함께 지원하는 평생학습 프로그램을 개발하고 온라인 콘텐츠에 외국어 자막 · 더빙 서비스 등을 제공한다.

셋째, 제6차 특수교육발전 5개년 계획[202]을 통하여 특수교육대상자에 대한 교육복지 정책을 살펴본다. 학령인구는 감소 추세인 반면, 특수교육대상자는 매년 증가[203] 추세이며 이원화된 지원으로 영유아 단계의 특수교육정책 체감도가 낮은 상황이며 특수학교와 일반학교 특수학급을 확대하였으나 학교급별[204] · 지역별 불균형은 여전히 심각한 상황이다. 통합교육 환경에서 차별이나 장애의 제약없이 수학할 수 있는 권리가 있지만, 통합학급과 분리되어 특수학급에서 교육을 받는 실질적 통합교육 지원의 한계에 직면하고 있다. 학교 졸업 이후 진로 및 취업지원 또한 제한적이며 장애인 고등교육 지원체계가 미비한 상황이다. 이러한 문제점을 고려하여 '국가 책임 맞춤형 특수교육의 실현'을 비전으로 하여 장애 영 · 유아의 평등한 출발선을 보장, 특수교육 수요자가 선택할 수 있는 다양한 교육환경 조성, 장애인과 바장애인의 고등 · 평생교육 격차 완화를 목표로 하였다. 특수교육대상 영유아의 교육권 보장을 위해 교육－복지기관 간 특수교육 격차 해소 방안[205]을 마련하고 무상 · 의무교육 지원기준을 체계화하여 모든 장애영유아에게 차별 없는 교육 기회를 제공하

---

201) 과학기술정보통신부 2021년 4월부터 디지털배움터 사업을 시작하였다. 디지털 역량 교육사업을 통해 원하는 국민 누구나 쉽게 찾아가 배울 수 있도록 행정복지센터, 평생학습관, 도서관 같은 생활SOC 공간을 활용하여 연간 1000개 소의 디지털 배움터 및 디지털 배움터를 방문하기 힘든 도서산간 등에 거주하는 디지털 취약계층을 위한 찾아가는 교육 서비스 '찾아가는 스마트 교육 디지털 배움터 에듀버스'를 운영하고 있다.

202) 교육부, 제6차 특수교육발전 5개년 계획, 특수교육정책과, 2022. 12.

203) ('18) 90,780명－('20) 95,420명－('22) 103,695명, 특수교육대상자 수, 2023, 특수교육 계획, 5면.

204) ('22) 특수학급 설치율: (유)13.1%, (초)77.1%, (중)61.9%, (고)47.4%, (교육부 2023 전게서 8면).

205) 유보통합추진단 내에서 장애영유아의 특수교육 격차 해소를 위한 관계부터 협의 추진.

고 있다. 일상적 장애공감문화 정착을 위하여 디지털 기반 장애이해체험존과 직접 체험하는 장애이해체험관[206]을 2027년까지 17관으로 확대 설치하고, 장애인 당사자 중심의 장애이해교육 프로그램 운영[207] 및 장애인식개선 교육의 대상을 각급학교 지원에서 학부모까지 확대하여 실시[208]하고 있다. 장애학생 인권 지원 강화를 위해 장애 학생 인권지원단의 현장중심 지원 강화 및 특수학교에 전문상담교사 배치를 확대한다. 장애 학생의 디지털 격차 해소를 위하여 장애유형 및 특성을 고려한 AI형 에듀테크[209] 및 실감형 콘텐츠를 보급하고 장애학생 맞춤형 실감형 체험교실 구축 및 체험버스를 확대하여 운영하고 있다. 장애 대학생에 대한 통합적 지원을 위해 '장애인 고등교육지원센터[210]'를 운영하고 있으며 모든 대학에 장애학생지원센터 또는 지원부서를 설치하여 장애인의 고등교육 기회 확대의 실효성을 구축할 수 있도록 한다.

넷째, 교육부는 2023년 3월 17일 '학교복합시설 활성화 방안[211]'을 발표[212]하여 과도한 사교육비 경감 및 저출산 문제의 해결을 위해 늘봄 학교에 다양한 학교복합시설[213]을 설치하여 방과 후 프로그램 운영 등을 지원할 계획

---

206) 유니버셜 디자인(Universal Design)을 적용한 체험형 무장애 장애이해 체험관을 설치 운영하여 재활보조 공학기기 등을 경험하고 사용할 수 있는 체험관(교육부, 2023, 전게서, 21면).

207) 장애 예술인 또는 장애인식개선 주제 문화예술 공연 등.

208) 학교교육과정 설명회, 학교 공개의 날 등에서 전문강사 및 우수 콘텐츠 등을 활영하여 학부모 교육 실시.

209) 2022 부산혜송학교: AI 학습보조 로봇, AI 스피커, 맞춤형 콘텐츠를 활용 사회적 상호작용 도모, 2022 충주성심학교 AI 스피커 및 플랫폼 수어를 활영한 청각장애학생 교육, 2022년 대전특수교육원 디지털배움터 협약을 통한 디지털기기 활용 교육 실시.

210) 2022년「장애인 등에 대한 특수교육법」개정으로 2023년부터 센터를 운영하고 있으며 장애학생 고등교육 관련 연구·분석, 장애학생의 진로·취업 지원, 장애학생 교육복지 실태조사, 장애학생 지원에 대한 교직원 연수지원 등의 기능을 하고 있다.

211) 학교 안팎의 다양한 교육자원을 활용하여 초등학생에게 맞춤형 교육·돌봄 서비스를 제공하기 위한 정책이며 초1 입학초 조기하교로 인한 집중 에듀케어 프로그램, 미래형 방과후 프로그램 등을 제공하며 2023년 현재 459개 초등학교에서 늘봄학교를 실시하고 있다(대한민국 정책 브리핑, 2학기 늘봄학교 459개교서 시범운영, 2023. 8. 17).

212) 교육부 보도자료, 2023. 3. 16.

213) 학교복합시설 선정학교는 39개교로 학교복합시설에는 학교·지역의 필요에 따라 수영장, 체육관, 도서관, 문화센터와 돌봄센터 등이 복합적으로 설치되며, 이를 활용한 생존수영, 인공지능(AI) 코딩 교육 등 맞춤형 방과후 프로그램과 함께 돌봄교실이 운영된다(교육부, '2023년 학교복합시설 공모사업' 39개 선정 결과 보고, 2023. 9. 13).

이라고 하였다.

다섯째, 학생들의 학습 및 성장에 결정적 시기인 초3, 중1을 '책임교육학년'으로 지정[214]하여 정확한 진단을 기반으로 기초학력 책임교육을 실시하고 있다. 진단 결과에 따른 지원대상을 중·하위수준 학생까지 연차적으로 확대하여 언어·수리·디지털 소양 강화 등 3대 핵심 소양을 집중적으로 교육한다.[215]

윤석열 정부 시기에는 구체적으로 교육복지 대상을 확대하여 실질적인 교육의 기회 평등을 위한 대책을 수립하고 있다. 디지털과 인공지능에 기반한 맞춤형 지원으로 현재 실시되고 있는 다양한 교육복지 정책들의 실효성 여부는 추후 판단할 부분이다.

4. 균등한 교육 기회 보장

박근혜 정부시기에는 이전 정부와 달리 교육복지정책 추진을 위한 교육복지 종합계획을 발표하지 않았다. 하지만 2012년 대통령 선거 당시 공약집과 제18대 대통령직 인수위원회가 발표한 140대 국정과제에 교육복지에 관한 사항이 중요 과제[216]로 포함되어 있었다. 박근혜 정부 출범 후 2013년 대통령 업무보고[217] "2013년 교육분야 국정과제"를 살펴보면 실천 계획은 '꿈과 끼를 키울 수 있는 학교교육 정상화', '미래인재 양성을 위한 능력중심사회 기반 구축'[218]'균등한 교육기회 보장을 위한 교육비 경감'으로 제시된다. 상당 국정과제가 교육복지청책과 관련되어 있음을 알 수 있다.

---

214) 초3은 읽기, 쓰기, 셈하기를 시작으로 교과학습이 시작되는 단계이며, 중1은 초등교육의 기초 위에 중등교육이 시작되는 단계로 이 시기 학생들의 학력격차가 벌어지기 쉬워 정확한 진단을 기반으로 학습과 성장을 위한 집중지원이 필요(교육부 책임교육 학년제 추진 과제 9면).

215) 교육부, 공교육 경쟁력 제고 방안, 책임교육정책실, 2023. 6, 9−10면.

216) 대선 공약집에는 '0−5세 보육 및 유아교육 국가완전책임제 실현,' '초등학교 온종일 돌봄학교 운영,' '꿈과 끼를 살려주는 교육과정 운영,' '고등학교 무상교육 실시,' '특수교사 법정정원 확보,' '농산어촌의 주거·의료·교육 여건 개선,' '개인 맞춤형 진로설계 지원', '학교폭력 및 학생위험 제로환경 조성,' '사교육비경감 정책 추진,' '소득연계 맞춤형 반값등록금 지원,' '대학 기숙사 확충 및 기숙사비 인하,' 등이 포함되어 있다.

217) 교육부 2013 대통령 업무보고, 「2013년 국정과제 실천 계획」, 2013. 3. 28.

218) 교육부 앞의 보고서(2013), 3면.

이 중 국민 행복을 위한 맞춤형 교육복지와 '고른 교육기회 보장을 위한 교육비 부담 경감'은 박근혜 정부에서 교육격차 해소를 교육 분야의 국정과제로 삼았음을 알 수 있는 부분이다.[219] 교육비 부담을 경감하는 구체적인 정책에는 돌봄서비스 확대,[220] 유아학비 부담 경감, 고등학교 무상교육의 단계적 실시, 사교육비 경감, 대학 교육비 부담 경감, 장애·다문화·탈북학생의 교육지원 강화 등 교육비 부담의 경감을 위한 직접적 재정지원이 교육복지 정책에 포함되어 있었다.

'꿈과 끼를 키울 수 있는 학교교육 정상화'에는 자유학기제와 인성교육 중심 수업, 학생 맞춤형 진로 및 직업 설계 지원, 학교폭력 제로 환경 조성[221] 등 학교교육 과정에서 교육복지를 실현할 수 있는 실질적인 정책들이 구성되어 있었다. 종합하면 박근혜 정부의 교육복지정책의 목표는 고른 교육기회 보장을 위한 교육비 부담 경감이며, 세부 추진목표는 돌봄서비스 강화, 교육비 부담 경감, 고른 교육기회 보장을 두고 있다. 박근혜 정부시기에는 방과후활동서비스 확대와 관련하여 유아와 초등학생이 정책대상이였고, 교육비 걱정 없는 유·초·중등교육 실현과 대학 교육비 부담 경감과 관련하여 유아부터 저소득층 대학생을 정책대상으로 삼았다. 장애·다문화·탈북학생 등 교육지원 강화와 관련하여 장애학생, 다문화학생, 탈북학생이 정책대상이었다.

219) 박주호, 교육복지의 논의: 쟁점, 과제 및 전망, 박영사, 2014, 6면.
220) 유치원 돌봄 기능 강화 및 초등학교 방과 후 돌봄 기능 강화(교육부 앞의 보고서, 28면).
221) 학교 안전 인프라를 구축하고 학생에 대한 상담과 치료지원을 강화하며, 학교폭력 예방교육을 강화한다.

표 9 박근혜 정부 교육복지정책 추진과제

구분	목표	과제
고른 교육기회 보장을 위한 교육비 부담 경감	방과 후 돌봄 서비스 확대	■ 유치원 돌봄 기능 강화 ■ 초등 돌봄 기능 확대 ■ 수요자 중심의 돌봄서비스
	교육비 걱정 없는 유·초·중등교육 실현	■ 유아교육비 경감 ■ 고등학교 무상교육 단계적 실시 ■ 공교육 정상화를 통한 사교육비 부담 완화
	대학교육비 부담 경감	■ 소득수준 및 여건에 따른 맞춤형 반값 등록금 지원 ■ 학자금 대출 수혜 대상 확대 및 채무 부담 경감 ■ 대학생 기숙사 확충 및 기숙사비 인하
	장애·다문화·탈북학생 등 교육지원 강화	■ 장애학생 교육여건 대폭 확충 ■ 다문화학생의 교육기회 확대

박근혜 정부시기에는 교육비지원을 강조하면서 보편적 지원을 확대하고자 하였음을 알 수 있다. 구체적인 교육복지 정책추진 경과를 살펴보면, 첫째, '고등학교 무상교육의 단계적 실시'를 추진하고[222] 「초중등교육법」 개정을 위하여 「초중등교육법」 일부개정 법률안을 발의하였다.[223] 하지만 대규모 재정투입이 필요한 국정과제[224]의 경우 국가재정 여건상 단계적 추진이 불가피하고 지방교육재정교부금에서도 재원의 확보가 어려워 교육부는 고교 무상교육에 대한 재원확보 및 근거 법률을 보류하였다.[225] 그러나 정부가 고교 무상교육 관련 예산을 2014년과 2015년 2년 연속 삭감하면서 사실상 폐기되었다는

222) 교육부, 앞의 보고서(2013), 30면.

223) 2013년 4월 30일 김희정 의원 등 16명의 국회의원이 입학금·수업료·학교운영지원·그 밖에 대통령령으로 정하는 비용을 무상으로 하되 국가의 재정여건을 고려하여 순차적으로 지원하는 것을 주요 골자로 법안을 발의하였다.

224) 교육비 부담 경감(국정과제 29).

225) 교육부 업무보고, 2014, 14면.

평가가 있었다.[226] 국회 교육문화위원회 새누리당 간사였던 김희정 의원 등이 발의한 '초중등교육법 개정안'은 임기 만료로 2016년 5월 29일에 폐기되었다. 교육비 부담 경감의 국정과제인 누리과정 지원[227]은 누리과정의 재원을 만 3~5세 누리과정에 해당하는 유아의 모든 가구에게 월 22만의 비용을 지원하였지만,[228] 재원확보의 부족으로 2013년부터 2017년까지 지원금이 동결되었다.[229]

둘째, 장애학생의 특수교육 지원은 장애학생 교육여건 확충[230]을 중심으로 추진되었다. 국정과제 50 '장애인의 권익보호 및 편의증진,' 및 50-10 청각장애인 지원 확대와 장애학생의 교육여건 확충으로 꿈과 끼를 키우는 장애학생의 행복교육을 실현하고자 하였다. 2013년 8월 교육부가 발표한 '제4차 특수교육발전 5개년 계획'에는 상기 국정과제를 포함하여 2012년 개정된「장애인 등에 대한 특수교육법」의 시행으로 장애 영아에 대한 의무교육 및 무상교육을 제공하게 되어 특수교육 전달체계는 확립되었으나 장애 영유아에 대한 교육여건은 미흡하여 장애영유아 교육의 내실화에 중점을 두었다.[231] 이 외에도 특수교육대상 학생의 사회통합을 위하여 범국민 장애인식개선을 통한 통합교육여건을 조성하였다. 범국민 장애인 인식개선을 도모하기 위하여 유초중고학생을 대상으로 장애인 이해 드라마를 제작 및 보급하였고 '장애인의 날' 장애이해[232] 수업을 실시하였다. 일반학교 학생을 대상으로 장애이해교육을 연 2회 의무적으로 실시하였다.[233]

---

226) 교육희망, 박근혜 정부 '고교 무상교육' 사실상 폐기, 2016. 9. 28, 기사.

227) 누리과정 확대 및 돌봄기능 강화 국정과제 63, 64.

228) 교육부 업무보고, 2014, 14면.

229) 교육부, 2017학년도 유아학비 지원계획, 1면.

230) 특수교사 정원 증원을 통해 법정정원 95% 이상 확보 및 특수학교 및 학급을 신증설하여 장애학생의 원거리 통학 불편을 해소하는 방안을 추진하였고 대학의 장애대학생 학습도우미 지원을 의무화함으로써 학습편의를 도모함(국정과제 49-11).

231) 교육부, 제4차 특수교육발전 5개년 계획, 2013. 8, 23-25면.

232) 〈장애이해 교육 법적근거〉
「장애인복지법 시행령」제16조 (사회적 인식 개선 교육)
② 「초·중등교육법」에 따른 학교의 장은 법 제25조에 따라 학생을 대상으로 장애인에 대한 인식 개선을 위한 교육을 1년에 1회 이상 하여야 한다.

233) 교육부, 앞의 계획서(2013년), 45면.

셋째, 국정과제 72 '국민의 평생교육 기회 확대' 추진을 위하여 구체적으로 모든 국민이 시·공간 제약을 받지 않고 평생학습을 받을 수 있도록 국가 단위의 '온라인 평생학습 종합서비스망'[234]을 개통·운영하였다. 공개강의서비스, 기업·일반전문가 등과 연계하여 양질의 콘텐츠를 제공하였고 여성가족부·고용노동부·보건복지부 등 관계부처 협업을 통해 취약·소외계층에 대한 평생학습을 중점적으로 지원하였다.

넷째, 사교육비 부담의 경감을[235] 위하여 선행학습 유발 관행 근절 및 사교육 경감대책 수립 및 시행을 위한 「공교육 정싱화 촉진에 관한 특별법안」[236]을 제정[237]하여 학교교육과 각종 평가·입시의 선행학습 유발 요인을 근절하고자 하였다. 그리고 학원비 안정화에 대한 지속적 추진을 위하여 학원의 허위·과장 광고 및 선행학습 광고 등을 규제하고 시·도 조례로 학원의 교습시간을 제한[238]하도록 하였으며,[239] 고액 교습비 징수 학원에 대한 시·도 교육청 조정명령도 강화하였다.

다섯째, 학교폭력 제로 환경조성[240]을 통해 교육부는 '학생안전지역'으로 통합·운영하는 「학생안전 및 보호에 관한 법률」 제정안[241]을 마련하여 각 개별법[242]에서 학교 경계선 200미터 이내의 안전구역을 통합·지정하여 학생안

---

234) 2014.11월 유관기관 협력망을 구축하여 지역 및 대상별로 산재한 학습정보 및 콘텐츠를 공동으로 활용·개발.

235) 국정과제 29-2.

236) '공교육 정상화 촉진에 관한 특별법' 학교 밖에서 미리 배울 필요가 없도록 교육과정에 맞게 수업하고 배운 내용에서만 출제, 평가하도록 초·중등학교와 대학에 의무 부여, 위반시 제재할 수 있도록 규정.

237) 「공교육 정상화 촉진 및 선행교육 규제에 관한 특별법」(약칭: 공교육정상화법) [시행 2014. 9. 12.],[법률 제12395호, 2014. 3. 11. 제정].

238) 학원 심야학습시간 규제는 특정 시간 이후 학원의 교습활동을 금지하는 것으로 2006년 「학원의 설립·운영 및 과외교습에 관한 법률」(이하 학원법) 개정 이후 각 시도 조례를 통해 학원의 교습시간을 제한하는 정책으로 사교육비를 절감하여 청소년의 삶을 증진시킴을 목적으로 하고 있다.

239) 학원 교습시간 규제는 「학원의 설립·운영 및 과외교습에 관한 법률」에 근거를 두고 있으며, 제16조 제2항에서는 '교육감은 시도의 조례로 정하는 범위에서 학교교과교습학원, 교습소 또는 개인과외교습자의 교습시간을 정할 수 있다.'라고 규정한 상위법의 근거에 따라 각 시도 교육청은 조례를 통해 학원시간을 규제하고 있다(한국청소년연구, 2019. vol. 30. no. 1, 225면 참조).

240) 국정과제 76.

241) 교육부 공고 제201-226호, 학생안전 및 보호에관한 법률 제정안.

전과 관련한 사각지대를 찾아내어 해소함으로써 실질적인 안전기반을 구축하였고, 학교폭력·성폭력 등 위급상황 시 긴급신고 및 보호자에게 즉각 도움을 요청할 수 있는 대응체계 및 U-안심알리미 서비스를 본격 추진,[243] 위기학생 상담 및 치료지원 강화를 위해 '가정형 Wee센터,[244] Wee 프로젝트'를 지속적으로 확대하고 전문상담교사 확대를 통한 상담·치료 지원을 강화,[245] 학생정서특성검사를 학년초에 실시 후 정신건강문제를 조기에 발견하여 우선관리군 학생에게는 연 5회 이상 상담을 의무화하는 등 전문적인 치료지원실시, 학생정신건강지원센터[246]를 설치하여 학교 위기 사건을 지원하고 전문가 네트워크를 구축하여 온라인으로 소아정신과 전문의 상시 상담 등을 실시하였다.

이상의 논의를 바탕으로 박근혜 정부의 교육복지정책은 종합적 교육복지 대책은 발표하지 않았고 대통령 공약 중심으로 교육복지 정책 시행하였다. 첫째,교육비 경감을 통해 학부모의 교육비 부담을 덜어 보편적으로 동등한 기회를 제공하고자 노력하였고, 둘째, 무상교육 확대를 통해 영유아 보육·교육에 대한 국가 책임을 실현하고자 노력하였으며, 셋째, 학교폭력 제로 환경조성을 위해 학교구역 반경 200미터 이내를 학생안전지역으로 지정하여 정책과제를 완수하기 위해 구체적인 계획을 다양한 사업으로 전개하였다. 이를 통해 고른 교육기회 보장을 위한 불평등과 교육비 부담에서 벗어날 수 있도록 실질적인 도움을 주고자 하였다.

242) 「학교보건법」: 학교환경위생정화구역, 「도로교통법」: 어린이보호구역, 「아동복지법」: 아동보호구역, 「어린이 식생활안전관리 특별법」: 어린이 식품안전 보호구역

243) 특수 단말기를 이용하여 112 긴급신고 및 보호자 긴급호출·위치전송, 긴급통화, 안심지역 설정·위치정보를 제공하고 취약계층의(기초생활수급자 및 차상위 계층) 초등학생 자녀 중 스마트폰 미보유 해당 학생에게 단말기 및 이용료를 지원함.

244) 학교폭력·가정폭력 가해·피해 등 학교부적응 학생에게 보호·돌봄(주거)·교육·상담 등을 제공하는 기숙형 체험프로그램을 운영하는 기관.

245) Wee센터: 171개(2013)-199개(2014), Wee스쿨: 7개(2013)-10개(2014)-17개(2015), 교육부 2014 업무보고 28면 참조.

246) 2014년 학생들의 정신건강 증진을 위해 교육부에서 설립하여 교육지원 및 학부모 연수, 정신건강 교육 프로그램 계발, 학생정서·행동특성검사 지원, 학교위기개입 및 교직원 심리회복, 정신건강 전문가의 학교방문을 통해 고위험군 학생을 위한 체계적인 지원을 제공하는 기관.

5. 교육의 공공성 강화

2017년 5월 출범한 문재인 정부는 종합적 교육복지정책을 별도로 발표하지 않았다. 문재인 정부 수립 이전에 교육부에서는 '경제·사회 양극화에 대응한 교육복지 정책의 방향과 과제'[247]를 발표하였고 종합적 측면에서 교육복지 정책을 수립하면서 교육복지 정책에 대한 국가적 차원의 관심을 제고하고자 하였음을 알 수 있다. 당시 교육부는 교육이 우수한 인적 자원 양성을 통해 국가발전의 원동력이 됨과 동시에 사회계층 이동의 주요 역할을 하지만 경제·사회 양극화로 교육 투자의 격차가 심해지고 있다고 판단하였고, 4차산업혁명 시대에는 양극화가 더욱 심화될 수 있다는 우려를 제기하였다.[248] 이에 양극화 해소를 위한 모두에게 기회와 희망을 주는 교육을 실현하고자 교육복지 정책을 수립하였다. 2017년 발표한 교육부의 교육복지 정책은 균등한 교육기회 보장을 통해 교육이 '희망'이 될 수 있는 사회실현의 방향으로 수립하였다. 구체적인 과제는 저소득층에 대한 실질적인 교육기회 보장 확대,[249] 취약계층별 맞춤형 지원 강화,[250] 수요자 중심의 종합적·체계적 지원기반 구축[251], 성장단계별 학습결손 예방 내실화,[252] 등이다.

문재인 정부는 총 100개 국정과제를 발표하였고,[253] 그 중 교육부에서 주관하는 국정과제는 6개[254]이고, 다시 30개의 실천과제[255]로 구성되어 있다.

---

247) 교육부, 「경제·사회 양극화에 대응한 교육복지 정책의 방향과 과제」, 2017. 3. 8.

248) 교육부, 앞의 보고서(2017), 1면.

249) 저소득층 학생들의 교육비부담 경감, EBS 및 ICT 기술활용 교육서비스 제공, 중·고교 단계에 '(가칭)꿈사다리 장학제도' 추진, 예·체능 분야 취약계층 영재 육성

250) 특수교육대상학생 교육여건 개선, 교육국제화 특구와 연계한 다문화학생 밀집지역 지원 강화, 탈북학생에 대한 심리·정서 지원 및 멘토링 강화, 탈북학생·학부모 진로·진학교육 지원, 학업중단 예방 지원 및 학업중단 학생 관리 강화, 농산어촌 학교교육의 질 제고 지원.

251) 교원의 취약계층 교육역량 강화 및 우수교원 확보체계 내실화, 교육복지기본법 제정.

252) 누리과정 운영 내실화, 학습부진 예방체계 구축, 기초학력 관리 범위 확대, 학교급별 특화된 학습결손 예방(초:읽기, 수학, 예술교육 중:눈높이 수학학습 지원강화, 고등학생 수요를 반영한 학습지원 강화, 교육과정 통합지원 포털 구축.

253) 국정기획자문위원회, 문재인정부 국정운영 5개년 계획, 2017. 7, 16면.

254) 문재인 정부 국정운영, 2017, 21−22면.

표 10 문재인 정부 교육 분야 실천과제[256)]

국정과제	실천과제
49. 유아에서 대학까지 공공성 강화	-유아교육 국가책임 확대 -온종일 돌봄체제 구축 -고교 무상교육 실현 -대학 등록금 및 주거비 부담 경감
50. 교실혁명을 통한 공교육 혁신	-학생 중심 교육과정 개편 -진로맞춤형 고교체제 전환 -기초학력 보장 -혁신학교 등 확대 -교원 전문성 신장 -대입제도 개선 및 공정성 제고
51. 교육의 희망사다리 복원	-사회적 배려 대상자 대입 지원 -사회 취약계층 교육 지원 -고졸 취업자 지원 확대 -학력·학벌주의 관행 철폐
52. 고등교육의 질 제고 평생·직업 교육 혁신	-고등교육 공공성 강화 -대학 자율성 확대 -직업교육 국가책임 강화 -전문대 질 제고 -성인 평생학습 활성화 -산학협력 활성화
54. 미래교육 환경조성 및 안전한 학교구현	-지식정보·융합교육 -선진국 수준의 교육여건 조성 -학교 노후시설 개선 -학교 주면 교육환경 개선
76. 교육 민주주의 회복 및 교육자치 강화	-역사교과서 국정화 금지 -교육민주주의 회복 -국가교육위원회 설치 -교육부 기능 개편 -단위학교 자치 강화 -현장과의 소통·협력

255) 문재인 정부 국정운영, 2017, 15면.

256) 문재인 정부 국정운영, 2017, 15-22면 재구성하였다.

국정과제 실천과제 중 국정과제 49(교육의 공공성 강화), 50(공교육 혁신), 51(교육의 희망사다리 복원), 52(고등교육 질 제고 평생·직업교육 혁신), 54(미래교육 환경조성 안전한 학교 구현), 76(교육 민주주의 회복 교육자치 강화)와 실천과제 12개[257]는 기존 정부의 교육복지정책에 포함되어 있는 정책이다. 문재인 정부가 발표한 국정과제와 실천과제의 내용을 보면 중앙정부 차원의 교육복지 정책을 수립하고 과제를 제시하여 국가의 교육복지에 대한 책임을 강화하였음을 알 수 있다.[258]

문재인 정부시기의 교육복지정책 추진경과를 살펴보면, 첫째, 문재인 정부시기에는 고등학교 무상교육 단계적 실시[259] 및 모든 유아의 균등한 교육기회 실현을 위하여 어린이집 누리과정 전액 국고지원[260]등의 실천으로 무상교육 확대를 추진했다. 고등학교 무상교육이란 고등학교 재학생에게(1~3학년) 입학금·수업료·학교운영지원비·교과서비를 지원하는 정책으로 2019년 기준 고등학교 진학률이 99.7%에 달해,[261] 사실상 고등학교의 보편화를 고려하여 문재인 정부는 2022년까지 고교 무상교육을 실현하였다. 지원대상 학교는 초중교육법상 고등학교로서 학교장이 정하는 사립학교 중 재정결함보조 미지원 학교는 제외되었다. 시행 시기는 2019년 2학기에 고교 3학년 학생을 대상으로 2021년 전학년에게 실시되었다. 고등학교 무상교육 소요 비용의 법적 근거를 마련하여 지방교육재정교부금법을 개정[262]하여 「지방교육재정교부금법」 제3조에 증액교부금의 근거 조항을 마련하고, 제14조에 고등학교 무상교육 비용의 분담을 국가 47.5%

257) 교육복지에 포함되는 실천과제: 유아교육 국가책임 확대, 온종일 돌봄체계 구축, 고교 무상교육 실현, 대학 등록금 및 주거비 부담 경감, 기초학력 보장, 사회적 배려 대상자 대입 지원, 사회 취약계층 교육 지원, 고졸 취업자 지원 확대, 성인 평생학습 활성화, 선진국 수준의 교육환경 조성, 학교 노후시설 개선, 학교 주변 교육환경 개선.

258) 김민희, "정권교체에 따른 교육복지 정책변동 분석," 「교육정치학연구」제25권 제3호, 한국교육정치학회, 2018, 144면.

259) 교육부, 고등학교 무상교육 실현방안 보고안, 당정청 협의회 안건, 2019. 4. 19, 2면.

260) 어린이집 누리과정 국고지원: (2017) 41.2% 8,600억 원－(2018) 100% 20,586억 원 누리과정 도입 이후 최초로 지원단가 인상: 2013－2019, 22만 원－2020, 24만 원, (교육부, 2021 업무계획, 2면).

261) 대한민국 정책브리핑, 고교 무상교육, 2022.

262) 「지방교육재정교부금법」개정 (2019. 10. 31).

지방자치단체 5% 시 · 도교육청 47.5%를 부담하도록 규정했다.[263)]「초중등교육법」 제10조의2[264)]를 신설하여 고등학교 무상교육실시에 대한 근거 규정을 마련하고, 무상교육이 제외되는 학교에 대한 근거도 제시했다.

둘째, '기초학력 보장'은 22021년 3월 국가기초학력지원센터를 신설[265)]하고 기초학력 진단-보정 시스템 등으로 진단을 실시하고 두드림학교[266)] 및 학습종합클리닉센터를 통해 맞춤형 학습 및 정서를 지원했다. 기초학력 부족 학생을 위해 'EBS 교재 무상지원'확대 및 인공지능 활용 학습시스템[267)]을 확대 개발 · 보급하였다. 셋째, 사각지대 없는 촘촘한 교육기회 보장 정책으로 장애학생의 교육여건 개선을 위해 특수교사 증원 · 특수학교 4개교 · 특수학급 250학급 이상 확충하고 장애학생의 학교급과 장애 특성을 고려한 돌봄을 제공하고 대학 및 방과후활동 제공기관과 연계하여 돌봄기능을 포함한 교육활동을 지원하였다.[268)] 다문화학생 등의 정책과 관련하여 중도입국 다문화학생의 원활한 공교육 진입 및 특정 학교 편중 현상 방지를 위해 학교 배정방식을 개선하였고[269)] 입국 초기 적응을 위하여 한국어 능력 진단-보정 시스템 적용을 확대하여 실시하였다. 탈북학생에게는 한국어 학습자료를 보급하였고 1:1 멘토링 등 맞춤형 지원 및 찾아가는 전문상담을 통한 진로 · 직업교육을 강화하였다. 학업중단학생의 학력 취득 기회 확대를 위하여 학교 내 대안교실[270)] 확

263) 「지방교육재정교부금법」제3조(교부금의 종류와 재원), 제14조(고등학교 등의 무상교육 경비 부담에 관한 특례)

264) 「초 · 중등교육법」제10조의2(고등학교 등의 무상교육), [본조신설 2019. 12. 3.]

265) 「기초학력보장법」제9조(국가기초학력지원센터의 지정 · 운영 등)

266) 두드림학교는 학습에 어려움을 겪는 학생들을 위한 맞춤형 지원 프로그램이다. 각 운영 학교에서는 학습부진 원인에 따른 지원이 가능하도록 특수 · 상담 · 보건 · 돌봄교사를 포함해 다중지원팀을 구축하고, 학생별 맞춤형 처방이 이뤄진다. 교육부는 지난 2014년 두드림학교 사업을 시작, 해마다 확대하고 있다. 기초학력 향상의 필요성이 커지면서 두드림학교 운영 학교도 늘어나는 추세이며, 2018년 총 2,720개교(초 1,735개교, 중 686개교, 고 299개교)에서 2019년 4,018개교(초 2,758개교, 중 984개교, 고 276개교)로 늘어났다. 교육부는 2022년까지 총 5,000교 운영할 계획이다(행복교육 2020. 2월호 기사 참조).

267) 교육부, 2020 업무보고, 데이터를 활용한 교육행정의 과학화, 2020, 23면.

268) 특수학급의 돌봄 및 교육활동 지원 확대를 위하여 대학 연계 지원 프로그램 운영(교육부, 2021. 3).

269) 중학교 입학 · 전학 · 편입학시: 교육장이 학교 배정방식으로 개선.

270) 관련법령: 「초중등교육법」 제28조(학습부진아 등에 대한 교육) 학교 내 대안교실은 학교 내에서

대 등 학업중단 대응방안을 수립하였다.

넷째, 위기취약계층의 안전을 위한 구체적 정책으로 아동학대 전담공무원을 전국 시군구에 배치[271]하고 「아동학대처벌법」을 개정[272]하여 전방위적 아동학대방지 체제를 구축하였다.

다섯째, 문재인 정부는 교육격차 해소를 위한 체계적인 정책을 추진하였는데 2020년 '포용국가 교육복지 지원 내실화 방안'[273]을 수립하여 소외되는 계층 없이 역량과 잠재력을 발휘할 수 있도록 지원하여 교육복지[274]를 강화하였다.

마지막으로 문재인 정부는 국가교육위원회,[275] 교육자치,[276] 부처협업[277] 등의 활성화를 통해 더 나은 정책추진을 위한 교육복지 거버넌스를 구축하여 교육복지 내실화에 기여하고자 하였다.

정규교육과정의 전부 또는 일부를 대체하여 대안교육 프로그램을 운영하는 별도의 교실을 말한다. 대안교실의 운영 형태는 전일제 또는 부분 운영제로, 전일제는 교육과정의 전부를 대체하는 별도의 대안 학급을 편성하는 형태로 운영된다. 대안교실에서는 학생 개개인의 소질이나 적성이 발현될 수 있도록 치유, 공동체 체험, 학습·자기계발, 진로·직업개발 등을 주제로 다양한 프로그램을 운영하며, 프로그램은 학교별로 상이하다.

271) 「아동복지법」(시행 2021. 3. 30, 법률 제17784호, 2020. 12. 29, 일부개정) 부칙 제4조(아동학대전담공무원 및 아동보호전문기관의 업무 등에 관한 특례) 시ㆍ도지사 또는 시장ㆍ군수ㆍ구청장은 법률 제17206호 아동복지법 일부개정법률 부칙 제3조 제1항에 따라 아동학대전담공무원을 두지 아니한 경우에는 제15조 제6항(종전의 제15조 제5항)의 개정규정에 따른 업무를 아동보호전문기관으로 하여금 수행하게 하여야 한다.

272) 아동학대 신고의무자 직군에 약사 등 추가, 아동학대 현장 조사·출입범위 확대 등.

273) 교육정책포럼, 2020년 통권 329호, '포용국가 실현을 위한 교육복지 내실화 방안,' 4면.

274) 포용국가 실현을 위한 교육복지 내실화 방안: 생애단계별 성장지원 체계 구축, 교육취약성 발굴 및 사각지대 해소, 단위학교 교육복지 강화, 지역단이 교육복지 활성화.

275) 사회적 합의를 기반으로 안정적인 교육정책을 위한 국민참여형 교육개혁시스템.

276) 유·초·중등교육분야를 시도교육청 이양을 지속적으로 추진하고 학교 자치 강화 및 지역교육 생태계를 확장 추진함

277) 사회관계 장관 회의와 사람 투자 인재 양성 협의회를 중심으로 사회부처 간 협력체계를 구축하고 정책 총괄·조정 기능을 강화한다(인공지능+BIG3 인재 양성, 인구구조 변화대응 사회정책, 아동·청소년 유해환경 대책, 장애아동 지원방안 등을 총괄함).

6. 소 결

지금까지 역대 정부의 교육복지정책에 대한 분석 결과를 종합해 보면, 국내 교육복지정책 대상의 범위와 지원내용이 확대되면서 계속적으로 추진되고 있다. 저소득등 자녀에 대한 교육급여 지원이 확대되었고 중앙정부의 권한 이양으로 지역 인재양성 및 지역의 특성에 적합하게 조성하는 교육발전특구가 도입되어 추진되고 있다. 또한 증가추세를 보이고 있는 이주배경 학생에 대한 지원이 민간과 공공기관의 협력으로 확대 추진되고 있고 기초학력미달 학생과 학업중단 및 학교 부적응 학생을 위한 지원이 국가의 적극적인 관심과 지지에서 추진되고 있다. 그러나 정부의 교육복지정책에서 확인할 수 있듯이 법안의 부재로 교육복지와 관련된 법률의 근거조항 부재, 각각의 정책에 근거한 행정부처가 달라 교육복지정책을 적극적으로 실시할 수 있는 행정체계가 미흡하여 다음과 같은 문제점을 확인할 수 있다.

첫째, 예컨대 학업중단자에 대한 정책의 경우 보건복지부, 교육부, 여성가족부, 지방자치단체 등에서 실시하고 있으나 이에 관련 사업이 다수 부처에 산재되어 있고 개별적 추진으로 궁극적으로 수여자에 대하여 체계적인 교육서비스 제공이 어렵다.

둘째, 교육복지정책 추진의 법적 근거가 개별 법령에 산재되어 있어 체계적 추진이 어려운데 예컨대 교육복지 관련 법령은 교육기본법 제4조(교육의 기회균등), 제18조(특수교육), 제20조(유아교육), 초중등교육법 제28조(학습부진아) 등에 명시되어 있고 한편으로 장애인 등에 대한 특수교육법, 학교폭력 예방 및 대책에 관한 법률, 유아교육법 등에도 산재되어 있어 이를 정리할 법률이 존재하지 않는다. 이러한 문제점의 해결을 위하여 체계적·종합적인 교육복지 정책실시를 위한 법적 근거를 마련하여야 한다.

제3장

교육복지 관련 법의 주요 내용 및 문제점

I. 서 설

교육복지 관련법의 주요 내용 및 문제점을 도출하기 위해 먼저 헌법상 교육복지가 어떤 기본권 영역에 근거를 두고 있는지 그리고 헌법이 추구하는 교육복지는 어떤 개념인지를 살펴보고자 한다. 그리고 교육의 기본원리 및 기본정책을 정하고 있는 교육기본법상 교육복지는 무엇인지를 알아보고자 한다.

헌법은 모든 법령체제의 최상위 규범이 되는 것처럼 교육복지에 관한 모든 법의 근간 또한 헌법에 근거를 두고 있다.[1] 우리나라 헌법은 전문(前文)에서 "정치·경제·사회·문화의 모든 영역에 있어서 각인의 기회를 균등히 하고, 능력을 최고로 발휘하게 하며..."라고 명시하고 있다. 즉, 헌법 전문에서부터 모든 국민의 기회균등과 능력발휘 조성이라는 교육복지의 이념을 근본적으로 담고 있다.[2] 헌법 제31조(교육을 받을 권리)는 제1항 능력에 따라 균등하게 교육을 받을 권리, 제2항·제3항 무상의무 교육제도, 제4항 교육의 자주성·전문성·정치적 중립성 및 대학의 자율성 보장, 제5항 국가의 평생교육 진흥의무 등 교육에 관한 직접적이고 상세한 규정들을 두고 있다. 개별조항으로 제10조

1) 이희연, 교육복지 지원 개발 및 활용 방안 연구, 한국교육개발원, 2020, 72면.
2) 박재윤·황준성, 앞의 논문(2008), 56면.

인간으로서의 존엄과 가치, 제11조 법 앞의 평등, 제34조 제1항 인간다운 생활을 할 권리, 제34조 제2항 국가의 사회보장·사회복지 증진 노력의무, 제34조 제4항 및 제5항 국가의 청소년 복지향상 정책 실시 의무 및 사회적 액자의 국가로부터의 보호받을 권리, 제37조 열거되지 않은 기본권 보장 및 기본권 제한의 한계 등도 교육복지와 관련된 법원이 된다고 할 수 있다.

특히 헌법재판소는 헌법 제31조 제1항에서 규정하고 있는 '능력에 따라 균등하게 교육을 받을 권리'가 "능력이 있음에도 불구하고 경제적 이유로 교육을 받을 수 없는 자가 교육을 받을 수 있는 교육여건을 국가에 대하여 적극적으로 요구할 수 있는 사회적 기본권의 하나"라고 밝힌 바 있다.[3] 교육의 기회균등 보장뿐만 아니라, 국가에 대한 적극적인 배려를 요구할 수 있는 청구권적 성격이라는 관점에서 교육복지의 대표적인 법원이라 할 수 있을 것이다.

교육기본법은 교육 분야의 정책목표 및 이념을 정립하여 국가의 교육정책에 관한 기본적인 사항을 규율하고 있는 교육 분야의 기본법에 해당한다. 교육기본법은 교육에 관한 명시적 규정은 없지만, 교육기본법 제2조에서 "교육은 홍익인간의 이념 아래 모든 국민이 인격을 도야하고 자주적 생활 능력과 민주 시민으로서 필요한 자질을 갖추게 하여 인간다운 삶을 영위하게 하고 민주 국가의 발전과 인류 공영의 이상을 실현하는데 이바지하게 함을 목적으로 한다."라고 밝히는바, 홍익인간을 교육복지가 추구하는 인간상과 교육이념이 공통됨을 보여주는 것이다. 더하여 교육기본법 제3조에서는 "평생에 걸쳐 학습하고, 능력과 적성에 따라 교육받을 권리"를 학습권으로 규정함에 이어, 제4조는 "모든 국민은 성별·종교·신념·사회적 신분·경제적 지위 또는 신체적 조건 등을 이유로 교육에 있어서 차별을 받지 아니한다."라고 하여 교육의 기회균등을, 제8조에서는 의무교육제도를 규정하고 있다. 아울러 제9조 제3항은 학교교육의 전인적 교육의무를, 제12조 제2항은 학습자의 기본적인 인권을 보장할 의무를, 제27조는 국가와 지방자치단체의 학생과 교직원의 건강 및 복지

---

3) 헌재 1991. 2. 11, 90헌가27.

증진 의무를, 제28조는 경제적 이유로 교육을 받기 곤란한 자를 위한 장학제도와 학비보조 제도 수립 의무 등을 규정하고 있다.

교육복지 관련 법제는 전술한 바와 같이 헌법과 교육기본법을 근거로 하여 개별 법령들을 들 수 있는데, 이들 조항만으로는 체계적인 교육복지정책을 실현하기 위한 법적 근거로 상당히 미흡하다.[4)]

구체적으로 최고규범인 헌법 아래에 학교교육관계법령, 일반복지 관계법령, 청소년 및 여성·가족관계법령 등으로 각각 분산되어 규정되어 있다. 예컨대 교육복지가 실질적으로 실현되고 있는 장애인 학교와 관련된 학교교육관계법령을 살펴보건데, 먼저, 「유아교육진흥법」, 「초·중등교육법」, 「고등교육법」, 「사립학교법」, 「장애인 등에 대한 특수교육법」, 「직업훈련교육촉진법」, 「학교보건법」, 「학교급식법」, 「학교폭력예방 및 대책에 관한 법률」, 「평생교육법」등의 교육 관련 법령들에 교육복지 규정들이 산재되어 있다.

둘째, 일반복지 관계법령인 「국민기초생활보장법」, 「영유아보육법」, 「사회복지사업법」, 「아동복지법」, 「장애인복지법」과 셋째, 청소년 관계법령인 「청소년복지 지원법」등의 관련법률들이 분포되어 있음을 알 수 있다.

이상 열거한 개별 법령에 따라 교육복지 정책이 추진되면서 각각의 법률을 집행하는 행정부처가 다르고[5)] 교육복지에 관한 규정들이 산재되어 있다는 지적이 꾸준히 제기되어 왔다.[6)] 산재된 개별 법령에 따라 교육복지 정책이 추진되면서 유사 법률 적용으로 인한 혼란과 일관성의 결여로 실효성 저하의 원인이 될 수 있으며 각 부처 간 협력을 바탕으로 안정적인 교육복지 정책을 추

---

4) 이시우, 교육복지체제 구축과 교육복지법, 교육복지법 제정을 위한 공청회 토론자료, 2008, 59면.

5) 교육복지 추진체제 중 대표적인 기관이 교육부 소속의 교육복지정책과이다. 그 밖에 교육복지의 영역에 따라 각기 독자적인 추진기구 및 심의·자문 체계를 갖춘 특수교육 영역의 국립특수교육원, 장애인 교육 복지정보센터, 원격특수교육방송, 특수교육운영위원회, 시·도 특수교육운영위원회, 장애인복지조정위원회로 운영되고 있다. 유아교육 및 보육과 관련하여서는 유아교육, 보육정책조정위원회, 보육정책위원회,가 있으며, 학교폭력대책위원회, 평생교육협의회, 농산어촌교육 발전지역협의회 등도 관련 기구하고 할 수 있다.

6) 박재윤·황준성, 앞의 논문(2008년) 50면; 이상윤, 앞의 보고서(2010년), 64면; 김수홍, "교육복지의 실현을 위한 법적 검토," 2017, 64면; 류영철, "교육복지법 제정을 위한 기초 연구," 543면.

진하기 어렵다는 문제도 있다. 법령에 따라 업무를 수행하는 각 부처는 사안에 따라 개별 법령의 규율을 배제할 수 없기에 특정 사안에 관하여 현행 법령의 영향이 미치지 못할 수 있다.[7] 이는 곧 산재되어 있는 개별 법령에 대한 관계법령의 부재 현상이 발생 될 수 있는 법제의 한계임을 의미한다.

교육복지정책 추진 과정에서 발생한 문제를 해결하기 위한 법안 마련에 대한 공감대와 교육복지에 대한 필요성은 높아지고 있지만, 정책의 실효성을 위한 관련 법제의 부재로 문제점이 지적되고 있다. 교육복지정책의 실효성을 위해서는 통합적인 차원에서 행·재정적 지원이 필요하고, 교육환경 및 교육시설 조성이 요구되며 국가, 지방자치단체, 학교, 공공기관 사이의 협력체계가 구축되어야 한다. 이렇듯, 교육복지정책이나 교육복지사업 등의 체계적이고 효율적인 시행을 위한 근거법이 필요하다. 이에 따라 교육부와 국회, 각계 전문가를 중심으로 교육복지 관련 법률의 제·개정이 요구되었다.[8]

종합적인 교육복지 관련 법률을 위한 노력인 2004년 교육인적자원부의 '교육복지 종합계획' 수립을 시작으로 2007년 교육인적자원부가 「(가칭) 교육복지지원법」[9]제정(안)을 검토하였으나, 법률안으로 제출되지 않았다. 최근에는 본 논문에서도 밝힌바 2017년 교육부가 경제·사회 양극화에 대응한 교육복지 정책의 방향과 과제에서 「교육복지지원법」 추진 계획을 발표하였다. 국회에서는 교육복지 법률과 관련하여 교육복지법안 이외에 교육복지투자우선지역 지원법, 농어촌 교육복지를 위한 지원법, 농어촌교육발전법, 교육격차해소법안, 학교사회복지법안, 등을 함께 제안하였다.[10] 발의된 법안 중 교육복지를 직접 명시하는 법안은 「교육복지투자 우선 지역 지원법」과 「교육복지법안」, 「농산어촌 교육복지를 위한 특별법안」이다. 발의되었던 법안에서도 확인되는바 교육복지는 교육과 복지라는 두 정책으로 병합되어 진행됨에도 불구

7) 이상윤, 앞의 보고서(2010년), 93면.
8) 염철현, "미국 연방차원의 교육복지법 개관 및 시사점," 「교육법학연구」 제22권 제1호, 대한교육법학회, 2010, 71면.
9) 교육인적자원부, 교육복지지원법, 2007, 1면.
10) 본 논문 교육복지 관련 법안 81-85면 참조.

하고 교육과 복지를 모두 포섭하는 단일법이 없다. 단일법이 있는 경우 그 법에는 법의 제정 목적, 이념 및 관련된 원칙들이 총론으로 규정되며, 이는 법의 해석과 적용에 있어 중요한 의미를 부여한다. 가사, 단일 법전이 각론에서 열거하지 못한 상황이 발생 시 총론에서 규정하고 그 법에 내재되어 있는 이념 및 원리·원칙을 통하여 상황을 규율할 수 있는 근거가 되기 때문이다.[11]

즉, 교육복지와 관련된 법원들은 전술하였듯이, 헌법과 기본교육법 그리고 초중등교육법 및 고등교육법 등으로 진행되는 법령들을 중심으로 청소년 관계 법령, 일반사회복지법 장애인복지법 등에 산재하여 있기에 특정 사안에 따라 현행 법령의 근거가 미흡[12]하여 실효성의 봉착이 발생될 수 있다.

국가의 정책은 법률에 근거하여 이루어진다는 점에서 교육복지 관련 법안의 내용은 교육복지 실현에 대한 정책 방향이다.[13] 따라서 교육복지의 이념 및 원칙들을 내포하고 실현할 수 있는 총체적인 관련 법안을 검토하고, 교육복지법의 제정은 교육복지의 실효성을 위해 필수적이라 할 것이다.

Ⅱ. ▸▸ 교육복지의 법적 근거

1. 헌법의 원리

우리 헌법에 교육복지에 관한 명시적 규정은 없으나, 헌법 이념이나 기본권 분야에서 교육복지의 헌법적 의미와 그 근거를 찾을 수 있다. 예컨대, 헌법

11) 이혜영 외 6인, 교육복지에 관한 법제 연구(수탁연구), 한국교육개발원, 2006, 44면.

12) 예로 현재 불법 체류자 자녀가 교육을 받을 수 있게 보장될 수 있는 법안이 미비하다. 2014년 정청래 의원의 대표 발의로 불법 체류 외국인 노동자의 자녀도 의료 급여를 받을 수 있도록 하고, 이주 아동을 의무교육과 외국에서 받은 학력을 인정받도록 하는 내용을 담고 입법안이 발의되었고, 19대 국회에서 이자스민 위원이 이주 아동 권리보장법을 발의하였으며, 20대 국회에서는 원혜영 의원이 최소한 출생 등록은 가능케 하자는 가족관계등록법 개정안을 발의하였지만, 입안이 무산되었다.

13) 홍봉선, "교육복지 분석 준거틀 구성과 교육복지법제에의 적용,"「학교사회복지」제17호, 한국학교사회복지학회, 2009, 16면.

제10조 ‘행복추구권,’ 제11조 ‘평등권,’ 제31조 제1항 ‘교육을 받을 권리’ 등은 교육복지의 헌법적 근거로 볼 수 있으며, 아울러 헌법상 사회국가원리 및 문화국가원리, 민주주의 원리도 교육복지의 관점에서 살펴볼 필요가 있다. 우리 헌법은 기본원리로 복지국가를 채택하고 있는데, 보편적으로 복지국가는 모든 국민이 최소한의 인간다운 생활을 영위할 수 있는 국가 또는 공동체 사회를 의미하는 것으로 시대적 흐름과 여건에 따라 ‘인간다운 생활’의 기준이 유동적임을 고려할 때 이에 근거하는 복지의 개념에 대한 명확한 정립에 어려움이 있을 것이고, 교육복지의 개념 또한 고정적인 의미보다는 사회적 여건 및 변화에 종속하는 유동적 의미임을 부정할 수 없을 것이다.[14)]

교육복지의 헌법적 근거는 헌법상 사회국가원리, 헌법 34조 인간다운 생활을 할 권리에서 도출할 수 있으나 의식주라는 삶의 질에 주안을 두고 있기에 문화적 삶의 실현에 주안을 두고 있는 문화국가의 원리 및 교육을 받을 권리에서 교육복지의 헌법적 근거를 도출함이 타당하다고 할 수 있다.[15)]

그러나 헌법재판소가 판시하고 있듯이 교육복지가 교육을 받을 권리의 실현을 위한 필수적인 요소라고 한다면, 교육은 우리의 공동체에 민주주의의 정착아래 경제 생활영역 및 직업에서 실질적인 평등을 구현하고 있기에 민주주의 원리와 평등권도 교육복지의 헌법적 근거에 포함되어야 할 것이다.[16)]

따라서 이하에서는 교육복지의 헌법적 근거와 관련 있는 문화국가의 원리, 교육을 받을 권리, 평등권, 행복추구권, 민주주의 원리를 살펴보고자 한다.

2. 문화국가의 원리

헌법재판소는 “교육을 받을 권리는 ...능력에 따른 균등한 교육을 통해서 경제생활영역에서 실질적인 평등을 실현시킴으로써 헌법이 추구하는 복지국

14) 노기호, “교육기본권 실현을 위한 전제로서 교육복지,” 「헌법학연구」 제18권 제3호, 2012, 86−87면.
15) 노기호, 앞의 논문(2012년), 95−96면.
16) 헌재 1994. 2. 24, 93헌마192.

가, 사회국가의 이념을 실현한다는 의의와 기능을 가지고 있다."[17]라고 판시하며, 교육제도가 우리 헌법이 지향하는 사회국가의 이념을 실현한다는 관점에서 간파하고 있음을 알 수 있다. 「사회보장기본법」 제2조는 "모든 국민이 다양한 사회적 위험으로부터 벗어나 행복하고 인간다운 생활을 향유할 수 있도록 자립을 지원하며 사회참여·자아실현에 필요한 제도와 여건을 조성하여 사회통합과 행복한 복지사회를 실현하는 것"으로 사회보장의 기본이념을 명문화하였다. 이를 표상하는 사회보장의 구체적인 범위는 동법 제3조에서 "출산, 양육, 실업, 노령, 장애, 질병, 빈곤 및 사망 등의 사회적 위험으로부터 모든 국민을 보호하고 국민의 삶의 질을 향상시키는데 필요한 소득·서비스를 보장하는 사회보험, 공공부조, 사회서비스"로 정의하고 있다. 교육은 사회서비스에 해당되는데, 사회서비스는 국가·지방자치단체 및 민간단체의 도움이 필요한 모든 국민에게 교육, 복지, 보건의료, 고용, 주거 등의 분야에서 인간다운 생활을 보장하고 상담, 재활, 돌봄, 역량 개발 등을 통하여 국민의 삶의 질이 향상되도록 지원하는 제도로 "교육복지 그 자체가 사회복지 활동"에 해당한다고 볼 수 있다. 「사회보장기본법」에 따른 사회보장과 사회복지 교육의 관계는, 사회복지정책은 사회보장과 긴밀한 연관성이 있으며, 사회보장의 유형 중 사회서비스는 다른 사회보장에 비해 상대적으로 늦게 발전한 복지국가의 현물급여이며, 생애주기에 직면하게 되는 다양한 사회적 욕구에 대한 대면적·개별적 대응이다. 급여 내용 역시 단순하지 않아서 표준화된 서비스를 제공하기 어렵고 보장의 목적이 광범위하여 시장이나 민간영역에서 전달하는 다양한 서비스와 경쟁하고 있다.[18] 일반적으로 사회서비스의 개념적 범주는 전통적으로 교육과 보건의료, 주거서비스에 고용과 돌봄서비스의 내용을 포괄하고 있으며 특히 무상보육은 시민권과 일반조세에 기반해 보편적으로 제공되는 대표적인 수당 형태의 돌봄서비스이다.[19]

17) 헌재 1994. 2. 24, 93헌마192.

18) 홍봉선, "우리나라 교육복지의 방향과 과제," 한국사회복지학, 2004, 257면.

19) 윤홍식 외, 사회복지정책론, 사회평론아카데미, 2019, 42면.

교육은 문화영역에 속하므로 사회복지원리보다 문화국가원리의 관점이 타당하다. 따라서 교육의 자율성 존중과 문화적 공동체를 구성한다는 관점에서 교육을 위한 복지의 관점이 타당하다고 판단된다.

우리 헌법은 문화국가의 원리를 헌법상의 기본원리로 채택함에 대해서는 이론의 여지가 없다.[20] 특히 문화국가의 원리 실현을 위해 보장되어야 할 정신적인 기본권으로 "양심과 사상의 자유(제19조), 종교의 자유(제20조), 언론·출판의 자유(제21조), 학문과 예술의 자유(제22조) 등을 규정하고 있는데, 개별성·고유성·다양성으로 표현되는 문화는 사회의 자율영역을 바탕으로 한다고 할 것이고 이들 기본권은 견해와 사상의 다양성을 본질로 하는 문화국가원리의 불가결의 조건이 된다."라고[21] 구체화하고 있다.

교육복지의 헌법적 근거는 사회국가의 원리, 인간다운 생활을 할 권리에 근거한다는 이견이 있을 것이다. 즉, 우리 헌법은 사회국가의 원리 또는 복지국가의 원리를 헌법상 기본원리로 채택하고 있고 사회국가, 즉 복지국가란 모든 국민이 최소한의 인간다운 생활을 누릴 수 있는 국가를 지칭하는 것으로 판단된다. 여기서 최소한의 인간다운 생활의 정도는 헌법재판소의 결정에 따르면, "최소한의 인간적인 생활을 누리는 데 있어서 필요한 최소한의 재화를 국가에 대하여 요구할 수 있는 권리"를 내용으로 하며 국가의 사회복지 증진의 의무도 "국가는 물질적 궁핍 등으로부터 국민을 보호함으로써 인간다운 생활을 할 권리를 실현하기 위한 수단적 성격을 가진다."라고 판시하였다.[22]

그런데 교육복지의 영역은 물질적·경제적 영역이 아닌 정신적 영역에 초점을 두어야 한다는 점에서 사회국가의 원리보다는 문화국가의 원리에서 교육복지 법제의 헌법적 원리의 토대를 도출함이 타당할 것이다. 이와 관련하여 헌법재판소도 '교육법 제8조의2에 관한 위헌심판'에서 "교육을 받을 권리는 우리 헌법이 지향하는 문화국가 이념을 실현하는 방법의 기초"라고 판시한 바

20) 김수갑, "헌법상 문화국가원리에 관한 연구," 고려대학교 박사학위논문, 1993, 134면.
21) 헌재 2000. 4. 27, 96헌가16, 98헌마429(병합), 427면, 445-446면 참조.
22) 헌재 2000. 6. 1, 98마14.

있는데, 이것은 헌법상 문화국가원리를 사상으로 헌법 제31조에서 규율하고 있는 교육을 받을 권리를 구체적으로 실현할 수 있는 방법이 교육복지임을 확인할 수 있을 것이다.[23)]

문화 기본법 제4조는 "모든 국민은 성별, 종교, 인종, 세대, 지역, 정치적 견해, 사회적 신분 등과 관계없이 문화 표현과 활동에서 차별을 받지 아니하고 자유롭게 문화를 향유할 권리를 가진다."라고 명시하고 있으며, 우리 헌법 제9조와 제69조에서도 국가와 대통령에게 문화를 향유할 수 있는 부양의 의무를 부여하여 문화국가가 국가의 책무임을 강조하고 있다.

이러한 문화국가의 원리와 관련하여 간과되어서는 안 될 헌법규정이 교육관련 조항이라고 할 수 있다. 현행 헌법 제31조 제1항(능력에 따라 균등하게 교육을 받을 권리), 제2항과 제3항(무상 의무교육제도), 제4항(교육의 자주성 · 전문성 · 정치적 중립성 및 대학의 자율성 보장), 제5항(국가의 평생교육진흥의무), 제6항(교육제도법정주의) 등의 국가의 교육관련 책임과 과제를 규정함으로써 문화국가 실현의 기초로 교육관련 내용들을 명확하게 규정하고 있다.[24)]

이상에서 살펴본 바와 같이 우리 헌법은 문화국가의 원리를 이념적 근거로 하여 헌법 제31조에서 규율하고 있는 교육을 받을 권리를 구체적으로 실현하는 방안이 교육복지의 실현일 것이며, 또한 헌법은 국가에 대하여 교육복지를 위한 정책적 노력을 기울일 책무가 있음을 밝히고 있다고 하겠다.

3. 평등권

우리 헌법 제11조 제1항에서는 "모든 국민은 법 앞에 평등하다."라고 명시함으로써 평등권을 헌법상 보장하고 있다. 이러한 평등권은 개인의 자유가 국가에 의해 제한될 수 있는 자유권과 다르게 부담을 부여하는 경우를 포함하

23) 노기호, 앞의 논문(2005년), 8면.

24) 헌법재판소도 "교육을 받을 권리는 우리 헌법이 지향하는 문화국가 · 민주복지국가의 이념을 실현하는 방법의 기초이며...."라고 판시하고 있다. 헌재 1991. 2. 11, 90헌가27, 4면.

여 급부 및 기회 배분 또는 혜택 제공 시에도 적용되므로 기본권 중 가장 범위가 넓은 기본권이며, 법질서를 통제하는 헌법의 지도원리라 할 수 있다.[25)] 한편 우리 헌법은 제31조 제1항에서 교육의 영역에서 능력을 제외한 기준에서 차별금지를 명시하여 교육에 있어서 평등을 형상화하고 있다. 교육에 있어서 인정되는 차별 기준은 능력을 제외한 다른 원인에 의한 차별을 원칙적으로 금지하고 있다.[26)] 따라서 교육을 받을 권리는 개인의 육체적·정신적 능력에 따라 균등한 교육을 받을 수 있음을 의미하며, 국가는 모든 국민이 균등한 교육을 받을 수 있는 정책을 수립 및 시행하여야 한다.

4. 행복추구권

교육복지의 법적 근거로 논의될 수 있는 또 하나의 기본권은 바로 행복추구권이다. 헌법상 행복추구권은 교육복지의 부가적인 헌법적 근거가 된다. 헌법 제10조는 “모든 국민은 인간으로서의 존엄과 가치를 가지며, 행복을 추구할 권리를 가진다.”라고 판시하고 있다. 여기서 말하는 행복추구권의 핵심은 ‘인간의 존엄과 가치,’ ‘행복을 추구할 권리,’ ‘기본적 인권’이다. 이러한 보장은 최고 규범으로 통합적인 법령의 효력과 내용의 기준이 되는 근본원리를 제공한다.[27)]

헌법에서 규정하는 인간의 존엄과 가치에 대하여 헌법재판소는 “헌법상의 인간상은 자기결정권을 지닌 창의적이고 성숙한 개체로서 국민이며 우리 국민은 자신이 스스로 선택한 인생관·사회관을 바탕으로 사회공동체 내에서 각자의 생활에 책임감을 갖고 스스로 결정하고 형성하는 민주적 시민이다.”라고 판시하였다.[28)]

25) 한수웅, 헌법학 입문, 법문사, 2018, 266면.
26) 한수웅, 앞의 책(2018년), 276면.
27) 김철수, 헌법학신론, 박영사, 2009, 383면.
28) 헌재 1998. 5. 28, 96헌가5

한편으로 행복을 추구할 권리는 인간의 존엄과 가치와 함께 누리는 인간의 기본적 권리이다. 행복을 추구할 권리에 대하여 헌법재판소는 “헌법 제10조는 모든 기본권 보장의 기본이념이라 할 수 있는 인간의 고유한 가치인 개인의 인격권과 행복추구권을 보장하고 있다.”[29]라고 판시함으로써 행복추구권을 기본권으로 인정한다. 헌법이 보호하는 인간의 존엄과 가치로써 행복을 추구할 권리를 가지는 국민은 자기 의사를 표현하고 결정할 권리 및 일반적 행동을 자유롭게 할 수 있다.[30] 그렇다면, 헌법 제10조의 행복추구권은 교육복지와의 관계를 고려하려면 먼저 국민은 교육권을 통해 자아실현을 이룰 수 있기때문에 행복추구권은 국민의 교육 선택권과 교육 행위의 자율성을 보장하는 것으로 해석함이 타당할 것이다.

그러나 행복추구권이 개인의 교육적 선택을 무제한으로 인정함에 있어서 문제가 제기되는데,[31] 헌법재판소는 오히려 “행복추구권은 타인의 권리나 도덕률, 헌법질서를 침해해서는 안 된다는 제한적 성격”[32]으로 볼 때 개인의 자유로운 행위라도 공공의 이익이나 도덕에 반하는 경우를 살펴야 한다. 개인의 가치와 존엄으로 행복을 추구할 권리가 헌법으로 보장한다고 하더라도 개인의 행동이 국민의 정서 및 공동체의 이익에 반하는 경우 교육권에도 제한될 수 있다.

교육복지는 균등한 교육을 제공받음으로써 긍정적인 사회관계 형성 및 자기 정체성의 확립으로 윤택한 삶의 의미를 제공한다. 그러한 의미에서 교육복지는 행복추구권을 영위할 수 있는 수단이라고 할 수 있다. 즉 행복추구권과 교육복지는 목적과 수단의 관계에 있다고 할 수 있다. 따라서 누구든지 균등한 교육을 받을 기회를 제공하고, 사회경제적으로 차별하지 않는 것은 헌법이 국가에게 부여한 임무이자 헌법상 행복추구권에도 부합하는 것이다. 이를

29) 헌재 1990. 9. 10, 89헌마82
30) 성낙인, 헌법학, 법문사, 2014, 997면.
31) 김정래, 헌법상 교육관련조항 분석, 경기연구원, 2010, 3면.
32) 헌재 1997. 7. 16, 헌가6

위해서는 교육복지 대상자에 대한 안정적 재정지원에 의한 교육이 가능하도록 해야 한다. 저출산 고령화, 소득 격차, 교육 양극화 등의 변화 속에서 국가는 국민 누구나 균등한 교육여건에서 교육을 받을 수 있는 제도를 마련할 필요가 있으며 이는 헌법 제10조가 규정하고 있는 행복추구권이 실질적으로 보장되기 위한 조건이다.

5. 민주주의 원리

헌법 제31조 교육을 받을 권리는 부당한 간섭이나 개입없이 능력에 따라 필요한 교육시설을 선택하여 교육을 받을 자유와 능력에 따라 균등하게 교육을 받을 기회를 보장받을 수 있도록 여건의 정비와 제도를 요구할 수 있는 사회권적 측면도 수반하고 있다.[33] 헌법재판소는 국가가 헌법에 보장된 국민의 수학권의 실질적 보장을 위하여 필요한 여건을 정비 및 관리하는 교육체계를 공교육제도라 할 때, 국가는 학제, 교재, 교육시설 및 환경, 교원 등 전반적인 사항에 대한 계획을 수립하고 시행하는 책무성을 진다. 이는 교육받을 권리의 보장을 위한 것이라고 판시하였다.[34] 한편으로 헌법재판소는 헌법 제31조는 국민이 국가에 대하여 교육여건의 개선 및 정비와 교육기회의 균등한 보장을 요구할 수 있는 권리라고 설명하고 있으며, 국가로부터 교육을 받을 권리를 보장받음으로써 궁극적으로 모든 국민이 능력에 따라 균등한 교육을 받을 수 있도록 노력해야 할 의무와 과제가 국가에 부과된다는 것이다.[35] 다만 이를 근거로 국민이 특정한 학교, 과목, 시설, 환경, 교육과정 등의 제공을 직접적으로 청구할 수 있는 것은 아니다.

이러한 교육받을 권리의 구조를 민주주의의 원리와 관련하여 보면, 헌법상 인정되는 참정권, 언론·출판의 자유 등을 통하여 주권자인 국민이 자신의

33) 박종보, "교원단체의 법적 지위와 관련한 헌법적 문제," 「한국교육법연구」 제8집 제2호, 2005, 113면.
34) 헌법재판소 1992. 11. 12, 89헌마88.
35) 헌법재판소 2000. 4. 27, 98헌가16.

주권을 행사할 수 있는데, 이는 교육을 받을 권리와 긴밀한 관계에 있다. 교육을 받을 권리를 통해 기본권 주체로서 자아실현 및 주권자로서 참여하기 위한 전제가 되는 것이기에 궁극적으로 국민주권 실현을 위한 대전제가 된다. 적어도 개인이 사회의 구성원으로 의사결정에 참여하는 능력을 함양하는 민주주의 교육은 헌법 제31조의 교육받을 권리의 보장을 통하여 부합할 수 있을 것이다.[36)]

6. 교육을 받을 권리

우리 헌법 제31조 제1항은 "모든 국민은 능력에 따라 균등하게 교육을 받을 권리를 가진다."라고 명시하여 국민의 교육을 받을 권리를 인정하고 있다. 헌법재판소도 교육을 받을 권리에 대하여 "능력이 있어도 경제적 이유로 교육을 받을 수 없는 국민이 교육을 받을 수 있는 교육여건을 국가에 대하여 적극적으로 요구할 수 있는 사회적 기본권의 하나"라고 판시하였다.[37)] 이는 교육을 받을 권리는 통상적으로 교육조건 개선 및 교육기회의 균등한 보장을 국가에 적극적으로 요청할 수 있는 권리로 간주할 수 있다.

교육을 받을 권리의 보장은 인간으로서의 존엄과 가치를 가지고 행복을 추구하며 인간다운 삶을 영위하는 데에 있어 필수 조건이자 전제가 된다. 헌법 제31조 제2항부터 제6항까지 규정된 소정의 교육을 받을 의무, 무상 의무교육, 교육제도와 운영·교육재정, 교원 지위 법률주의 등은 교육을 받을 권리의 효율적인 보장을 위한 조항이라고 분명히 밝히고 있다.[38)]

구체적으로 교육을 받을 권리는 "첫째, 교육을 통해 개인의 잠재력을 발전시켜 인간다운 문화 및 직업 생활을 할 수 있는 토대를 갖추게 해주고, 둘째, 문화적, 지적 사회풍토를 만들고 문화창조의 전기를 마련함으로써 헌법이

36) 이재희, "학교 민주시민교육의 가능성과 헌법적 쟁점에 대한 검토," 헌법재판소 헌법재판연구원, 2020, 47면.

37) 헌재 1991. 2. 11, 헌가27.

38) 헌법재판소 1992. 11. 12, 89헌마88.

지향하는 문화국가를 촉진하며, 셋째, 합리적이고 지속적인 교육을 통해 민주주의가 필요로 하는 민주시민의 윤리적 생활을 습관화시켜 헌법이 향하는 민주주의 정착화에 일조하고, 넷째, 능력에 의한 균등한 교육을 통해 직업 및 경제 생활영역에서 실질적인 평등을 구현함으로써 헌법이 지향하는 사회 및 복지국가의 이념을 구현한다는 의의와 기능이 있다."라고 판시하였다.[39]

헌법이 보장하고 있는 교육을 받을 권리란 헌법재판소 1994.2.24. 93헌마192 결정에서 판시하고 있듯이, 교육을 받을 권리는 기본권 인정뿐만 아니라, 개인의 잠재력 증대, 문화국가 촉진, 민주주의 정착, 직업 및 경제생활의 실질적인 평등을 실현할 수 있는 헌법상 중요한 권리로 보는 것이 타당할 것이다.

헌법 제31조 제6항은 "학교교육 및 평생교육을 포함한 교육제도와 그 운영, 교육재정 및 교원지위에 관한 기본적인 사항은 법률로 정한다."라고 규정하여 교육제도 법정주의를 규정하고 있다. 교육복지의 구체적 실현을 위해서는 정책적인 논의와 함께 관련 법령의 법제화가 필요하며, 이를 지원하는 교육재정의 확보가 필요하다고 할 것인데, 이에 해당하는 헌법적 근거가 제31조 제6항이라고 할 수 있다. 교육을 받을 권리에 있어서 가장 중요한 점은 개인의 경제적 능력이 아니라, 정신적 육체적 능력에 따라 균등한 교육을 받을 권리가 실질적으로 보장될 수 있도록 하는 것과 국가가 국민에게 균등한 교육을 받게 하여야 하는데, 이러한 측면에서 헌법 제31조 제6항의 교육제도 법정주의는 교육복지 실현의 수단적 근거가 되는 조항이다.

이처럼 교육복지는 헌법상의 문화국가의 원리의 헌법적 근거 아래 헌법 제31조의 교육을 받을 권리에 관한 조항들에서 헌법적 근거 및 필요성을 시사하고 있다.

39) 헌법재판소 1994. 2. 24, 93헌마192.

Ⅲ. 교육복지 관련 법의 주요 내용 및 한계

1. 관련 법의 주요 내용

1) 의 의

교육복지정책을 추진하는 과정에서 명문화된 교육복지정책 관련 문건은 없으며, 국가 또는 시·도교육청에서 교육복지정책을 진행하는 단계에서 '교육복지 정책에 관한 계획서 및 운영 지침'[40] 등이 있다. 그나마 교육복지 관련 법령에서 교육복지 지원의 '기준'을 찾을 수 있으며, 국가 및 시·도교육청의 지침에서 교육복지 지원으로 삼고 있는 범위와 내용을 추측할 수 있다. 교육복지를 지원하는 법적·제도적 방안이 부족하다. 따라서 그동안 교육복지 정책의 안정적이고 실효성 있는 추진을 위하여 교육복지의 법제화에 관한 연구들이 진행되었다.

먼저 교육복지의 종합적인 법안 체계를 구체적으로 제시한[41] 연구에 의하면, 첫째, 구체적인 교육복지정책 및 사업과 관련하여 기존의 다른 법률에서 규율하지 않아 법적 근거를 필요로 하거나, 타 법률에서 규율하기에 부적합한 정책들을 규정하고[42] 기존의 법률을 개정·보완하는 방안을 제시[43]하였고, 둘째, 개별법령에 산재한 교육복지 조항들을 종합적이고 체계적인 교육복지법 단일법의 제정, 셋째, 교육기본법과는 별도로 교육복지정책의 법적 근거가 되는 교육복지 기본법의 제정 등 세 가지 방안이 제시되었다.[44]

---

40) 국가법령정보센터, 「교육복지우선지원사업 관리·운영에 관한 규정」, [시행 2020. 5. 1.] [교육부훈령 제332호, 2020. 5. 1, 일부개정], 교육부 교육복지정책과.

41) 이시우 외 2인, 교육복지체제 구축을 위한 법제연구, 2005, 국회사무처 법제실.

42) 이시우, 앞의 보고서(2005년), 144면.

43) 일반적 교육복지(유아, 초·중등, 고등교육, 평생교육, 학교보건과 급시, 학교환경과 시설, 학교폭력 안전사고, 교육정보화)와 특수적 교육복지(장애아 교육, 저소득층 아동 및 자녀교육, 저학력 성인의 교육기회, 장애인 및 저소득층의 고등교육 기회, 외국인 근로자 자녀의 교육기회, 북한이탈주민의 자녀교육, 기초학력 부진아), 교육복지 추진행정체제(교육복지위원회 설치, 교육복지종합계획 등), 교육복지재정(교육복지기금의 조성, 교육복지 특별회계)으로 구분하여 분석하였다.

또 다른 연구는 교육복지정책에 대한 법적 근거가 개별 법률에 산재되어 추진[45]되고 있어 체계적이고 실효성 있는 교육복지정책 수행을 위해서는 교육복지 개념에 근거한 법체계를 마련의 요구가 시급하며, 종합적인 근거법의 제정을 제안하고, '교육소외 계층 및 교육복지투자우선지역 지원사업'의 법적 근거의 마련이 필요하다고 하였다.[46]

그리고 미국의 교육복지법과 관련된 법을 검토하여 우리나라 교육복지법 제정에 시사점을 찾는 연구가 있었는데, 외국의 사례를 통하여 취약계층에 대한 교육기회 확대 및 경제적 지원에 집중적인 우리나라 교육복지의 개념·범위·대상 등에 관한 논의를 확장할 필요성이 있다고 하였다.[47]

교육격차 해소와 관련하여서는 학교교육 관계법령과 아동·청소년 등을 대상으로 하는 사회복지 관계법령이 있지만, 교육과 복지를 포괄할 수 있는 단일법의 부존재로 이분법적 입안·시행으로 정책에 관한 충분한 법적 기반 확보가 어려움의 해결을 위한 개선방안임을 주장하였다. 기존의 법체계 속에 산재되어 있는 교육격차 해소 조항을 추출하여 개별법률을 제정하고, 국회에 제출된 5개의 교육격차 해소 및 교육복지 관련법안을 비교·검토하여 표준화된 법안을 단일 법률제정 방안으로 제시하고 있다.[48]

이처럼 정부와 교육청은 교육복지의 실효성을 위한 다양한 사업들을 추진하고 있지만, 교육복지 지원의 독자적인 법령이 미비와 여러 법령에 산재되어 있기 때문에 교육복지의 효율성과 실효성이 떨어진다는 것이다. 따라서 이하에서는 현행 교육복지 관련법령의 주요 내용을 검토하여 그 문제점을 제시하고자 한다.

---

44) 이시우 외 2인, 앞의 보고서, (가칭)교육복지법 시안 130면.

45) 교육기본법, 유아교육법, 초·중등교육법, 고등교육법, 장애인 등에 대한 특수교육법 등 개별 법률에 산재되어 추진되고 있음.

46) 김인희, "교육소외와 교육격차해소를 위한 교육복지정책의 과제," 「한국사회정책」 제17권 제1호, 한국사회정책학회, 2010.

47) 염철현, "미국 연방차원의 교육복지법 개관 및 시사점," 「교육법학연구」 제22권 제1호, 대한교육법학회, 2010, 85-90면.

48) 이상윤, 앞의 보고서(2010년), 21-22면.

2) 교육기본법

우리나라 교육 관련 법제는 헌법 제16조에 근거를 두고 있고, 이에 따라 1949년 12월 31일 교육법이 제정 · 공포되었다. 이후 교육공무원법(1953. 4. 18), 사립학교법(1963. 6. 26), 교육세법(1981. 12. 5), 지방교육자치에 관한 법률(1991. 3. 8) 등이 제정 · 시행되었다.[49] 현행 교육법은 1949년 12월 31일 제정 · 공포된 이후 38회의 부분 개정을 하였으나, 일률적인 내용과 체계적인 측면은 부족하고, 교육여건이 현실에 부합하지 못하며, 학교의 특수성을 반영하지 못하는 등의 문제로 종래의 교육법을 교육기본법, 초중등교육법, 및 고등교육법으로 재편하였다.[50]

이 교육기본법은 교육의 총괄적인 기본법으로서 수학권에 대한 국민의 권리 · 의무 및 국가와 지방자치단체의 책임을 정하고 교육제도와 운영에 관한 기본적 사항을 규정하여 국민의 교육받을 권리를 적극적으로 실현하기 위한 법적 기반을 마련하는 데에 그 목적을 두고 있다. 교육기본법과 관련하여 당시 소관상임위원회 심사보고서에는 “현행 교육법이 학교교육 위주로 규정되어 있음에 비하여, 이 법안은 사회교육에 관한 규정을 보완하여 학교교육과 사회교육이 평생교육 차원에서 유기적인 연계를 갖추도록 하여 교육에 관한 실체적인 기본법의 목적에 대해 타당한 것으로 생각된다.”라고 하였다.[51]

이러한 교육기본법의 입법 취지는 총체적으로 교육을 포괄하는 기본법으로서 교육에 관한 국민의 권리 · 의무 및 국가와 지방자치단체의 책임을 정하여(제1조), 교육제도와 운영에 관한 근본적인 사항을 규칙으로 정하여 국민의 수학권을 능동적으로 실현하는 데에 있어서 법적 기반을 확보함에 있다.[52] 이러한 목적을 가지는 교육기본법과 헌법의 관계에서는 “헌법에 열거된 교육조

49) 국가법령정보센터, 2024.5.17.

50) 조석훈, “교육기본법의 입안과 제정과정,” 「교육행정학연구」제18권 제1호, 한국교육행정학회, 2000, 181면.

51) 박영도, 기본법의 입법모델연구, 한국법제연구원, 2006, 63면.

52) 국회 홈페이지 교육기본법 제정 심사보고서 참조.

항을 근본으로 하는 교육제도 및 운영에 관한 기본법"이고 개별적 교육관계법과의 관계에서는 "교육에 관한 근본규범"으로서 우위에 있다.[53] 따라서 교육기본법은 헌법과 개별적 교육 관련법을 연계하는 가교역할을 한다고 할 수 있을 것이다.

「교육기본법」은 교육복지에 관한 구체적 내용을 제시하지는 않지만, 「교육기본법」 제2조가 홍익인간을 교육의 이념으로 하고, 제3조에서 모든 국민은 평생에 걸쳐 학습하고 능력과 적성에 따라 교육을 받을 권리를 가진다는 학습권을 규정함에 이어, 제4조에서[54] 교육의 기회균등, 그리고 제8조에서 무상의무교육과 관련하여 모든 국민에 대하여 의무교육을 받을 권리를 규정하고 있다.

그와 함께 이 기본법 제12조는 학습자의 기본적 인권보호에 대하여 학교교육 또는 사회교육의 과정에서 학습자의 기본적 인권은 존중되고 보호되어야 함을 명시하고 있다. 또한 제13조에서 보호자의 권리와 책임에 대하여 "부모 등 보호자가 보호하는 자녀 또는 아동이 바른 인성을 가지고 건강하게 성장하도록 교육할 권리와 책임을 진다."라고 규정하고 있다. 이 기본법 제18조[55]는 특수교육에 관하여 규정하고, 제28조는 국가와 지방자치단체는 경제적 이유로 교육받기 곤란한 사람을 위한 장학제도와 학비보조제도를 수립·실시하여야 함을 규정하고 있다.

3) 초중등교육법

헌법 제31조 제3항은 의무교육은 무상으로 한다고 규정하고 있다. 우리나

---

53) 류충현, 제18대 국회 교육기본법안의 주요 입법쟁점 분석, 「교육법학연구」 제21권 제2호, 대한교육법학회, 2009, 91면.

54) 모든 국민은 성별, 종교, 신념, 인종, 사회적 신분, 경제적 지위 또는 신체적 조건 등을 이유로 교육에서 차별을 받지 아니하고(교육기본법 제4조 제1항), 국가와 지방자치단체는 학습자가 평등하게 교육을 받을 수 있도록 지역 간의 교원 수급 등 교육여건 격차를 최소화하는 시책을 마련하여 시행하도록 하고 있다(교육기본법 제4조 제2항).

55) 국가와 지방자치단체는 신체적·정신적·지적 장애 등으로 특별한 교육적 배려가 필요한 자를 위한 학교를 설립·경영하여야 하며, 이들의 교육을 지원하기 위하여 필요한 시책을 수립·실시하도록 하고 있다(교육기본법 제18조).

라의 무상 의무교육은 2002년 전국단위의 중학교까지 확대되었으며, 현재는 교육기본법 제8조 제1항 및 초중등교육법 제12조에 초등학교 과정 6년과 중학교 과정 3년의 교육을 무상 의무교육으로 규정하고 있다.

한편 정부는 2019년 4월 9일 당·정·청 협의를 통하여 '고등학교 무상교육 실현방안'을 발표하여 고등 무상교육의 실시가 구체화되었다. 우리나라는 과도한 교육열과 급속한 경제성장으로 선진국에 진입하였음에도 불구하고, 2019년 기준 경제협력개발기구(OECD) 회원국 중 유일하게 고등학교 무상교육이 실시되지 않고 있는 국가였다. 고등학교 진학률(중학교→고등학교 과정)이 2019년 당시 99.7%에 이르고 있음을 고려하면, 고등학교 교육은 사실상 보편교육으로 전향되었고, 고등학교 교육 역시 국가의 적극적 역할과 지원 확대가 필요하다. 이는 헌법이 보장한 국민의 교육기본권 실현과도 직접적인 관련성이 있으며, 교육기본권이 현실화될 수 있도록 고교 무상교육을 국정과제로 채택했다.[56] 무상교육의 지원범위는 입학금, 수업료, 학교운영지원비, 교과서비로 기존 초등학교와 중학교의 무상지원 범위와 같다. 지원대상 학교는 초·중등교육법상 고등학교·고등기술학교 및 이에 준하는 각종학교로 지정하였다. 사립학교 학교장이 수업료와 입학금을 정하는 학교는 고교 무상교육 지원대상에서 제외되었다.

「초중등교육법」 개정에서는 제10조의2(고등학교 등의 무상교육)를 신설하여 고등학교 무상교육에 대한 법적 근거를 마련하였고 「지방교육재정교부금법」을 개정하여[57] 고교무상교육에 소요되는 재원을 확보할 수 있는 방안을 마련하였다. 구체적으로 입학금, 수업료, 학교운영지원비, 교과용 도서 구입비를 지원하고, 국가와 지방자치단체의 재원 부담의무를 명시하였다.

주지하는 바와 같이 무상교육을 고등학교 교육과정까지 확대한 것은 교

---

56) 이선우·송기창·윤홍주, 고교무상교육 정책의 성과와 과제, 한국교육개발원, 2022, 30-37면 참조.

57) 「지방교육재정교부금법」 제3조 제4항 국가는 지방교육재정상 부득이한 수요가 있는 경우에는 국가예산으로 정하는바에 따라 따로 증액교부를 할 수 있다.
「지방교육재정교부금법」 제14조.

육기회를 보장함으로써 실질적인 무상의무교육을 실시함으로써 교육복지를 실현하기 위함이다.

다만, 현재 시행되고 있는 무상교육은 수업료 면제와 교과서 등의 제공에 한정되는 것이므로 실질적인 무상교육이 실시된다고 단정하기는 어려운 실정이며, 학생 1인당 교육비는 OECD의 경우와 차이를 보인다.[58] 교재와 교구 및 학습준비물을 구비하는 것도 무상교육 및 교육복지와 부합하는 것이다.[59]

4) 외국인근로자 자녀 및 무국적자녀 등의 교육지원

「교육기본법」 제4조는 교육 기회균등의 주체를 '모든 국민'으로 한정하고 있다. 이는 교육지원의 주체를 국민으로 보는 관점에서만 합당하기 때문에 현행법에서 국적이 불분명한 외국인 근로자의 자녀에 대한 교육지원에 관한 법규정은 찾기 어렵다. 외국인 자녀 교육지원 관련법 규정은 「유아교육법」 제16조의 외국인유치원[60], 「초중등교육법」 제60조2의 외국인학교에 관한 규정과 「경제자유구역 및 제주국제자유도시의 외국교육기관 설립·운영에 관한 규정」이 있다. 또한 「재한외국인 처우 기본법」[61] 제11조에서는 재한외국인의 사회적응 지원, 제12조에서는 국가 및 지방자치단체의 결혼이민자의 자녀에 대한 보육 및 교육지원을 각각 규정하고 있다. 한편 무국적 자녀에 관하여 규정하지 않고 있지만, 「초중등교육법 시행령」 제19조상 '귀국학생 및 다문화학생 등의 입학 및 전학'이라는 규정에 근거하여 외국에서 귀국한 아동 또는 학생, 재외국민의 자녀인 아동 또는 학생, 북한이탈주민인 아동 또는 학생 그리고, '그 밖에 초등학교에 입학하거나 전학하기 전에 국내에 거주하지 않았거나 국내에

58) 2023년 국민 1인당 GDP 대비 교육비는 (초등 한국: 30 OECD: 23, 중등 한국: 38 OECD: 25) 현격한 차이를 보이고 있다. OECD 평균 한국교육개발원, 2023 간추린 교육통계, 53－54면.

59) 연구용역보고서, 교육복지체제 구축을 위한 법제연구, 2005.

60) 외국인유치원"이란 국내에 체류중인 외국인의 자녀를 교육하기 위하여 설립된 유치원을 말하며, 외국인유치원의 설립기준·교육과정·수업연한·학력인정과 그 밖에 설립·운영에 필요한 사항은 대통령령으로 정한다.

61) 「재한외국인 처우 기본법」 제2조는 대한민국의 국적을 가지지 아니한 자로서 대한 민국에 거주할 목적을 가지고 합법적으로 체류하고 있는 자'를 재한외국인으로 정의한다.

학적이 없는 등의 사유로 입학 또는 전학 절차가 어려운 아동 또는 학생'을 포함하여 외국인 학생 또는 무국적자 학생이 입학 또는 전학을 할 수 있도록 하고 있다. 그리고 「청소년복지 지원법」 제18조(이주배경청소년에 대한 지원)에서 국가 및 지방자치단체는 다문화가족 청소년 외에 '그 밖에 국내로 이주하여 사회 적응 및 학업 수행에 어려움을 겪는 청소년'의 사회적응 및 학습능력 향상을 위하여 상담 및 교육 등 필요한 시책을 마련하고 시행하도록 하고 있다.

5) 장애인 등에 대한 특수교육법

교육기본법 제18조는 국가 및 지방자치단체는 신체적·정신적·지적 장애 등으로 인하여 교육적 배려가 필요한 자를 위한 학교를 설립·경영하여야 하며, 이들의 교육을 지원하기 위하여 필요한 시책을 수립·실시해야 한다고 규정하고 있다. 이에 초중등교육법에서도 특수학교의 설립[62] 및 일반학교 내 특수학급 설립에[63] 관하여 규정하고 있다. 특수교육대상 학생들의 장애에 부합된 교육환경 제공 및 통합교육 등과 관련하여 장애인 등에 대한 특수교육법이 독립된 법률이 제정되어 있으며,[64] 장애인복지법[65] 및 정신보건법[66]은 특수교육 대상자들이 통합환경에서 교육을 받을 권리 및 통합환경 실행의 주체인 국가의 책무에 관하여 규정하고 있다.

62) 「초중등교육법」 제55조(특수학교) 특수학교는 신체적·정신적·지적 장애 등으로 인하여 특수교육이 필요한 사람에게 초등학교·중학교 또는 고등학교에 준하는 교육과 실생활에 필요한 지식·기능 및 사회적응 교육을 하는 것을 목적으로 한다.

63) 「초중등교육법」 제56조(특수학급) 고등학교 이하의 각급 학교에 특수교육이 필요한 학생을 위한 특수학급을 둘 수 있다.

64) 「장애인 등에 대한 특수교육법」은 「교육기본법」 제18조에 따라 국가 및 지방자치단체가 장애인 및 특별한 교육적 요구가 있는 사람에게 통합된 교육환경을 제공하고 생애주기에 따라 장애유형·장애정도의 특성을 고려한 교육을 실시하여 이들이 자아실현과 사회통합을 하는데 기여함을 목적으로 한다.

65) 장애인복지법 제1조 장애인의 인간다운 삶과 권리보장을 위한 국가와 지방자치단체 등의 책임을 명백히 하고, 장애발생 예방과 장애인의 의료·교육·직업재활·생활환경개선 등에 관한 사업을 정하여 장애인복지대책을 종합적으로 추진하며, 장애인의 자립생활·보호 및 수당지급 등에 관하여 필요한 사항을 정하여 장애인의 생활안정에 기여하는 등 장애인의 복지와 사회활동 참여 증진을 통하여 사회통합에 이바지함을 목적으로 한다.

66) 정신보건법 제2조 제4항 미성년자인 정신질환자는 특별히 치료, 보호 및 교육을 받을 권리를 가진다.

장애인 등에 대한 특수교육법은 우리나라의 장애인 교육에 있어서 전환기적 의미를 지니며, 특수교육대상자의 교육적 요구라는 시각에서 제정되었으며, 특수교육관련서비스 제공을 특수교육의 본질적 내용으로 규정하였고, 개별화교육, 진로 및 직업교육, 장애학생 및 보호자의 절차적 보호 확대 등 장애인의 수학권과 사회통합에 관한 실질적인 정책을 반영하고 있는 것으로 평가되고 있다.[67]

특수교육법의 제정으로 인하여 첫째, 장애인이라는 법률의 수혜자가 구체적으로 명시되었으며 둘째, 장애아동의 교육을 권리로 인정하였다는 그동안 장애아동은 기본적 교육권을 충분히 보장받지 못하였으나, 이 법의 제정으로 장애아동도 의무교육의 대상자가 되었으며 일반학교 내 특수학급의 설치 및 운영으로 통합환경에서 일반교육을 받을 수 있게 되었다.

6) 그 밖의 법률

(1) 평생교육법

「평생교육법」은 「헌법」[68]과 「교육기본법」 제10조의 국가의 평생교육 진흥에 관한 의무규정에 따라 1999년 이전의 「사회교육법」을 대신하여 1999년 제정된 법이다.[69] 누구나 언제 어디서나 원하는 학습을 할 수 있는 평생학습 체제 구축이 중요한 교육개혁 이념으로 대두하는 상황에서 기존의 「사회교육법」을 「평생교육법」으로 개편해야 한다는 논의가 교육개혁위원회에서 진행되었고, 이러한 배경에서 1999년 8월 30일 「평생교육법」이 제정되었다.

1990년대 중반부터 교육개혁위원회를 중심으로 활발한 연구가 진행되어 1982년 사회교육법이 제정된 후 1999년 8월 평생교육법이 제정되고, 2000년 3월부터 시행되고 있다. 이후 '학점은행제,' '교육계좌제,' '학습휴가제,' '원격대학,' 등이 제도화됨으로써 평생교육체계의 구축을 위한 토대가 마련되어 있다.

---

67) 백종인, "미국에서 장애인교육권보호법제에 관한 고찰," 「공법학연구」 제8권 제3호, 한국비교공법학회, 2007, 556면.

68) 헌법 제31조 제5항은 "국가는 평생교육을 진흥하여야 한다."라고 규정하고 있다.

69) 행정안전부 국가기록원, 평생교육법 배경, 2024. 6. 4, 검색.

그러나 현재의 평생교육체계는 정부부처별 정책의 중복과 수혜 대상에 관한 법령들이 산재되어 있으며, 예산이 비효율적으로 집행되고, 지역 간의 격차 등과 같은 다양한 문제를 안고 있다. 그리고 개인의 저학력자의 평생교육 참여율이 저조함을 고려하였을 때, 현재의 평생학습은 균등한 평생학습 기회의 보장보다는 개인적 역량과 책무의 문제로 학습격차가 심화되고 있다.[70] 모든 국민에게 공정한 평생학습의 기회가 제공되기 위하여 사적인 영역을 탈피하여 학습과정의 공공성이 보장될 수 있도록 제도화하여야 할 것이다.

현행 평생교육법 제5조 제1항은 "모든 국민에게 평생교육 기회가 부여될 수 있도록 평생교육진흥원 수립·추진에 관한 국가와 지방자치단체의 책무성"에 관하여 규정하고 있지만, 경비지원은 규정되어 있지 않아 교육부의 지방재정교부금 중 일정 비율을 계상할 수 있도록 제도화하여야 한다.

(2) 저소득층 교육비 지원

저소득층 가정의 초·중·고 학생들이 경제적인 어려움으로 인해 배움이 단절되지 않도록 「국민기초생활보장법」 제12조, 「초·중등교육법」 제60조의4, 제60조의10에 근거하여 매년 교육급여와 교육비를 지급하여 교육기회를 보장하고 있다. 먼저 교육급여와 관련하여 「국민기초생활 보장법」[71]이 제정되어 있다. 실체적으로 「국민기초생활 보장법」 제12조 제1항은 '입학금, 수업료, 학용품비, 그 밖의 수급품'을 교육급여의 종류로 규정하고 있으며, 같은 조 제3항은 수급권자에 대하여 '부양의무자가 없거나 부양의무자가 있음에도 부양능력이 없어서 부양을 받을 수 없는 사람으로' 명시하고 교육급여 선정기준으로 규정하고 있다. 한편 같은 조 제2항은 교육급여를 교육부장관의 임무로 규정함과 동시에 교육급여의 신청 및 지급 등에 대하여 「초·중등교육법」 제60조의 4부터 제60조 제11항까지에 따른 지원절차를 준용한다."라고 규정하고 있다.

---

70) 통계청, 사회통계조사보고서 2023, 학력수준별 평생학습 참여자 비율 참조.

71) 국민기초생활 보장법은 생활이 어려운 사람에게 필요한 급여를 실시하여 이들의 최저생활을 보장하고 자활을 돕는 것을 목적으로 제정되었다.

(3) 농산어촌 지역 교육 여건 개선

농산어촌 지역에 대한 교육복지에 관해서는 도서·벽지교육진흥법 제3조가 "국가는 도서·벽지의 의무교육 진흥을 위하여 다른 것에 우선하여 학교부지·교실·보건실 기타 교육에 필요한 시설의 구비, 교재·교구의 정비, 교과서의 무상 공급, 통학을 위해 필요한 조치, 교원에 대한 주택의 제공, 적절한 교원의 배치를 해야 하며, 이에 필요한 경비는 우선하여 지급"해야 한다고 규정하고 있다. 그리고 법 제4조는 "지방자치단체에게 도서·벽지 교육의 특수성에 적합한 교육과정에 필요한 자료의 정비, 경비의 지급 조치"를 할 것을 의무화하고 있다. 한편 「농림어업인 삶의 질 향상 및 농산어촌지역 개발촉진에 관한 특별법」은 제4장에서 '농산어촌 교육여건의 개선'으로 하여 제20조부터 28조까지 농어촌 교육여건 개선의 책무, 농어촌학교 학생의 수학권 보장, 농어촌 유치원 유아의 교육 및 보호, 농·수산업 기초인력의 양성, 농어촌 교육발전 지역협의회, 농어촌 학교의 시설·설비 지원, 농산어촌학교 교직원의 확보·배치 및 우대 등을 규정하고 있다.[72]

(4) 학교폭력 예방 및 대책

「학교폭력예방 및 대책에 관한 법률」은 교내외에서 가장 빈번히 발생하는 유형인 학교폭력의 예방 및 대책에 필요한 사항을 규정함으로써 피해학생의 보호, 가해학생의 선도·교육 및 피해학생과 가해학생 간의 분쟁조정을 통하여 학생의 인권을 보호하고 학생을 건전한 사회구성원으로 육성함을 목적으로 제정되었다. 이 법에서 '학교'란 초·중·고·특수학교 및 각종학교를 말하며,[73] 학교폭력의 규제, 피해학생의 보호 및 가해학생에 대한 조치에 있어

---

72) 제20조(농어촌 교육여건 개선의 책무) 제21조(농어촌학교 학생의 학습권 보장 등) 제22조(농어촌 유치원 유아의 교육·보호) 제23조(농어촌학교 학생의 교육 지원) 제24조(농업·수산업 기초인력의 양성) 제25조(농어촌학교 교직원의 확보·배치) 제26조(농어촌학교 교직원의 우대) 제27조(농어촌 교육발전 지역협의회) 제28조(농어촌학교의 시설·설비 등 지원).

73) 「학교폭력예방 및 대책에 관한 법률」 제2조

서 법률에 특별한 규정이 있는 경우를 제외하고는 이 법을 적용하며, 성폭력은 다른 법률에 규정이 있는 경우에는 이 법을 적용하지 않도록 하고 있다.[74] 구체적으로 이 법은 교육부장관의 학교폭력의 예방 및 대책에 관한 기본계획(제6조), 학교폭력대책심의위원회의 설치(제7조), 학교에 전문 상담교사 배치 및 전담기구 구성(제12조), 장애학생의 보호(제16조의2), 가해학생에 대한 조치(제17조), 분쟁조정, 학교장의 의무, 학교전담경찰관(제20조의6) 등에 관하여 규정하고 있다.

2. 현행 교육복지 관련법의 한계

교육복지 관련법 및 정책에서 현재까지 합의된 교육복지 개념 정의를 찾기 어려우며,[75] 교육복지 관련법의 제정논의에서 '교육복지' 또는 '교육격차 해소' 등의 용어가 사용되고 있다.

교육복지와 관련한 단일법률은 제정되어 있지 않으므로 현행 교육복지 관련 법인 「교육기본법」, 「초·중등교육법」, 「고등교육법」 및 「평생교육법」, 「장애인 등에 대한 특수교육법」, 「지방교육재정교부금법」 등 다양한 교육 관련법에서 법령의 해석을 통하거나 개별법의 부분 개정의 방식으로 교육복지 정책을 추진해 오고 있다.

교육부는 "체계적이고 효율적인 교육복지 지원을 위해 관련 법률 제정이 필요하다고 인정하고 있으며, 정책 추진 여건 및 사회적 요구 등에 대한 검토와 논의를 통하여 법률의 제정을 할 필요가 있다."[76]라는 의견을 제시하였다.

우리 사회의 교육격차와 교육양극화 현상은 정부의 다양한 교육복지 정책에도 불구하고 해결되지 않고 있으며, 교육부의 의견과 같이 교육복지 정책

74) 「학교폭력예방 및 대책에 관한 법률」 제5조

75) 장덕호·이덕난, "미래 지향적 교육복지 정책의 방향과 과제," 2012, 20–22면을 참고하면, 교육 자체가 본질적으로 복지이므로 교육복지는 교육활동과 동일하다는 견해, 교육복지는 교육활동을 지원하기 위한 부가적인 교육활동이라는 견해, 교육은 사회복지의 수단으로 사회복지의 한 부분이기 때문에 교육복지는 교육 분야의 복지활동이라는 견해로 분류할 수 있다.

76) 교육부, 국회입법조사처 제출자료, 2020. 6. 10, 50면.

은 정책의 실효성을 규율할 수 있는 근거 법안이 없이 다양한 주체[77]에 의해 상이한 법률에 근거하여 산발적으로 추진되고 있다.

교육복지는 사회적 안전망의 역할과 궁극적으로 사회통합을 위한 목적으로 실현되어야 하는바 일관적으로 규율 할 수 있는 종합적이고 체계적인 법제 마련이 필요하다 할 것이다.

이하에서 현행 교육복지 관련법의 문제점을 파악하여 교육복지 단일법의 제정 시 고려하여야 할 내용을 구체적으로 살펴보고자 한다.

1) 교육복지의 범주화 기준

교육복지 관련 법제의 현황을 검토에 있어 중요한 문제는 범위의 설정이다.[78] '교육복지'의 개념을 '복지'의 차원으로 이해하면, 교육복지법은 궁극적으로 교육기본법과 유사하게 되며, 교육활동의 수단으로서 '복지'로 접근하게 되면, 유아, 아동, 청소년, 장애인, 성인 등의 대상과 관련된 '복지법'과 교육복지법이 동일선상에 놓이게 된다. 따라서 이러한 접근방법으로 교육복지를 실현하게 되면 교육복지법의 제정 필요성이 상쇄될 수 있을 것이다. 복지로서 교육을 보장하기 위하여 교육기본법과 그 관련 법[79] 등 생에 단계별 교육을 보장하기 위한 각종 법이 있으며, 장애인 등에 대한 특수교육법 등 특수한 상황에 있는 대상자의 교육을 보장하기 위한 관련 법들이 있다. 이는 교육을 위한 복지차원의 관점에서도 동일하다. 사회보장기본법과 그 관련 법으로[80] 생애 단계별 복지법이 있으며, 장애인복지법, 국민기초생활보장법 등 특수한 상황에 있는 대상자들의 복지를 위한 법률이 있다. 그러나 교육복지를 교육과 복지의 상호관계가 있으면서도 독자적 범주와 경계가 있는 개념으로 인식하게 되면, 교육복지법의 제정 근거를 뒷받침할 수 있을 것이다.

---

77) 교육부, 보건복지부, 문화관광부, 청소년위원회 등.

78) 교육복지에 대한 개념이 다양하고 대상 및 범위도 다양하여 관계 법령의 범주화 및 범주화의 기준도 다양할 수밖에 없기 때문이다.

79) 교육기본법의 관련법은 「유아교육법」, 「초중등교육법」, 「고등교육법」 등이 있다.

80) 사회보장기본법의 관련법으로 「영유아보육법」, 「아동복지법」 등이 있다.

교육복지 정책이 단순 소외계층만이 아닌 학교환경의 물리적 제약·기본적으로 영위해야 할 삶의 환경적 제약으로 교육불평등 및 교육격차 해소를 위한 개념으로 정의하면, 이는 사회복지와의 관계를 배제할 수 없음을 의미한다. 즉, 교육복지는 학교교육을 중심으로 하는 교육관계 법령과 아동·청소년·장애인 등을 대상으로 하는 일반 사회복지 관계 법령에서도 교육복지 관련 내용을 도출해야 하는 구조를 가지고 있다.

지금까지 논의한 교육복지의 개념, 목적, 대상, 목표 등을 토대로 내용적 측면에서 범주화를 구분할 수 있다. 대표적인 범주로 복지 친화적 교육환경 조성,[81] 국민 기초 교육 수준 보장,[82] 교육 부적응 및 불평등 해소[83]의 네 가지 측면으로 구분할 수 있다.[84]

2) 교육복지의 사각지대

통상적으로 사회적 소외계층으로 인식되는 대상은 노인, 아동, 장애인, 한부모가정 등이며, 이들을 대상으로 한 단일법이 있다.[85] 근로자에 대하여도 근로복지기본법이 단일법으로 제정되어 있고,[86] 근로자에 대한 근로복지정책

81) 학교 내외의 비교육적, 비위생적 교육환경으로 학생의 인권이 경시되는 등 학생들이 신체적·정신적으로 건강한 삶을 영위하지 못하는 실정을 개선하기 위한 것이다. 관련 법령으로 헌법 제34조(인간다운 생활을 할 권리) 제6항(국가는 재해를 예방하고 그 위험으로부터 국민을 보호하기 위하여 노력하여야 한다), 학교보건법 제12조, 학교안전사고 예방 및 보상에 관한 법률 제1조, 도로교통법 제12조, 학교폭력예방 및 대책에 관한 법률 제2조, 제16조(피해학생의 보호), 청소년기본법 제52조, 청소년의 성보호에 관한 법률, 헌법 제35조(환경권), 교육기본법 제27조(복지 증진을 위한 국가 등의 책무), 학교시설정비와 관련하여 고등학교 이하 학교설립 운영 규정, 학교보건법 제3조(학교 보건시설 설치 의무화) 제4조(학교의 환경위행 및 식품위생) 제5조(학교환경위생 정화구역의 설정) 제6호(학교환경위생 정화구역에서 금지행위), 학교급식법 제3조 등이 있다.

82) 근거법령: 기초학력 보장법 [시행 2022. 3. 25.] [법률 제18458호, 2021. 9. 24, 제정]

83) 유네스코는 1960년 12월 14일 「교육 차별 금지」(Convention against Discrimination in Education)협약을 발표하였고(우리나라는 현재까지 미가입), 이 협약은 교육권에 관한 최초의 법적 구속력이 있는 국제 협약으로 국가의 무상교육 의무, 일체 교육 차별 금지, 교육기회 평등 증진 의무를 분명히 하였다(대한민국의 유네스코 "교육 차별 금지 협약" 비준 검토 및 과제 분석, 유네스코 한국 위원회, 2022, 5면).

84) 교육인적자원부 보도자료, 교육복지 5개년 종합계획 발표, 2004.

85) 현행복지법을 살펴보면 노인복지법, 아동복지법, 장애인복지법, 한부모가족지원법이 있다(국가법령정보센터 2023. 11. 15. 검색).

86) 2010. 6. 8. 「근로자복지기본법」을 「근로복지기본법」으로 제정하였다.

의 수립 및 복지사업의 수행에 필요한 사항을 규정한 개별적 복지법이 제정되어 있다. 일반적으로 법에는 법의 제정목적과 이념, 관련 원칙들이 규정되어 있는데, 이것은 법 해석과 적용 시 법의 영향을 명확히 규정하여 구속력을 명시하는 효과와 법에서 제한한 범위 외에는 영향력이 미미하거나 효력이 상실되는 효과도 있다.[87] 즉, 기본법으로서 단일법은 각론에서 열거하지 못한 상황이 발생하더라도 총론에서 규정하고 있는 원칙과 이념을 통하여 상황을 규율할 수 있기 때문이다.

현재 교육복지는 교육과 복지라는 공통부분이 있음에도 교육과 복지를 통합하여 추진할 수 있는 단일법전이 존재하지 않는다. 즉, 앞에서 살펴보았듯이 교육복지와 관련된 법제는 헌법 제31조의 교육을 받을 권리에 관한 규정에 따라 같은 법 제1항(모든 국민은 능력에 따라 균등하게 교육받을 권리), 같은 법 제3항(무상의무교육), 같은 법 제6항(학교교육을 포함한 교육제도와 운영)과 같은 법령의 규율을 받는다. 이처럼 교육제도에 관하여는 법률에 위임하였고, 이러한 위임에 따라 교육기본법과 초중등교육법 등으로 이루어지는 학교교육 법령을 중심으로 청소년관계법령 및 일반복지 관계법령 등에 산재하여 있다. 그 결과 교육복지정책에 관한 근거 법령이 산재되어 있어 체계적인 교육복지 정책 추진의 제한 및 수혜자들에 대한 현실성 있는 교육복지 혜택의 제공이 어려운 실태이다.[88] 예컨대 교육기본법 제27조는 학생 및 교직원의 건강 및 복지의 증진을 위하여 필요한 시책을 수립·실시하여야 하는 국가 및 지방자치단체의 책무성에 대하여 규정하고 있다. 이는 교육복지 및 학교복지의 근거 조항이며, 이러한 명시적인 근거 조항이 있음에도 불구하고, 조항을 집행하기 위한 하위 법률체계의 미흡으로 교육복지 및 학교복지는 교육과 복지의 사각지대로 남아 있다.

이처럼 교육복지의 기초가 되는 근거·법칙, 명시된 개념이 부재한 상황

87) 이혜영, 앞의 보고서(2017년), 541면.
88) 이혜영, 앞의 보고서(2017년), 17면.

에서 개별 법령만으로 관련 사안들을 규율할 경우 의도치 않게 교육복지 정책 실행에 있어 현행 법령의 영향이 미치지 못하는 영역이 발생할 가능성이 많고, 이를 규율한 법적 근거의 적용에 어려움을 겪게 될 것이다.[89] 이는 개별법령의 사각지대에 관한 관계 법령의 부재 현상이 발생하게 됨을 의미한다.[90] 이러한 문제들을 해결하기 위하여 그동안 교육복지법안들이 제안되었고, 이는 국가가 당면한 사회 양극화 및 교육격차 해소 등의 문제 해결에 있어서 국가 수준에서 적극적으로 교육복지 법제를 추진해야 할 필수적 과제의 당위성을 보여주는 것이다. 교육복지의 이념 및 원칙을 규정하고 실효성 있고 안정적인 교육복지 정책추진을 위해 교육복지 정책추진에 대한 통합적인 교육복지법의 제정이 필요하다 할 것이다.

3) 정책과 법체제의 비정합성

우리 헌법은 조문에서 정책이라는 표현을 직접 명시하고 있으며, 다수의 법률에도 정책이라는 표현이 명시되고 있음에도[91] 불구하고 교육복지정책이 현실적으로 제대로 실현되지 못하는 원인을 살펴보면 다음과 같다.

교육복지 수혜를 받을 권리의 추상성, 정책을 규범적으로 구체화하는 법정립 단계에서의 넓은 입법재량, 교육복지법 집행 단계에서의 광범위한 행정재량, 기존의 교육관계법령 또는 복지관계법령들의 개연성 부족 등을 들 수 있다. 이것은 각각 병렬적으로 또는 일련의 상호유기적 시스템으로 교육복지의 실현을 저해하는 중대한 장애요인이 되며, 관련정책에 대한 충분한 법적 기반을 확립하지 않는 한 교육복지의 실현은 요원하다고 할 수 있다. 이러한 측면에서 법치행정 및 합법성이 주요 이념인 현대 행정국가에서는 근거 법령

89) 교육복지법 법제화를 위한 심포지엄, 국회의원 임해규 정책자료집, 2008, 13면.

90) 박재윤 · 황준성, 앞의 논문, 71면.

91) 평화적 통일정책(제4조), 노인과 청소년의 복지향상을 위한 정책(제34조 제4항), 주택개발정책(제35조 제3항), 국가안위에 관한 중요정책(제72조), 대외정책, 군사정책, 국내정책(제91조 제1항) 등이 해당한다. 또한 정책이라는 표현은 법률의 명칭과 법조문의 내용으로 나타나고 있다. 법률의 명칭에 정책이라는 표현이 쓰인 예로는 환경정책기본법, 고용정책기본법 등을 들 수 있다.

이 마련되어 있어야 국가 및 지방자치단체가 교육복지 대상자에게 실시하는 일련의 급부, 조치, 지도, 상담, 알선 등의 행정과정에서 성립된 교육복지정책을 현대 법치국가 원리의 토대 위에서 조화롭게 실질적, 절차적으로 실현할 수 있을 것이다.

현대 국가의 특징 중 하나인 행정 국가화 현상은 국가가 복지국가를 지향함에 따른 결과이기도 하며, 행정국가란 현대 국가의 통치이념인 실질적인 법치주의[92]를 내포하고 있고 법치행정[93]을 전제로 한다. 특히 복지행정은 급부행정으로서 연관된 법령이 갖추어져 있어야 능동적으로 관여할 수 있다. 보편적으로 급부행정은 '국가의 급부 활동을 통해 공동체 구성원의 공공이익 추구를 직접적으로 촉진하는 행정작용'을 의미한다.[94] 국가가 복지국가의 이념을 지향하더라도 개별적인 사안에 있어서 복지행정 권한을 행사하기 위해서는 법률적합성의 원칙에[95] 의해 입법적 근거가 마련되어야 한다.

정책이 정책목표와 정책수단을 핵심요소로 하는 정책의 관계를 생각해 볼 때, 법에서 이러한 정책론적 관점을 도입하려는 것은 법에 함축되어 있는 각종 정책적 요소가 소기의 목표를 달성할 수 있도록 함으로써 광범위한 합리성과 공공성을 가질 수 있는데 중요한 목적이 있다고 할 수 있다. 즉 정책과 긴밀한 관련있는 법을 "정책의 표현"이라고 이해한다면, 정책의 법적 의의, 법에 있어 정책적 관점의 도입의 의의는 법의 합리성, 공공성 확보를 통해 법의 민주성을 제고하는 데에 있다고 하겠다. 이처럼 법과 정책은 상호 접근, 융합

92) 인간의 존엄과 가치를 실현하기 위하여 국가작용의 정당성과 합법성의 요구를 의미한다.

93) 법치행정의 원리는 행정권의 자의적 행사나 남용을 방지함으로써 국민의 권리와 자유를 보장하는 것을 말한다.

94) 김남진, "한국에서의 보장국가론과 규제개혁," 「대한민국학술원통신」 제261호, 대한민국학술원, 2015, 2면.

95) 헌법은 법치주의를 기본원리의 하나로 하고 있고 법치주의는 법률유보원칙, 즉 행정작용에는 국회가 제정한 형식적 법률의 근거가 요청된다는 원칙을 핵심적 내용으로 하고 있다. 오늘날 법률유보원칙은 단순히 행정작용이 법률에 근거를 두면 충분한 것이 아니라 국가공동체와 구성원에게 기본적이고 중요한 의미를 갖는 영역, 국민의 기본권실현에 관련된 영역에 있어서는 국민의 대표자인 입법자 스스로 본질적 사항에 대하여 결정하여야 한다는 요구, 즉 의회유보 원칙까지 내포하는 것으로 이해되고 있다(헌재 2016. 7. 28, 2014헌바158).

하는 현상을 보이고 있으며, 정책은 관련 입법, 법의 집행 및 그 적용의 전 과정과 관련되고, 법은 정책의 형성과 집행의 전 과정과 관련되게 된다.[96] 그러나 전술한 바와 같이 교육복지에 관한 단일법이 없고, 기존의 교육 및 복지 관계법령들은 각각 별개로 입안·시행됨으로써 실효성이 저하되고 있으며 충분한 법적 기반을 확보함에 어려움을 겪고 있다.[97] 따라서 우선적으로 입법의 규범적 정당성을 확보하는 측면에서 단일법을 제정하여 학교와 행정기관, 공공기관과 민간기관들의 상호협력 이행과 기관들의 구성과 기능 명시, 원칙과 방안의 구체화, 중앙정부와 도교육청 및 교육지원청의 역할과 대해 명확히 할 필요가 있다고 할 수 있을 것이다.

4) 일관성과 실효성의 부재

21세기 디지털 혁명은 현대 사회에 빠른 속도를 가져왔고 디지털 시대의 도래로 인해 사회는 변화하고 있으며 더불어 교육복지 정책을 실현하는 현장에서 제기되는 문제점[98] 역시 매우 다양하면서도 급격히 빠른 속도로 변화되고 있다. 하지만 사회적인 변화 속도에 적합한 법제 구축은 미흡한 실정이다. 다양한 사안들의 문제가 발생마다 또 다른 후속 법제를 제정하여야 하는 상황이 생기며 교육복지 개념 정립과 내용 및 범주의 유형화 또한 달라지면서 법과 현실 사이에는 지체가 일어난다.

특히 교육복지는 모든 국민들에게 형식적 의미의 교육기회 확대와 아울러 실질적 의미의 교육기회 확대와의 균등을 고려하여 궁극적으로 지식기반 사회 속에서 평생학습 사회에서 자주적으로 학습하여 나갈 수 있는 역량을 갖추는 것이며 국가가 모든 국민들에게 최소한의 역량 함양을 위한 여건을 조성함에도 불구하고 현행 법령체제는 이에는 소홀하면서 형식적인 교육기회 제

96) 임현, "정책과 법의 관계에 대한 모색,"「공법학연구」제15권 제2호, 한국비교공법학회, 2014, 89면.
97) 이상윤, 앞의 보고서(2010년), 94면.
98) 예컨대 체계적이고 효율적인 교육복지 지원을 위해 관련 법률 제정의 필요성, 정책 추진 여건 및 사회적 요구 등에 대한 검토, 교육복지의 의의, 내용, 형식 등의 문제가 제기된다.

공에 상당한 중점을 두고 있다. 특히 교육복지는 국민의 교육과 관련된 최저 기초학력 보장을 추구해야 하지만 현재 기초학력의 보장과 관련되는 규정으로는 기초학력 보장법과[99] 초중등교육법 제28조[100]에서 규정한 학업에 어려움을 겪는 학생에 대한 교육을 위하여 수업일수 및 교육과정 신축 운영 등을 강구하는 것과 같은 법에서 규정하는 제60조의 '대안학교' 관련 규정을 들 수 있을 뿐이다.

아울러 우리나라의 교육복지 관련 법령은 '교육기회의 평등'에 중점을 두고 있는 실정으로 모든 국민에게 최소한의 교육수준을 보장하는 등 '교육 기회·조건·결과의 평등'과는 상이한 형식적 기회균등 중심을 규율이라고 할 수 있다. 교육복지는 본질적으로 교육문제로서 "교육에서의 평등"을 기본적 이념으로 하여, 해당 국가·사회의 여건과 국민의 공감대를 토대로 합리적으로 합의 가능한 수혜 대상들과 수혜 수준을 준거로 교육영역에서의 불평등 및 교육소외를 해소하고 방지하는 국가·사회의 노력이라고 할 수 있다.

그리고 교육복지 거버넌스는[101] 이러한 교육복지의 실현을 위해 학교를 비롯한 다양한 주제들이 연계·협력하는 운영 체제라고 할 수 있다. 관련 법제

99) 기초학력보장법은 학습지원 대상 학생에게 필요한 지원을 함으로써 모든 학생의 기초학력을 보장하여 능력에 따라 교육을 받을 수 있도록 그 기반을 조성하는 것을 목적으로 하며, 2021년 9월 24일에 제정되어 2022년 3월 25일부터 시행되었다. 이 법은 기초학력을 "학생이 대통령령으로 정하는 바에 따라 학교 교육과정을 통하여 갖추어야 하는 최소한의 성취기준을 충족하는 학력"이라고 정의하고 있다. '최소한의 성취기준'은 같은 법 시행령 제2조에서 "국어, 수학 등 교과의 내용을 이해하고 활용하는 데 필요한 읽기·쓰기·셈하기를 포함하는 기초적인 지식, 기능 등"으로 구체화하고 있다. 기초학력에 영향을 미치는 제반요인은 복합적이고 다면적이다. 기초학력지원대상 학생의 거주자 분화에 따른 소득양극화, 부모의 사회경제적 격차로 인한 자녀의 학력 격차 등의 불평등 문제를 충분히 고려하여야 한다. 11개의 조항으로 구성된 기초학력보장법은 센터를 지정/위탁하고, 진단검사를 하고, 종합계획을 세우는 절차를 나열한 법이 과연 모든 국민의 기초학력을 보장할 수 있는 실효성 있는 법령인지에 대한 의구심과 관행적 법임을 부정할 수 없을 것이다. 이는 현행 법령 체제가 형식적인 교육기회 제공에만 중점을 두고 있음을 여실히 드러내는 사례이다.

100) 「초중등교육법」 제28조는 기존 학습부진아 교육에서 학업에 어려움을 겪는 학생에 대한 교육으로 제정되었다.

101) 거버넌스의 핵심은 전통적인 정부 중심의 통치행위를 초월한 시민사회 등 외부조직과의 상호작용을 중시하며 이러한 측면에서 교육복지 거버넌스는 일차적으로 가장 단순하게는 '정부와 민간영역, 시민사회조직이 교육복지를 실현하기 위해 형성하는 상호작용체제'라고 정의할 수 있다(황준성, "교육복지 거버넌스 혁신 방안 연구," 한국교육개발원, 2018, 45면).

를 재정비하여 실효성 및 일관성 있는 정책의 추진이 필요할 것이다. 국가와 교육복지 일선에 있는 다양한 이해관계자들의 독립성이 상호 보완하여 균형을 유지하면 실효성 있는 정책이 형성되고 집행될 수 있을 것이다.

5) 교육복지지원체제 구축

교육복지는 본질적으로 교육문제로서 "교육에서의 평등"을 기본적 이념으로 하여, 해당 국가·사회의 여건과 국민의 공감대를 토대로 합리적으로 합의 가능한 수혜대상들과 수혜 수준을 준거로 교육영역에서의 불평등 및 교육소외를 해소하고 방지하는 국가·사회의 노력이라고 할 수 있다. 또한 교육복지 거버넌스는 이러한 교육복지의 실현을 위해 학교를 비롯한 다양한 주체들이 연계·협력하는 운영 체제라고 할 수 있다. 근래의 교육복지에 관한 관심의 증가와 정책적 노력에도 불구하고 선진국가에 비해서는 그 논의와 실천 정도가 뒤쳐진 것이 사실이다. 즉, 서구 선진국가의 복지 정책은 보호적 관점에서 생활장애의 극복 및 제거 그리고 관리 개념이 담긴 시혜적 '복지(welfare)'를 넘어 상호적인 '사회적 돌봄(social care)' 개념 중심으로 적극적인 변화를 모색하고 있는 반면에 우리의 교육복지 논의와 실천은 아직 이에 미치고 있지 못한 실정이다. 특히 아직까지 시혜적 복지 개념을 크게 넘어서고 있지 못한 우리의 경우에는 교육복지 역시 여타의 복지 분야와 마찬가지로 막대한 재정이 투입되고, 그 과정에서 한정된 재원이라는 한계 속에서 누구를 위하여, 무엇을(얼마만큼을), 어떻게, 어떠한 재원으로 투입할 것인가에 대한 사회적 갈등이[102] 발생하곤 한다.

---

102) 대표적인 예가 보편적 복지론과 선택적 복지론이 대립된 무상급식과 관련된 사회적 갈등이었고 유사한 갈등은 추후에도 충분히 발생할 수 있다. 이것은 교육복지정책의 형성－집행－평가 등 일련의 정책과정에 있어서 효율성과 민주성이 함께 담보될 수 있는 방안과 효과적인 갈등 관리 및 조정을 가능하게 하는 거버넌스가 필요함을 뜻한다. 또한, 교육복지 중요성에 대한 관심이 커지면서 다양한 주체들이 유아·아동·청소년·특수교육대상자·북한이탈주민·외국인근로자·결혼이주민 등 범위를 확대하여 시행하고 있지만 사각지대 발생의 문제, 제한된 집단을 대상으로 한 지원 위주의 사업 방식에 의한 사업의 관행화, 수혜 대상자들에 대한 낙인 효과, 기타 시혜적 관점의 한계 등 여러 가지 문제가 지속적으로 제기되고 있다.

교육복지 정책이 프로그램 중심으로 운영되면서 지원대상과 유기적 연결이 미흡하고 프로그램 중복 등의 문제가 발생되었던 것은 추진 체제와 지원 체제가 통합적·안정적인 구축이 미흡하였기 때문이라 할 수 있다. 교육복지 관련 법제에서 중점적인 논의 및 개선이 필요한 것은 교육복지정책 추진을 위한 행정적 추진 체제 및 지원 체제를 구축하는 것이다. 정부는 교육 소외, 교육부적응, 교육불평등으로 인한 교육격차 현상 해소 및 교육복지정책을 지속적으로 확대 실시하였는데,[103] 지금까지 질적·양적으로 성공적이라고 평가받고 있는 우리나라의 대표적 교육복지 정책사업은 교육복지우선지원사업이라고 할 수 있다.[104][105]

교육복지우선지원사업을 중심으로 현황을 살펴보면 첫째, 교육부는 교육복지의 대상을 소득 기준에 따른 교육급여 수급권자 및 법정 차상위계층 자녀 외에 법정 한부모가족의 자녀, 북한이탈주민 보호자의 자녀, 다문화 가족의 자녀, 특수교육대상자 등 종합적으로 정의하였다.[106] 시·도교육청 공문에는 교육상 지원이 필요하여 사업학교장이 정하는 학생이 포함되고, 이 기준에 해당되는 학생들이 우선지원 대상 학생이다.[107] 최근 일부 지역에서는 교육복지 대상을 교육부 규정에 해당되지 않는 비법정 대상 학생일지라도 교육복지 욕구 필요시 일반 학생까지 대상 범위를 확대하는 등 교육복지 대상의 범위 기준이 지엽적이라 할 수 있다.[108] 각 지방자치단체의 재량에 따라 기준이 상이

---

103) 대표적인 교육복지 정책사업으로 교육복지투자우선지역 지원사업, 방과후학교, wee프로젝트, 다문화가정 지녀 지원사업, 탈북청소년 지원사업 등을 들 수 있다.

104) 교육복지우선지원 사업은 2003년부터 ‘교육복지투자우선지역지원사업’이라는 명칭으로 초반에는 서울과 부산 8개 지역에서 우선 시행되었으며, 2005년 특별시와 광역시 중심으로 확대되었다. 2011년 사업의 법제화로 ‘교육복지우선지원사업’으로 사업 명칭의 변경과 함께 운영 재원이 특별교부금에서 시도교육청의 보통교부금으로 전환되고 운영 주체가 시도교육청으로 바뀌면서 시도의 자율권에 의해 대상 학교가 선정됨에 따라 전국 단위로 급격하게 증가하였다. 2022년에는 전국 3,312개 학교가 교육복지우선지원사업에 참여하여 아동·청소년의 교육복지를 실현하고 있다(한국학교사회복지사협회, 2022 전국 학교사회복지사업 운영현황, 2022).

105) 한국교육개발원, 교육복지사 연수 자료, 2015, 7면.

106) 교육부 훈령 제332호 제3조.

107) 정기섭, “교육복지사의 경험에서 본 교육소외계층 지원사업의 개선과제,” 「교육문화연구」 제23권 제4호, 인하대학교 교육연구소, 2017, 92면.

하여 전국적으로 대상 학생의 범위 확대와 우선순위를 일원화할 필요가 있으며, 사각지대가 발생하지 않도록 대상 범위의 조정이 필요하다. 둘째, 교육복지우선지원사업이 전국적으로 시행하는 사업이지만 예산과 시행과정이 지방자치단체로 이양됨에 따라 지방자치단체의 실정에 맞게 자율적인 운영의 장점이 있지만 전국적으로 일관성 결여로 혼란이 가중될 수 있다. 예컨대 2022년 경상남도 교육복지우선지원사업 기본계획에 따르면 사례관리가 맞춤형 지원에 포함되어 있으나 선택영역으로 지정되어 있고,[109] 2022년 인천 교육복지우선지원사업 기본계획에 따르면 사례관리가 한 영역으로 지정되어 있지만, 맞춤 지원 프로그램이 우선되고 있고 학교 또는 종사자 재량에 따라 선택적이기 때문에 총체적인 접근이 쉽지 않다.[110] 셋째, 아동·청소년과 관련된 교육복지 정책 서비스의 대상과 서비스의 중복적인 문제점은 계속적으로 제기되고 있다. 교육복지우선지원사업이 교육부의 관할임을 고려할 때, 보건복지부, 여성가족부의 유사한 사업들과도 중복이 되지만, 교육부 내에서의 중복도 있다.[111]

교육복지 유관 정책사업들은 정책 개발에서부터 추진 과정 그리고 실적 평가까지 담당 부처 및 부서의 독립적인 판단과 역량으로 이루어지며 중앙정부 수준에서 만들어진 사업은 시도교육청, 교육지원청에서 동일하게 처리되고, 마지막으로 학교현장에서도 부서별로 진행하게 된다. 이 과정에서 타 부서와 소통하고 협의하여 조정하는 작업은 적극적으로 이루어지지 않는다. 상위 기관부터 사업은 제각기 전해져, 현장에서는 주어진 사업을 제각기 수행하고, 개별적으로 요구하는 실적을 도출하여 보고하기에 학교현장에서는 이러한 사업 수행 방식의 유지는 학교에서의 실효성 있는 통합적 사업 운영에 요원할

108) 경상남도교육청, 2022 교육복지우선지원사업 기본계획, 경상남도교육청 교육복지과, 2022.

109) 지역사회 연계가 필수영역으로 지정된 것과 비교하면 사례관리가 선택영역으로 지정된 것은 받아들이기 어렵다.

110) 인천광역시 교육청, 2022 교육복지우선지원사업 기본계획, 인천광역시교육청 정책기획조정관, 2022.

111) 조미솔, “교육복지우선지원사업의 개선방안에 대한 질적 사례연구,” 「학습자중심교과교육연구」 제23권 14호, 학습자중심교과교육학회, 2023, 289면.

것이다. 교육복지 정책을 통합적으로 지원할 수 있는 체제를 구축하기 위해서는 교육부, 시도교육청, 교육지원청, 학교 등 모든 수준을 고려하여 만들어져야 한다.112) 특히 교육복지 관련 법에는 교육복지와 관련하여 중앙정부와 지방의 책임과 역할의 명시 및 교육복지재정의 안정성 확보 방안에 대한 내용도 포함되어 관련 법적 토대를 마련한다면 필요한 교육복지정책들이 지원체체를 중심으로 계획되고 추진될 수 있을 것이다.

인구절벽, 초고령화, 소외와 자살, 갈등과 혐오의 중첩으로 인한 폭력, 격차, 양극화, 교권침해, 학교폭력 등 흔하게 직간접적으로 노출될 수 있는 교육복지의 타이틀이다. 너무나도 암울한 미래가 다가오는 듯하다. 퇴행적이고 산발적인 법제와 정책은 이러한 미래에 대응할 수 없다. 근본적인 변화를 도모해야 하며 이는 필연적인 시대적 과제이기도 하다. 그 중심에 교육복지 지원체제의 구축이 있으며 궁극적으로 사회 구성원들을 미래로 나아가게 하는 비전이자 동력이 될 것이다.

6) 유사법안의 산재

전술한 바와 같이 현재 교육기본법에서도 교육복지와 관련된 조항들이 상호 간의 유기체적 관련성 없이 규정되어 있으며 유아교육법, 학교폭력 예방 및 대책에 관한 법률, 학교보건법, 학교급식법 등이 유기적 관련성이 결여된 채 산발적으로 존재하고 있다. 이러한 유사법안의 산재는 법 체제의 복잡성과 법적용의 혼란을 야기하여 궁극적으로 법의 효율성을 저하시키는 요인이 될 수 있다.113)

대표적인 예로 도시와 농어촌 간의 교육격차 관계 법령을 살펴보더라도, 도시와 농어촌 교육격차 해소와 관련한 법제는 「헌법」 제31조와 「교육기본법」 제4조 제2항의 근거에 따라 1967년에 제정된 도서·벽지 교육진흥법은 도서·

112) 이혜영, 교육복지 통합적 지원체제 구축 방안 연구, 한국교육개발원, 2011, 191면.
113) 황준성, 앞의 논문(2008년), 73면.

벽지 등 농촌지역의 아이들이 좋은 교육을 받을 수 있도록 돕는 법이다. 2003년에 통과된 「농어업인의 삶의 질 법」이라는 또 다른 법률도 농촌 지역의 교육 개선에 도움이 된다. 이러한 법률에는 해당 지역의 학교가 좋은 일을 하고 있는지 확인하기 위한 규칙과(도서벽지교육진흥법[114]) 지침을(농어업인 삶의 질 향상 및 농어촌지역 개발촉진에 관한 특별법을[115])두고 있다. 농어촌 학생의 교육 및 복지 지원, 농어촌 교직원의 채용·배치 및 우대사항, 농어촌 학교의 운영 및 시설 등의 지원, 농어촌지역의 교육 발전 및 균형발전 등을 위한 관련 규정이 각 법령에 분산되어 있음을 확인할 수 있다.

교육복지법의 제정에서 고려되어야 할 점은 유사 법안들을 통합하고 근거가 되는 법령을 체계적으로 정비하여 교육복지에 관한 기본원칙, 기본사항, 집행력있는 규정내용을 담아 통합법의 성격을 가져야 할 것이다. 교육복지는 다양한 관점에서 접근해야 하며 대상이나 지원내용을 세심하게 고려해야 한다. 특히, 여러 부처와 이해관계 집단의 협력과 소통이 필요하며, 교육부, 보건보지부, 인사혁신처, 농수산부, 여성가족부 등 교육복지의 대상과 지원대상이 광범위한 만큼 이해관계 또한 얽혀져 있다. 관련 법령들도 흩어져 있고, 중첩되어 있기에 사각지대가 발생하게 된다.

114) 1967년 제정된 「도서벽지교육진흥법」은 농어촌 교육을 진흥하기 위한 법률의 시초로 도서·벽지의 의무교육 진흥을 규명하고 있다.

115) 2003년 제정된 「농어업인삶의질법」은 농어촌 교육여건의 개선에 대한 국가와 지방자치단체의 책무를 명시하고 있으며 「초중등교육법 시행령」, 「교육공무원법 및 동법시행령」, 「교육공무원 승진규정」, 「학교급식법 및 동법시행령」, 「농어업·농어촌 및 식품산업기본법」, 2016년 5월에 제정된 「공교육 정상화 촉진 및 선행교육 규제에 관한 특별법」등이 있다.

Ⅳ. ▶▶ 국회 교육복지 관련 법의 제정안의 검토

1. 교육복지투자 우선 지역 지원법안

1) 의 의

교육복지 관련 법안이 국회에 가정 먼저 발의된 것은 제17대 국회의 '교육복지투자 우선 지역 지원법안'이다. 이 법안은 "도시 저소득지역 학생들의 교육복지를 통합적인 수준으로 상향하기 위하여 실시하고 있는 교육복지투자 우선 지역 지원사업의 지속적이고 안정적인 진행"을 위한 법적 근거를 마련하고자 발의되었다.

이 법안에서는 '교육복지'를 학생들의 학습 능력 향상과 정서적·신체적 발달에 긍정적인 도움을 주는 내용으로 하는 사회복지로 정의하였으며, 교육복지투자 우선 지역으로 지정된 지역의 학생들로 한정하였다.

'교육복지투자 우선 지역'은 문화적 및 교육적 환경이 열등한 도시지역으로 교육인적자원부 장관이 지정한 지역이며, '교육복지투자 우선지역 지원'을 본 사업에 지정된 지역 학생들의 교육복지 촉진을 위한 재정적·행정적 지원이라고 정의하고 있다.

주요 내용은 교육복지 증진을 위하여 국가 및 지방자치단체의 책무 규정, 교육복지투자 우선 지역의 행정적·재정적 지원을 안정적으로 추진하기 위하여 당해 지역 지방자치단체장에게 책무 부여, 정책 지원에 대한 계획 수립 방안및 평가 등을 위한 위원회 설립, 정책의 원만한 진행 등을 위하여 해당 교육청에 사업전담부서 설치를 규정, 사업 평가결과에 따라 지정 해제 및 축소 권한을 부여하고 있다.[116] 하지만 교육복지투자 우선 지역 사업만을 대상으로 하는 제한으로 인해 법안 제정의 공감대 형성에 한계가 있었고, 당시 교육복

116) 이인영 의원 대표발의 교육복지투자 우선 지역 지원법안 의안원문, 2005.

지기본법안 제정이 논의되고 있는 상황에서 교육복지 법안과의 연계성 등의 문제점이 지적되었다.[117)]

2. 교육복지법안

1) 이인영 의원 대표발의안

2006년 11월 10일 이인영 의원 등 22인이 교육복지법안을 발의하였으나, 2008년 5월 29일 회기 종료로 폐기되었다.

법안의 배경은 사회적 격차가 야기되어 계층 및 지역간 교육격차가 강화되고, 다문화 계층의 확대로 교육 소외계층 증가 및 교육 불평등의 심화 문제에 적극적으로 대처하기 위한 대책을 마련하고 있으나 정책집행의 실효성을 확보하지 못하고 정책추진의 일관성을 지적하였다. 이에 교육복지정책의 통합적 추진을 위한 법률을 제정함으로써 국가와 지방자치단체의 책무를 명확히 규정하고, 교육여건 격차를 해소하여 국민에게 총체적이고 체계적인 교육복지 정책을 부여하고자 발의되었다.[118)]

법안의 내용을 살펴보면, '교육복지'를 교육격차, 교육여건, 교육 소외 및 교육 부적응 현상 등을 해소하고 전 국민을 상대로 교육 효과, 교육과정, 교육기회 확대에 도달하는 교육의 수준을 향상하여 최종적으로 개인의 자아를 실현시킬 수 있도록 교육여건·환경을 개선하는 교육서비스와 제도로 정의하고 '교육 소외,' '학교 부적응,' '교육여건 불평등,' '교육격차,' '저소득층'의 개념을 정의하였다. 국가 및 지방자치단체의 책무에 대해 명시하고 있고, 교육격차·교육여건 등의 실태조사, 국가교육복지 종합계획 수립·시행, 5년마다 지역교육복지종합계획 수립·시행, 국가교육복지위원회와 시·도 교육복지위원회 설치·운영, 교육복지지원센터 설치·운영에 대해 규정하고 있다. 주요 대상으로

117) 이인영 의원 대표발의 교육복지투자 우선 지역 지원법안 검토보고.
118) 이인영 의원 대표발의 교육복지법안 의안원문, 2006.

저소득층·장애학생·외국인자녀에 대한 교육기회 확대, 학업중단 학생 등에 대한 지원, 교육복지투자우선지역에 대한 행·재정적 지원, 낙후지역 및 농산어촌 교육여건의 개선방안에 대하여 구체화하였다.

2) 권영진 의원 대표발의안

2008년 11월 14일 권영진 의원 등 68인이 발의하였고 국회 임시회와 법안심사소위를 거쳐 2009년 2월 20일에 상정되었으나, 2012년 5월 29일 회기 종료로 폐기되었다. 이 법안의 배경은 사회·경제적 격차 심화로 인하여 교육기회의 불평등 정도가 심해지고 있으며 교육기회의 차이는 지역간·계층간 교육격차라는 결과를 낳게 됨으로써, 빈부가 대물림되고 있는 사회적 우려를 지적하였다. 이에 국가와 지방자치단체의 본격적인 도움을 통해 교육의 과정 및 기회, 최종적인 결과에서 예견되는 교육차이를 극복하고 모든 국민이 경제적·사회적인 형편과 무관하게 자신의 능력과 의지만 있으면 교육을 받을 수 있도록 하여 국민의 교육복지 증진을 도모하고자 법안이 제안되었다.

법안의 내용을 살펴보면, '교육복지'의 정의를 교육의 과정·기회·결과 등에서 발생하는 교육격차 해소를 위하여 교육환경을 극복함으로써 모든 국민의 수학권을 보장하는 것으로 정의하였고 '교육격차'란 사회적·경제적·문화적 요인으로 발생하는 지역·개인·집단 간의 학업성취·교육기회·교육과정 등의 차이라고 정의하였다. 국가 및 지방자치단체의 책무를 명시하였고, 5년마다 교육복지기본계획 수립·시행, 교육복지 시책 심의를 위한 중앙과 지역단위 교육복지위원회 설치, 주기적인 교육실태 조사실시, 교육격차 해소 우선학교 지정과 지원, 다문화가족을 고려하려 교육격차 해소 우선학교 대한 행·재정적 지원, 교육복지투자 우선 지역 지정과 지원, 교육과학기술부장관은 교육격차 해소 우선 학교 지원 정책, 이주배경 학생에 대한 정책, 교육복지 우선지원 사업을 「지방교육재정교부금법」에 따라 측정 항목에 반영하여야 함을 규정하였다.119)

3) 소 결

앞에서 제17대와 제18대 국회에서 발의된 교육복지법안을 살펴보았다. 두 법안의 공통부분은 교육복지정책의 수립과 시행을 위해 국가와 지방자치단체의 적극적인 책무 규정과 교육복지정책 기본계획 수립 및 구체적인 지원체계이다. 이에 반하여 이인영 의원의 발의안은 교육복지지원센터의 설치 및 운영에 관한 규정을 구체화하였고[120], 장애 학생 및 저소득층 학생에 대한 평등한 교육기회 보장, 외국인 자녀와 학업중단 학생에 대한 지원, 교육복지투자 우선지역 선정, 농산어촌 교육여건 개선을 제안하였다.[121] 권영진 의원은 교육격차 해소 우선 학교 및 교육복지투자 우선 지역을 선정하는 방식으로 주요 대상선정과 차별화를 두었고, 지방교육재정교부금법에 따른 재정지원 방안을 구체화하였다. 검토 보고서에 의하면, 앞서 교육격차 해소 법안 검토에서 지적된 부분으로 교육격차 해소·교육복지 투자우선지역지원·교육 불평등과 같은 사업 중심으로 제정되는 방안 등은 세부적 논의가 필요함을 지적하였다.[122] 이는 교육복지 관련 법안이 개별법으로 제정되어 있고, 특정 사업 중심[123] 법안들과의 관련에 대한 논의가 필요하며, 산발적으로 시행되고 있는 정책들과의 연계를 부정할 수 없음을 알 수 있다.

따라서 교육복지의 목적에 부합한 실효성 있는 정책을 위하여 추진체계 및 국가와 지방자치단체, 부처별 협의와 조정의 명시적인 논의가 필요하며, 법적 기반 마련의 노력이 필요하다. 제17대와 제18대 국회에서 발의된 교육복지법안은 정부에서 추진되었던 교육복지와 관련된 개별 정책을 단일법안으로 발의하였다는 데에 의의를 둘 수 있을 것이다.

---

119) 권영진 의원 대표발의 교육복지법안 의안원문, 2008.
120) 이인영 의원 의안원문 제12조.
121) 이인영 의원 의안원문 제14-제17조.
122) 신희정, 앞의 논문(2013), 99면.
123) 교육격차 해소, 교육복지 투자우선지역 지원, 교육 불평등 해소

3. 교육격차 해소를 위한 법안

1) 이주호 의원 대표발의안

2005년 8월 29일 이주호 의원 등 23인이 「교육격차해소를 위한 법안」을 발의하였으나 2008년 5월 20일에 회기 종료로 폐기되었다. 법안 제안의 배경은 교육환경을 개선하여 교육의 형평성을 위한 정책적 노력에도 불구하고 취약계층·낙후지역 학생들의 학업성취 저조 및 지역별, 학교별, 계층별 교육격차는 여전히 심한 것으로 지적하였다. 이에 학업성취도를 평가하고 교육과 관련된 환경의 실태를 주기적으로 점검하고 공개하여 저학력·저소득 학생들의 학업성취도 도달에 대한 점검과 교내 특기적성교육 우선 기회 지원과 지역 실정에 부합하는 정책을 실시 할 수 있도록 교육지원청 및 학교의 자율성을 신장하고 책무성을 강화하고자 제안되었다.

법안의 내용을 살펴보면, 이 법안의 목적은 학습권과 교육의 기회균등을 보장하여 주기적으로 취약계층 및 학력 저하 학생들이 많은 학교에 대한 지원을 강화하는 동시에 학교운영의 자율권 확대 및 감독기관 책무성의 강화로 교육격차를 해소하는 데에 있다. 교육격차, 교육여건, 취약계층, 우선지원학교 등의 개념에 대하여 정의하였다. 국가 및 지방자치단체의 책무에 대해 명시하고 있으며, 교육격차 실태조사 및 공개, 교육격차 해소위원회 설치 및 운영, 위원회 구성에 대해 규정하고 지역교육발전위원회를 두도록 하였다. 재정지원 시 낙후된 지역에 대한 우선 지원, 교육격차 해소를 위한 전담 인력 배치 등의 행정지원, 학교장의 책무 명시, 우수학교에 대한 자율성 확대, 교육부장관은 교육격차해소 관련 사업 성과를 매년 국회에 보고하도록 규정하였다.[124)]

2) 이인영 의원 대표발의안

2006년 2월 21일 이인영 의원 등 27인이 「교육격차 해소법안」을 발의하였

124) 이주호 의원 의안원문, 2005.

고, 2008년 5월 29일 회기 종료로 폐기되었다.

법안 제안의 배경은 교육을 받을 권리는 인간으로서 누려야 할 당연한 권리로 국가 및 지방자치단체의 책무에 대한 강조는 지나치지 아니할 것이며 이에 중앙정부와 지방자치단체는 교육을 받을 권리(헌법상 기본권) 등을 확보하기 위하여 교육경비 보조, 다양한 교육정책이 입안·시행하고 있으나, 지방자치단체의 정책입안자의 의지 결여 및 재정자립도 약화 등으로 지역 간, 계층 간 교육 불균형이 강화되고 있으며, 경제적인 격차에 따라 저소득층 가정의 학생들이 교육기회를 침해받는 상황임을 지적하였다. 이에 적극적인 수학권을 위하여 기회의 형평성 등을 실현할 수 있는 법적, 제도적 장치를 마련하여 지역·계층 간 교육격차를 해소하고 실질적 교육복지 확충에 이바지하고자 법안을 제정하였다.

법안의 내용을 살펴보면, 지역적, 개인적, 가정적, 경제 및 사회적 요인 등으로 발생하는 교육격차를 해소하기 위한 사항을 규정하여 모든 국민의 삶의 질 향상과 국가의 성장 동력 강화에 이바지함을 목적으로 밝혔다. 교육격차, 교육여건, 차상위계층, 저학년 집중 지원 사업에 대한 용어 정의, 교육격차 해소와 지방자치단체 간 교육비특별회계 격차 해소를 위한 재원 확보의 책무 명시, 교육격차해소 대책 중앙위원회와 교육격차 해소 지역위원회 설치·운영과 심의사항 명시하였다. 5년마다 교육격차 해소 기본계획의 수립과 연도별 시행하도록 명시하였고 교육격차가 발생한 지역에 대하여 교육격차 해소 및 예방대책 수립·시행, 학교 간 교육격차 해소를 위한 행·재정적 지원대책 수립 및 시행, 저학년 집중지원사업 지원 명시, 교육격차 해소 연구센터를 설치·운영하도록 규정하였다.[125)]

3) 임해규 의원 대표발의안

2008년 12월 5일 임해규 의원 등 10인이 「교육격차 해소법안」을 발의하여

125) 이인영 의원 교육격차해소법안 의안원문, 2006.

2009년 3월 11일 상정되었으며, 2012년 5월 29일 회기 종료로 폐기되었다.

법안 제정의 배경은 헌법 제31조 조항을 비롯하여 교육에 관한 권리가 명시되어 있고 중앙정부 및 지방자치단체는 헌법에 부여된 교육을 받을 권리 보장을 위하여 법령에 의거 교육에 필요한 바용을 보조하거나 '기초학력미달 제로 플랜', '교육투자 우선 지원 사업', 등 적합한 교육정책을 시행함에도 지방자치단체의 정책입안자의 의지 결여 및 재정자립도 불안의 요인 등으로 교육 불균형이 심화되고 있으며, 저소득층 자녀의 교육기회가 침해되는 상황임을 언급하였다. 또한 소득 격차로 인한 교육취약계층의 범주에는 교육소외 및 학습 부적응자를 포괄하여 교육의 결손집단도 포함되어야 하며 이주 배경 가정의 확대 등으로 교육 소외 학생이 증가하고 있어 이에 대한 지원근거가 필요함을 강조하였다. 따라서 취약계층의 균등한 교육기회 확대를 위하여 국가와 지방자치단체의 책무를 분명히 하고 교육의 투자가 필요한 우선 지역 지원사업 등을 통해 교육소외자에 대한 적극적인 지원을 위한 국가와 지방자치단체의 지원 근거를 마련하고자 제안하였다.

법안의 내용을 살펴보면, 이 법안은 교육격차를 해소하기 위한 필요적 사항을 기재하고 국가와 지방자치단체의 책임과 역할을 분명히 하여 궁극적으로 모든 국민의 교육복지 함양 이바지함을 목적으로 한다고 밝혔다. '교육격차'란 학생들의 학업성취를 포함하여 교육프로그램의 운영, 교육과정, 교육여건 등에서 각 지역의 문화적·사회적·경제적 원인으로 인한 지역간, 학생간, 학교간의 차이라고 정의하였고, '취약계층,'[126] '학습부진아,'[127] '신소외계층'[128] 등 관련 용어들을 정의하였다. 국가 및 지방자치단체는 교육격차 해소를 위해 필요한 시책을 마련·시행하고 재정을 마련하도록 하였으며, 교육격차해소중앙위원회·교육격차 해소지역위원회 설치·운영에 대한 규정, 5년마다 교육격차해소종합계획 수립을 명시하였다. 교육투자우선지역 지원 사업, 학교부적응 학생 지원,

126) 「국민기초생활 보장법」에 따른 수급권자 및 차상위계층을 말한다.
127) 학년 교과 교육과정에 제시된 최소 수준의 목표에 도달하지 못한 학생을 말한다.
128) 북한이탈주민, 다문화가족 자녀 등 사회적으로 취약한 계층을 말한다.

학습부진아 학생을 지원하기 위한 시책을 마련하도록 하였고, 해당 교육감이 실적을 보고하고 국가 및 지방자치단체는 이 사업에 필요한 재정을 분담하도록 규정하였다.[129)]

4) 전재수 의원 대표발의안

2016년 8월 2일 전재수 의원 등 21인이 「교육격차 해소를 위한 법률안」을 발의하였고, 같은 해 11월 16일 교육문화체육관광위원회에 회부되었으나 2020년 5월 29일 회기종료로 폐기되었다.

법안 제정의 배경은 「헌법」 제31조 및 「교육기본법」 제4조 제2항에 따라 국민은 능력에 따라 균등하게 교육을 받을 권리가 있고 국가와 지방자치단체는 학생이 공평하게 교육을 받을 수 있도록 교원 수급의 불균형 해소 등 교육여건 격차를 최소화하는 시책을 마련하여야 시행하도록 명시하고 있다. 그러나 사회가 복잡·다양해지고 경제적 격차 심화에 따른 교육기회의 불평등 정도가 심해지고 있으며, 교육격차의 문제로 인해 빈부가 대물림되는 초래되고 있는 상황이다. 이에 교육격차 해소를 위해 필요한 시책을 국가 및 지방자치단체가 주도적으로 추진하도록 책무를 부여하는 등 교육격차 해소를 위한 법률을 제정함으로써 균등한 교육을 받을 권리를 충실히 실현하고 국민의 행복증진에 이바지하고자 법안을 제안하였다.

법안의 내용을 살펴보면, 이 법안은 지역·학교·학생 간의 교육격차를 해소하기 위해 필요한 사항을 규정함으로써 학생의 평등한 교육권을 보장하고 교육의 균형발전과 국민의 행복 증진이 법제정의 목적이라고 명시하고 있다. '교육격차,'[130)] '학교'[131)]의 정의 규정, 국가와 지방자치단체의 책무 명시, 5년마다 기본계획 수립, 교육부장관과 중앙행정기관장의 매년 교육격차 해소를

129) 임해규 의원 대표발의 교육격차 해소를 위한 법률안 의안원문, 2008.

130) 사회적·경제적·지역적 요인 등 교육여건의 차이로 발생하는 지역·학교·학생 간의 교육기회, 교육과정, 학업성취 등의 차이를 말한다.

131) 「초중등교육법」 제2조에 따른 학교를 말한다.

위한 기본계획 수립·시행, 교육격차위원회 심의 규정을 명시하였다.

교육부장관은 교육격차 및 교육여건의 실태를 조사하여 기초자료로 활용하여야 하며, 교육격차가 발생한 지역을 교육격차 해소지구로 지정하도록 하고 있다. 교육부장관의 지역 간 교육격차 해소 대책 수립·시행, 교육감의 학교 간 교육격차 해소 계획 수립·시행, 우선학교의 장의 의무 등 교육격차 해소를 위한 지원정책을 제시하고 있다. 지방자치단체는 교육비특별회계를 편성할 때 교육격차 해소지구 및 우선학교의 교육격차 해소를 위한 제정 수요를 반영하도록 하고 있다. 교육부장관은 교육격차 해소와 관련된 사업을 효율적으로 수행하기 위하여 교육평등연구센터를 설립거나 지정할 수 있음을 규정하였다.[132)]

5) 송기석 의원 대표발의안

2017년 11월 2일 송기석 의원 등 18인은「교육격차 해소를 위한 법률안」을 발의하였고, 2018년 3월 19일에 상정되었으나 2020년 5월 29일 회기 종료로 폐기되었다.

법안 제정의 배경은「헌법」제31조에서 교육의 기회균등을 규정하고 있고,「교육기본법」제4조 제3항에서는 학습자가 공평하게 교육을 받을 수 있도록 지역 간 교육여건 격차를 최소화하는 시책을 마련하는 국가와 지방자치단체의 책무성을 명시하고 있다. 하지만 사회적·경제적·지역적 요인에 따라 지역 간, 학교 간, 학생 간 교육 기회나 여건에 격차가 발생하고 있고, 교육격차가 사회적·경제적 지위의 차이로 귀결되는 상황이 발생되고 있음을 지적하였다. 이에 국가의 균형발전에 도모하고, 학생이 능력에 따라 균등하게 교육을 받을 권리를 보장하고자 교육격차 해소를 위하여 필요한 시책을 강구하고자 법안을 제정하였다.

법안의 내용을 살펴보면, 먼저 이 법안의 목적은 지역 간, 학교 간, 학생

132) 전재수 의원 대표발의 교육격차 해소를 위한 법률안 의안원문, 2016.

간의 교육격차 해소를 위해 필요한 사항을 규정하여 교육의 균형발전에 도모하고 학생이 가진 능력에 따라 균등하게 교육을 받을 권리를 보장하는 것을 목적으로 한다고 밝혔다. 이어 '교육격차', '학교' 등 관련 용어들을 정의하고 있고, 국가 및 지방자치단체는 교육격차 해소를 위해 필요한 시책을 수립·시행하고 필요한 재정을 마련토록 하였으며 교육부장관의 교육격차 실태조사와 실태조사 시 관계기관의 협조에 대해 규정하였다. 교육부장관의 자문에 응하기 위하여 교육부에 교육격차해소자문위원회의 설치·운영에 관한 사항과, 교육격차의 해소를 위하여 교육격차해소센터의 설치·운영에 대해 규정하였다.[133]

6) 소 결

앞에서 제17대에서 제20대 국회에까지 제안된 「교육격차 해소 법안」을 검토하였다. 「교육격차 해소 법안」의 특징을 요약하면, 이주호 의원이 대표 발의한 법안에는 교육부장관이 주기적으로 교육격차 실태조사 규정, 중앙과 지역의 위원회 설치·운영 규정, 학교장과 교육감의 행·재정 재량권 등을 규정하였다. 이에 따라 지역의 여건에 적합한 교육복지 정책을 확립할 수 있도록 교육지원청 및 학교의 자율성과 책무성 부여를 강조하였다. 하지만 교육격차 실태조사 및 공개, 교육격차 위원회의 설치·운영, 지역교육발전위원회의 역할, 지역적 특성을 고려한 재정지원 및 운용에 대한 논의가 필요한 것으로 검토되었다.[134]

이인영 의원이 대표 발의한 법안의 목적과 취지는 이주호 의원이 발의한 법안과 유사하였고, 교육격차해소대책중앙위원회를 국무총리 소속 하에 두는 것은 법 제정의 목적 취지로 볼 수 있지만, 교육인적자원부가 교육관련 정책에 관한 역할이라는 검토 의견이 있었다. 지역 간 교육격차 해소에도 시·도지사가 교육

133) 송기석 의원 교육격차 해소를 위한 법률안 의안원문, 2017.
134) 이주호 의원 교육격차 해소를 위한 법률안 검토보고서, 2005.

격차 발생지역을 선정하도록 한 점 등은 신중한 논의가 필요한 것으로 검토되었다.[135]

임해규 의원이 발의한 법안도 목적·취지·계획 수립과 위원회 설치·운영에 관한 규정 등은 두 법안과 유사하지만, 대상적용에 있어서 학교에 적응하지 못하는 교육소외 학생까지 포괄하며 이들을 위한 탄력적 지원 정책에 대한 법적 근거를 마련하고 있다는 점에서 차이가 있다. 그러나 교육격차 해소 중앙위원회를 자문기구로 두었고 교육격차위원회 설치의 주체를 시·도에 명시한 점 등은 재논의를 요하는 것으로 검토되었다.[136]

전재수 의원이 발의한 법안에서는 교육격차 해소 재정지원에 대한 국가와 지방자치단체의 책무에 대한 규정과, 교육격차 해소 지구 지정, 교육비 특별회계 편성 시 교육격차 해소 재정 수요 반영 등을 규정하고 있었다. 이에 따라 필요한 시책을 국가나 지방자치단체가 주도적으로 추진하도록 책무를 부여해야 한다는 점을 강조하고 있었다. 하지만 교육격차 해소 정책을 별도로 추진하는 것은 기존사업과 중복 가능성 예견, 교육격차 해소 중앙위원회 규정은 유사한 기능을 수행하는 기존 정부 위원회가 설치되어 있기에 위원회 역할 간 중복가능성 우려, 주기적 교육격차 실태조사 후 관련 지수 활용 시 학교 서열화 등 사회적 부작용 우려, 교육격차 해소 지구 및 우선학교 지정은 해당학교의 낙인화와 역차별 문제가 발생 되기에 신중한 논의가 필요한 것으로 검토되었다.[137]

송기석 의원이 발의한 목적과 취지는 전재수 의원의 발의 법안과 유사하나, 국가의 책무와 이를 뒷받침할 수 있는 교육부 소속 교육격차 해소 자문위원회 설치 및 운영을 규정함으로써 상대적으로 교육부의 역할을 강조하였다는 점에서 차이가 있다. 하지만 이 안 제4조 제3항 시·도교육감만 시행계획 수립·시행에 관해 교육부와 시·도사도 관련 정책의 수립·시행의 필요성, 추진실적에

135) 이인영 의원 교육격차해소법안 검토보고서, 2006.
136) 임해규 의원 교육격차해소법안 검토보고서, 2009.
137) 전재수 의원 교육격차 해소를 위한 법률안 검토보고서, 2016.

대한 점검 및 평가 관련 규정 추가 고려 필요성, '교육과정정상화심의원회'는 선행학습 유발 행위 규제 사항 심의 기구로 교육복지정책 전반에 대한 자문기구의 활용은 어려워 별도의 위원회 설치가 필요한 것으로 검토되었다.[138)]

「교육격차 해소 법안」들은 교육환경과 지역·여건의 차이로 인한 교육격차의 해소라는 법안 목적을 공유하고 궁극적으로 교육복지의 목표와 취지를 표방하였다. 빈곤의 대물림, 사회적 양극화, 지역·환경 개선에 대한 법적 근거를 마려하고자 하였으나, 모두 법으로서 제정에 이르지 못하였지만, 사회적으로 교육격차 해소에 대한 논의를 통해 탄력적인 학교교육 운영과 적절한 서비스 및 프로그램 제공에 대한 법적 근거 자료가 되거나 대안으로 반영되었다는 점에 의의를 둘 수 있다.[139)]

표 11 교육격차 해소법안

회기	법안명	지원내용	검토
17대 (이주호 발의 2005.8.29.)	교육격차 해소를 위한 법안	• 중앙과 지역의 위원회 설치 및 운영 규정 • 학교장·교육감의 행·재정 재량권 강화 • 학교 및 교육행정기관 자율성과 책무성 부여 강조	• 교육격차 실태조사, 중앙과 지역의 위원회 설치·운영, 지역교육발전위원회 역할, 지역적 특성을 고려한 재정 지원 및 운용에 대한 논의 필요
17대 (이인영 발의 2006.2.21.)	교육격차 해소 법안	• 교육비특별회계 재원확보의 책무, 중앙위원회와 지역위원회 설치·운영과 심의사항 명시	• 지역 간 교육격차 해소에 시·도지사의 교육격차 발생 지역 지역 선정에 대한 논의 필요
18대 (임해규 발의 2008.12.5.)	교육격차 해소 법안	• 학교 부적응 학생 및 교육 소외 학생까지 포괄한 탄력적 지원 정책에 대한 법적 근거 마련	• 교육격차 해소 중앙위원회를 자문기구로 두고 교육격차위원회 설치 주체를 시·도에 명시한 점에 대한 재논의 필요

138) 송기석 의원 교육격차 해소를 위한 법률안 검토보고서, 2018.
139) 신희정, 앞의 논문(2013), 97면.

20대 (전재수 발의 2016.8.2.)	교육격차 해소를 위한 법률안	• 교육격차 해소 재정지원에 대한 책무 규정 • 교육격차 해소 지구 지정 • 교육비 특별회계 편성 시 재정 수요 반영 • 필요 시책은 국가나 지방자치단체가 주도적 추진 책무성 부여	• 교육격차 해소 별도 추진에 대한 기존사업과 중복, 위원회 역할 간 중복 가능성 • 교육격차 실태조사 지수 활용 시 학교 서열화 등 사회적 부작용, 우선 학교 지정에 대한 낙인화와 역차별 문제 예상에 대한 신중한 논의 필요
20대 (송기석 발의 2017.11.2.)	교육격차 해소를 위한 법률안	• 국가의 책무를 위한 교육부 소속 교육격차 해소 자문위원회 설치 및 운영 규정(상대적으로 교육부 역할 강조)	• 추진 실적에 대한 점검 및 평가 관련 규정 추가 고려 필요성 • 교육과정 정상화 심의위원회의 자문기구는 어려워(선행학습 유발) 별도의 위원회 설치가 필요
시사점	교육격차 해소 법안들은 교육격차 해소라는 법안 목적을 공유하고 교육복지의 목표와 취지를 표방하여 법적 근거를 마련하고자 하였으나 제정에 이르지 못함. 한편으로 사회적으로 교육격차 해소에 대한 논의로 탄력적 학교교육 운영 및 교육복지 서비스 및 프로그램 제공에 대한 법적 근거 자료와 대안으로 반영됨에 의의가 있음.		

4. 학교사회복지법안

1) 이주영 의원 대표발의안

2010년 2월 4일 이주영 의원 등 10인은 「학교사회복지법안」을 발의하였고, 2011년 4월 14일에 상정되었으며, 2012년 5월 29일 회기 종료로 폐기되었다.

법안 제정의 배경은 1997년 경제위기 이후 빈곤과 실업 등의 증가로 인하여 부모의 양육능력, 가족응집력 등 가족관계 약화·해체로 학령기 아동의 결식, 기초학력 저하, 학습부진, 학교폭력, 가출, 자살 등 복잡·다양한 문제가 급증하고 있다. 「교육기본법」 제27조에서 학생들의 건강과 복지증진을 위한 국가 및 지방자치단체의 책임을 규정하고 있음에도 이에 관한 법적 뒷받침이 미흡하고, 「초중등교육법」에는 교장, 교감, 교사, 직원 외 다른 전문인력을 둘 수 없게 되어 있어 사회복지사가 학교내 상주하여 교육복지 활동을 할 수 있는 법적 근거가 없음을 지적한다. 이에 통합적인 학교사회복지 서비스의 필요성을 고려하여 학교, 가정, 지역사회 간의 유기적 협력관계를 구축하여 교육환경을 개선·회복시키고 학생의 권리를 증진할 수 있는 제도적 기반의 마련을 위해 법안을 제안하였다.

법안의 내용은 학생의 인권과 복지를 증진하기 위하여 학교, 가정 및 지역사회 등의 책임을 규정하고 학교사회복지전문인력의 배치 등에 사항을 정함을 목적으로 밝혔다. '학교', '학교사회복지[140],' '학교사회복지전문인력'[141]에 대한 용어를 정의하였고, 국가와 지방자치단체의 책무 명시, 교육감의 학교사회복지시행계획 수립·시행, 학교사회복지 심의를 위한 중앙학교사회복지위원회 및 지역학교사회복지위원회 구성을 명시하였다. 학교사회복지사업 실시학교 지정, 실시학교에 대한 지원, 실시학교장의 책무, 학교사회복지서비스 제공을 규정하였다. 학교사회복지사업 추진을 위하여 학교사회복지위원회을 두도록 하였고, 학교에 학교사회복지전문인력의 배치, 학교사회복지전문인력의 업무 수행, 지방교육재정교부금법에 따른 기준재정수요을 사업에 반영하도록 명시하였다.[142]

2) 김세연 의원 대표발의안

2012년 10월 16일 김세연 의원 등 10인이 학교사회복지법안을 발의하였고, 2012년 11월 19일 상정되었으며, 2016년 5월 29일 회기 종료로 폐기되었다.

법안 제정의 배경으로 경제위기로 인한 빈곤과 실업, 이혼 등 가족관계의 약화·해체, 학령기 아동의 결석, 기초학력 저하, 학습부진, 학교폭력, 가출, 자

140) 학생의 욕구를 충족시키고 문제를 해결하여 모든 학생이 건강하고 행복한 학교생활을 할 수 있게 하는 것, 이주영 의원 학교사회복지법안 제3조 제2항.

141) 학생의 인권과 복지증진을 위하여 학교사회복지를 실천하는 사회복지사, 이주영 의원 학교사회복지법안 제3조 제3항.

142) 이주영 의원 학교사회복지법안 의안원문, 2010.

살 등의 사회적 문제가 대두되고 있지만 「교육기본법」에서 규정한 학생들의 건강과 복지증진을 위한 구체적인 법적 장치의 미흡함을 지적하였다. 따라서 학생복지에 대한 제도적 장치를 마련하여 학생의 건강과 복지증진을 도모하고자 제안하였다.

법안의 주요 내용은 국가 및 지방자치단체의 책임과 학생복지에 사항을 정함으로써 인권 및 복지증진에 이바지함을 목적으로 밝혔다. 교육과학기술부장관의 학교사회복지계획 수립안, 교육감의 학교사회복지시행계획 수립·시행 책무, 중앙학교사회복지위원회 및 지역학교사회복지위원회 설치 및 운영에 대해 규정하였다. 학교사회복지사업의 원활한 추진을 위한 학교장소속 학교사회복지위원회 규정, 시·도 학교사회복지협의회 설치, 학교사회복지전문인력의 책무를 명시하였다. 또한 학교사회복지 사업의 원활한 추진을 위해 지방교육재정교부금법에 따른 기준재정 수요액을 측정항목에 반영하도록 하였다. 학교사회복지 업무 수행자가 직무와 관련된 비밀 누설 시 300만 원 이하의 벌금 규정도 명시하였다.[143]

3) 소 결

이상으로 18대 국회에 제안된 이주영 의원과 19대 국회에 발의된 김세연 의원의 학교사회복지법안을 살펴보았다.

제정 목적을 보면, 이주영 의원은 학생의 인권과 복지를 증진시키기 위하여 학교, 가정 및 지역사회 등의 책임을 규정하고 학교사회복지전문인력의 배치를 명시하였으며 김세연 의원은 국가 및 지방자치단체의 책임과 학생복지에 사항을 정함으로써 인권 및 복지증진에 이바지함을 목적으로 제시하였다. 학교사회복지법안을 통해 궁극적으로 학생의 인권과 복지의 실현이라는 방향에는 공통점이 있다.

하지만 기본계획 및 시행계획의 수립, 행·재정 지원에서 법안마다 차이

143) 김세연 의원 학교사회복지법안 의안원문, 2012.

가 발생하는데 이주영 의원의 학교사회복지법안과 관련하여 학교사회복지의 정의에 대한 불분명, 학교사회복지기본계획 및 기획단위 설치에 대한 부적절성, 현재 시행되고 있는 관련사업과의 연계성 분석이 필요하다는 의견이 있었다. 또한 학교사회복지 전문 인력을 사회복지사로 한정하여 채용하는 점 등은 신중한 논의가 필요한 것으로 검토되었다.[144)]

김세연 의원의 학교사회복지 법안에서는 학교의 범위에 유치원을 포함하고, 학교사회복지 전문인력 자격의 요건을 사회복지사로 한정하는 것은 현재 다양한 인력이 학교에 배치되어 교육복지 활동을 담당하고 있다는 점을 고려하여 자격의 다양화의 필요성을 요한다는 검토 의견이 있었다. 또한 학교사회복지 전문인력을 비정규직 형태로 배치시 비정규직이 양산되는 문제와 추가 재정 소요가 추정되기에 신중한 논의가 필요한 것으로 검토되었다. 예산과 관련하여 지방교육재정교부금의 지원 범위나 지원 대상에 관해서는 「지방교육재정교부금법」에서 규정하는 것이 바람직하다고 검토되었다.[145)]

학교사회복지의 궁극적인 목적은 교육복지와 유사하지만, 교육복지의 대상이 모든 국민을 대상으로 교육기회, 교육과정. 교육결과의 과정에서 불평등과 교육여건 개선의 활동이 주 대상과 목적임에 반해 학교사회복지는 학교를 중심으로 학교의 교육목적과 학생의 복지를 실현하는 활동임을 제한된다고 할 수 있다. 「학교사회복지법안」은 학교를 중심으로 학생의 인권과 복지를 실현하기 위한 법적 근거를 마련하고자 제안된 것으로 볼 수 있다.[146)]

검토보고에서 확인된바 「학교사회복지법안」은 시행되고 있는 Wee project 사업, 교육복지투자우선지역 지원사업과의 중복문제, 학교사회복지인력에 사회복지사 자격의 제한을 제시하고 있으며 학교의 특성을 반영한 자격의 다양화를 규정하고 있다는 점은 한계라 할 수 있다.

---

144) 이주영 의원 학교사회복지법안 검토보고서, 2011.
145) 김세연 의원 학교사회복지법안 검토보고서, 2012.
146) 신희정, 앞의 논문(2013년), 99면.

5. 농어촌교육지원특별법안

1) 김영진 의원 대표발의안

2009년 4월 23일 김영진 의원 등 18인이 「농산어촌 교육복지를 위한 특별법안」을 발의하였고 2011년 3월 7일에 상정되었으며 2012년 5월 29일 임기만료로 폐기되었다.

법안 제정의 배경으로 농산어촌의 열악한 교육여건으로 귀농 또는 농산어촌 이주에 걸림돌이 되고 있으며 농산어촌 학생수가 감소하는 반면 도시 학생수의 증가로, 도시의 과밀학급 및 거대 학교화, 농산어촌의 폐교 현상이 심화되고 있음을 지적하였다. 이에 농산어촌의 열악한 교육여건에 대한 국가와 지방자치단체의 책임을 강화하고 교사가 교육에 전념할 수 있도록 배려하며, 농산어촌 학교의 장점을 극대화할 수 있는 법적 제도를 마련함으로써 농산어촌 주민의 삶의 질 향상을 도모하고자 법안을 제안하였다.

법안의 주요 내용은 농산어촌 교육의 진흥과 농산어촌 학생의 학습권 및 주민의 교육기회 보장에 필요한 교육복지 사항을 규정하여 농산어촌의 발전과 주민의 삶의 질 향상에 이바지함을 목적으로 밝혔다. '농산어촌'[147], '농산어촌학교,'[148] '농산어촌작은학교,'[149] '복식학급,'[150] '주민,' '학부모'에 대한 용어를 정의하였다. 농산어촌 교육여건의 개선 및 발전 등에 관한 국가·지방자치단체의 책임을 명시하였고, 농산어촌교육정책심의위원회 설치·운영과 심의사항, 교원정원배정, 학교 및 교육과정 운영의 특례, 농산어촌학교 근무 교원의 업무 경감, 교육여건에 관한 교육감의 책무, 취학편의, 방과후학교 지원 등에 관하여 명시하였다. 또한 다문화가정 자녀 및 학습 도움을 요하는 학생에

---

147) 「농업·농촌 및 식품산업 기본법」 제3조 제5항, 「수산업·어촌 발전 기본법」 제3조 제6호에 해당하는 지역, 국가법령정보센터, 2023, 11. 9, 검색.

148) 농산어촌에 소재하는 「초·중등교육법」 제2조에 따른 학교를 말한다.

149) 농산어촌학교 중에서 면 단의 이하에 소재하는 학교 또는 초등 7학급, 중등 4학급 이하의 학교와 교육감이 필요하다고 인정하여 지정하는 학교를 말한다.

150) 둘 이상의 학년을 하나로 편성·운영하는 학급을 말한다.

게 마을단위 공부방 운영하되 마을 주민·학부모 직접 운영시 행·재정적 지원, 지역의 보건소에서 연 4회 이상의 정기검신 실시, 대학 특례입학 기회 부여, 유치원 및 영유아 보육시설 설치 등에 관한 국가와 지방자치단체의 책임을 명시하였다.151)

제정안은 먼저, 농산어촌 교육여건 개선을 위한 지원을 확대하는 내용을 담아 법률로 제정하기 위하여 발의된 것으로 학생 수 감소와 폐교 등 열악한 농산어촌의 교육여건의 개선을 위한 실질적인 평등을 추구한다는 점에서 의의를 찾을 수 있다. 농산어촌지역의 교육복지정책의 실효성을 위하여 복식학급 규제, 농산어촌 자율학교 지정·운영, 농어촌 작은학교 교원 업무경감, 대학특례입학, 재원 확보 등의 필요성을 제시하였다는 점에서 이 법안의 제정은 의의가 있다. 반면 「농어업인삶의질법」, 「도서·벽지교육진흥법」 등에서 이미 농산어촌 교육지원에 관한 사항을 일부 규정하고 있다. 농산어촌 출신 대학특례입학 및 기숙사 우선 입소 등은 국가가 농어촌 학생 특별전형에 근거하여 정책적으로 추진하고 있는 사업이며, 거주지역은 도시이지만 도시 내 저소득층 대학생과의 공정성 결여의 논쟁이 제기될 수 있기에 신중한 검토가 필요하다.152)

2) 정진후 의원 대표발의안

2012년 11월 5일 정진후 의원 등 12인이 「농어촌교육지원 특별법안」을 발의하였고, 2013년 2월 5일 상정되었으며, 2016년 5월 29일에 회기 종료로 폐기되었다.

법안 제정의 배경으로 농어촌의 교육 황폐화는 농어촌지역의 학생 인원수를 하락하고 도시의 학생 인원수가 늘어나 도시와 농어촌교육의 열악한 상황에 대한 부정적 구조를 반복하고 있다고 지적하였다. 이에 농어촌학교에 재

151) 김영진 의원 농산어촌 교육복지를 위한 특별법안 의안원문, 2009.
152) 김영진 의원 농산어촌 교육복지를 위한 특별법안 검토보고 재구성, 2011.

학중인 학생들의 교육에 대한 전반적인 지원을 확대하고 농어촌학교를 재생할 수 있는 정책적인 구조를 확립하여 농어촌의 발전과 주민의 삶의 질 향상에 도모하고자 법안을 제안하였다고 밝혔다.

법안의 주요 내용을 살펴보면, 국가 및 지방자치단체는 학생의 학습권 보장 및 농어촌 교육의 진흥과 주민의 교육기회 보장을 위하여 시책을 마련하여야 하며, 농어촌교육관계장관회의, 농어촌교육심의위원회 설치·운영을 규정하였다. 농어촌 학교의 교육여건 개선을 위한 사항, 교육감의 농어촌 자율학교 지정·운영 사항, 취학편의를 위한 방인 마련·시행, 교직원 정원확보, 농어촌 작은 학교 교원에 대한 우대 사항을 명시하고 있다. 농어촌학교 출신 대학 특례입학, 국가 및 지방자치단체는 농어촌 학생들의 학력 향상 및 방과 후 보호 등을 위하여 학습·보호시설을 설치·운영하여야 하며, 교육감은 공립 농어촌학교를 폐교하고자 하는 경우 1년 전 폐교 사유를 공고하고 주민 총수 2/3 이상의 서면동의를 요함을 명시하고 있다. 국가는 농어촌학교의 유지를 위하여 지방교육재정교부금법에 따른 교부금 외 별도 예산을 확보하여 지방자치단체에 지원하여야 하며, 농어촌 작은 학교 학생들의 교육기회 보장을 위해 무상교육 및 경비지원에 대한 국가와 지방자치단체의 책무성을 명시하였다.[153)]

제정안은 먼저 농산어촌이라는 지역의 특수성에 집중하여 농산어촌 교육여건의 열악함으로 인한 문제해결의 필요성을 추구한다는 점에서 의의를 찾을 수 있다. 농산어촌의 물리적·지리적 등 다양한 요소의 격차를 해소하기 위해서는 격차가 발생하는 원인을 찾아 실질적인 차원에서 법안을 제정하여야 한다. 이에 농어촌 자율학교 지정·운영, 방과후학교 지원, 교원의 업무 경감에 관한 것은 현실적으로 신중히 고려할 필요가 있다고 검토되었다. 그리고 농어촌 작은 학교 출신의 대학 특례입학, 농어촌학교 폐교 특례, 무상교육 및 경비지원에 대한 부분도 다른 학생과의 형평성 및 지역 특성 고려에 대한 미

153) 정진후 의원 대표발의 농어촌교육지원 특별법안 의안원문, 2012.

흡으로 실질적 형평성 저해, 소요 재원 등을 종합적으로 신중한 논의가 필요한 것으로 검토되었다.[154]

3) 이낙연 의원 대표발의안

2012년 12월 7일 이낙연 의원 등 33인이 「농어촌 교육발전 특별법안」을 발의하였고, 2013년 4월 10일 사정되었으며, 2016년 5월 29일 회기 종료로 폐기되었다.

법안 제정의 배경으로 농어촌학교는 학생 수 감소, 학교 간 통폐합 증가, 다양한 교육의 선택기회 부족 등으로 도시학교와의 교육격차가 심각한 실정으로 농어촌의 열악한 교육여건은 주민들의 이농을 부추기고 귀농을 희망하는 사람의 이주를 저해하는 등 궁극적으로 농어촌 주민의 삶의 질을 저하시킨다고 지적하였다. 이에 적극적으로 농어촌교육을 지원하여 농어촌 학교가 도시학교와 견줄 수 있는 교육력을 확보하고 농어촌 주민의 삶의 질을 도모하고자 법안을 제안하였다고 밝혔다.

법안의 주요 내용을 살펴보면, 제정안에서 농어촌 주민의 삶의 질 향상을 위하여 국가와 지방자치단체의 역할을 규정하고 농어촌에 거주하는 학생과 주민에게 질 높은 교육의 기회를 부여함이 목적이라고 명시하고 있다. 또한 국가와 지방자치단체의 책무에 대해 명시하고 있는데, 국가와 지방자치단체는 농어촌 교육의 발전과 농어촌 학생의 학습권 및 교육기회 보장을 위한 시책을 수립하여야 하며 교육부장관은 기본계획을 3년마다 수립·시행하고, 국무총리 소속의 농어촌교육심의위원회를 둘 수 있다고 명시하였다. 시·도지사 소속의 시·도 농어촌교육심의위원회를 두도록 하였고 농어촌학교의 운영과 농어촌 자율학교 운영에 관해 규정하고, 방과 후 학교와 마을단위 공부방 운영, 농어촌학교의 장은 학생의 교육과정에 지장이 없는 범위에서 학교운영위원회의 심의를 거쳐 농어촌 주민을 위한 다양한 교육과정을 운영하도록 하였다. 농어

154) 정진후 의원 농어촌 교육발전 특별법안 검토보고, 2013.

촌학교 교직원의 정원확보 및 배치. 농어촌학교 교직원의 우대, 농어촌학교 교직원에 대한 특별임용을 명시하고 있으며, 국가와 지방자치단체는 농어촌학교 졸업생이 대학 진학 시 등록금의 전부 또는 일부를 지원하고, 주요 도시에 농어촌학교 출신 대학생의 숙식에 필요한 시설을 운영하도록 하였다.

그리고 공공기관·공기업·대통령령으로 정하는 기업은 농어촌학교 출신을 반드시 채용함을 명시하였고 농어촌학교 폐교 및 재개교에 관하여 교육감의 책무를 규정하였다.[155]

농산어촌 교육여건의 열악한 상황으로 야기되는 문제들에 대한 해결의 필요성이 있다는 점에서 법안의 취지는 의미가 있다고 할 것이다. 그러나 농어촌 교육 지원을 위한 독립된 법률의 필요성,[156] 농어촌자율학교 지정,[157] 대학특례입학,[158] 농어촌학교 학생 경비지원, 농어촌학교 출신 대학생 학비지원 등은 다른 취약 계층에 대한 지원 수준, 형평성, 소요 재원 등을 종합적으로 고려하여 신중한 논의가 필요한 것으로 검토되었다.[159]

4) 소 결

「농어촌교육지원특별법안」들은 열악한 교육여건 및 환경 개선을 통한 교육 불평등 해소라는 점에서 교육복지 관련 법안들과 유사하다.[160] 「농어촌교육지원특별법안」들의 공통점으로, 첫째, 농산어촌의 열악한 지역과 여건의 차이로 인한 격차를 해결하고 궁극적으로 농산어촌 주민의 삶의 질을 향상하고자 하는 법안의 목적을 공유하고 있다. 둘째, 농산어촌의 열악한 교육여건의 격차 해소라는 포괄적인 교육복지의 목표와 취지를 반영하였고, 국가와 지방

155) 이낙연 의원 대표발의 농어촌 교육발전 특별법안 의안원문, 2012.

156) 동일 목적의 「삶의질법」이 시행 중이고 「초중등교육법」, 「고등교육법」등 타 법령에 근거를 두고 있다.

157) 지역의 교육여건, 학생의 통학여건, 학생 수용능력 등의 종합적인 고려를 요함.

158) 농어촌학생 특별전형에 관하여는 시행령에 근거를 두고 있기에 특례를 법률로 정하는 것은 법체계에 맞지 않음.

159) 이낙연 의원 대표발의 농어촌 교육발전 특별법안 검토보고서, 2013.

160) 2017 전국교육정책연구소 네트워크 공동연구, 616면.

자치단체의 협력을 강조하고 있었다. 농산어촌 지역의 교육격차를 심화시키는 지역 간 교육환경 및 여건 개선에 대한 책임을 강조하고 있으며 이에 대한 법적 근거의 마련을 시도하였다는 점에서 의의를 찾을 수 있다. 셋째, 「농어촌교육복지를 위한 특별법안」으로 제정에 이르지 못하였으나, 법안 제정을 통하여 사회적으로 농산어촌의 교육격차 해소에 대한 공감대와 논의의 장을 마련하였다는 점에 의의를 둘 수 있다.

그러나 이들 법안은 실효성 있는 정책을 위하여 농산어촌 교육격차 해소를 위한 정책 및 운영체계, 재정운영 방법의 구체화, 유사 법안 간의 관련성에 대한 검토가 필요하다는 지적을 받았다. 이는 향후 농산어촌의 특수성을 반영하면서 국가와 지방자치단체의 책무, 행정·재정적 지원, 상호 협조 체계, 유사 법안이 유기적으로 연결되어야 함에 주목할 만하다.

표 12 농어촌 교육지원 특별 법안

회기	법안명	지원내용	검토
18대 (김영진 발의 2009.4.23.)	농산어촌 교육복지 를 위한 특별 법안	• 농산어촌 교육여건 개선을 위한 지원 확대 • 열악한 농산어촌 교육여건의 개선을 위한 실질적인 평등 추구 • 복식학급 규제, 자율학교 지정, 대학특례입학, 재원 확보 필요성 제시	• 「도서·벽지교육진흥법」에서 이미 국가가 정책적으로 추진하고 있는 사업이며 도시지역 자소득층 학생과 형평성 문제가 예상되기에 신중한 검토 필요
19대 (정진후 발의 2012.11.5.)	농어촌교 육지원 특별 법안	• 교육감의 농어촌 자율학교 지정 및 운영 • 취학편의를 위한 방안, 교직원 정원확보, 농어촌 작은 학교 교원 우대 사항 • 농어촌 작은 학교 학생들의 무상교육 및 경비지원에 대한 국가와 지방자치단체의 책무성 명시	• 농어촌 작은 학교 출신의 대학특례입학, 농어촌학교 폐교 특례, 무상교육 및 경비지원에 대하여 다른 학생과의 형평성 및 소요 재원 등을 종합적으로 신중한 논의 필요

19대 (이낙연 발의 2012.12.7.)	농어촌 교육발전 특별 법안	• 시·도지사 소속 농어촌교육심의위원회 설치 명시 • 농어촌학교 교직원 정원확보 및 배치, 교직원 우대, 특별임용 명시 • 농어촌학교 졸업생 대학진학 등록금 전부 또는 일부 지원 • 농어촌학교 출신 대학생의 숙식에 필요한 시설 운영 • 공공기관·공기업·대통령령으로 정하는 기업은 농어촌학교 출신을 반드시 채용함 명시	• 농어촌 교육 지원을 위한 독립된 법률의 필요성, 농어촌 자율학교 지정, 대학특례 입학, 농어촌 학생 경비 지원, 농어촌학교 출신 대학생 학비 지원 등은 타 취약 계층에 대한 지원 수준, 형평성, 소요 재원 등을 종합적으로 고려하여 논의가 필요
시사점	• 농어촌의 열악한 지역과 여건으로 인한 격차 해결과 농어촌 주민의 삶의 질 향상을 위한 법안의 목적 공유 • 농어촌의 교육여건 격차 해소라는 포괄적 교육복지의 목표와 취지 반영 및 국가와 지방자치단체의 협력 강조 및 여건 개선에 대한 책임 강조 • 농어촌특별법안의 제정을 통하여 사회적으로 농어촌 교육격차 해소에 대한 공감대와 논의의 장을 마련 • 정책 및 운영체계, 재정 운영 방법의 구체화, 유사 법안 간의 관련성에 대한 검토가 필요하기에 향후 유사 법안의 유기적 정비의 필요성에 주목할 만함.		

6. 그 밖의 법률 개정안

1) 「도서·벽지 교육진흥법 일부개정법률안」

2020년 6월 22일 서삼석 의원 등 15인이 「도서·벽지 교육진흥법 일부개정법률안」을 발의하였고, 2020년 9월 16일 상정되었으나, 현재 21대 국회 회기 종료로 폐기되었다.[161]

161) 국회의안정보시스템 의안, 검색일: 2023. 11. 9.

법안 제정의 배경으로 현행법은 지리적 · 사회적 · 문화적 혜택을 받지 못하는 도서 · 벽지의 의무교육 진흥을 목적으로 하고 있음에도 도서 · 벽지[162]는 열악한 교육 인프라로 인하여 학생들의 학습공간 등이 부족하다는 지적이 지속하여 제기되고 있고, 이에 대한 실태 파악이 어려운 상황임을 지적하였다. 이에 교육부장관은 5년마다 도서 · 벽지 교육 실태를 조사하고, 지방자치단체는 학생의 적성 · 능력 개발을 위한 교습이나 학습장소를 제공하여 도서 · 벽지의 의무교육 진흥에 만전을 기하고자 법안을 제안하였다고 밝히고 있다.

법안의 주요 내용을 살펴보면, 학생의 적성 및 능력 개발을 위하여 필요한 교습이나 학습장소 제공을 명시하였고 도서 · 벽지의 의무교육 진흥 정책 수립을 위하여 5년마다 실태조사를 실시하여야 하는 교육부장관의 의무를 규명하였다.[163]

도서 · 벽지학교는 학생 수 급감에 따른 소규모화가 급속히 진행 중으로 국가차원에서 주기적으로 도서 · 벽지 교육의 여건 및 실태를 조사하고 결과를 시 · 도교육청과 공유하여 교육여건 개선을 위한 정책 방안에 대해서 필요성이 인정된다고 검토되었다. 지방자치단체의 교습 · 학습 장소 제공과 관련하여 학생의 적성 및 능력 개발을 위한 장소 제공의 의미가 강하며, 지방자치단체가 경비를 부담하는 것으로 인식될 수 있는 가능성을 배제할 수 없으며, 교습장소 제공을 지방자치단체의 책임으로 규정 시 교원들의 업무 부담이 가중될 우려가 예견되므로 관련자들과 심도 있는 논의를 통한 고려가 필요다다고 겸토되었다.[164]

2) 「다문화가족지원법 일부개정법률안」

2023년 3월 28일 한병도 의원 등 10인이 「다문화가족지원법 일부개정법

---

162) 「도서 · 벽지 교육진흥법」에 따른 도서 · 벽지란 지리적 · 경제적 · 문화적 · 사회적 혜택을 받지 못하는 산간지역, 낙도, 수복지구, 접적지구, 광상지구 중 교육부령으로 정하는 지역.

163) 서삼석 의원 대표발의 도서 · 벽지 교육진흥법 일부개정법률안 의안원문, 2020.

164) 서삼석 의원 도서 · 벽지 교육진흥법 일부개정법률안 검토보고서, 2020.

률안」을 발의하였고, 2023년 6월 22일 상정되었으나, 현재 21대 국회 회기 종료로 폐기되었다.

법안 제정의 배경으로 현행법은 다문화가족의 삶의 질 향상과 사회통합을 위하여 다문화 가족 이해증진 교육, 다문화가족 아동·청소년의 보육·교육, 다문화가족지원센터 설치·운영, 공무원에 대한 교육 등을 규정하고 있지만, 다문화가족 아동·청소년에 대한 통합적인 교육지원체계 규정이 미비, 다문화 관련 연수·교육 대상 한정, 다문화가족 구성원의 여가활동에 지원 근거 미비로 교육 및 문화적 지원에 어려움이 있음을 지적한다. 이에 다문화가족에 대한 지원을 강화하기 위하여 다문화가족 아동·청소년에 대한 교육 지원 확대, 다문화 관련 교육 대상 확대, 다문화가족 구성원의 여가활동 지원에 대한 근거를 신설하고자 법안을 제안하였다고 밝혔다.

법안의 주요 내용을 살펴보면, 국가와 지방자치단체는 국공립 연수기관 및 평생교육시설의 연수교육 과정에 다문화가족 이해 교육이 실시되도록 하여야 함을 명시하였다. 또한 국가와 지방자치단체의 다문화학생 학교생활 적응·학습능력 향상을 위한 다문화교육지원센터 설치·운영에 대한 책무를 명시하였다.[165)]

이 개정안은 첫째, 국가와 지방자치단체로 하여금 연수교육 과정 등에서 다문화 이해교육이 실시되도록 하려는 것으로 이는 여성가족부에서 온라인 및 오프라인을 다문화 이해교육을 무료로 실시하고 있고, 나라배움터, 중앙교육연수원 등 각종 교육연수기관에 다문화 이해교육 콘텐츠를 제공하고 있어 실익이 적을 것으로 생각되고 「평생교육법」 개정안을 참고할 필요가 있다고 검토되었다. 둘째, 다문화교육지원센터의 설치·운영 등과 관련하여 여성가족부는 현행법에 따라 다문화가족 자녀의 언어 교육, 신속한 학교생활 적응, 교육 격차 해소 등을 위하여 다양한 사업[166)] 등을 실시하고 있고 '정착 후 다문

165) 한병도 의원 대표발의 다문화가족지원법 일부개정법률안 의안원문, 2023.
166) 기초지방자치단체의 다문화가족지원센터를 통해 방문교육, 언어발달지원 사업등을 실시.

화가족 자녀의 진로 지원'까지 확대하여 실시하고 있다. 따라서 다른 부처와의 유사·중복 문제[167]가 제기될 수 있기에 개정안은 효율적으로 운영될 수 있도록 신중한 논의가 필요하다고 검토하였다.[168]

7. 법률안의 검토 및 소결

이상에서 살펴본 바와 같이 국회에서 교육복지에 관한 국민의 입법수요를 고려하여 많은 법안이 제안된 것은 사실 고무적인 일이다. 그러나 이 법안의 대부분이 중복적인 내용을 포함하고 있으며, 교육복지에 관한 사안별 특정 영역을 대상으로 법안이 구성되어 있어 통일성과 체계성이 다소 결여되어 있는 것이 사실이다. 이 논문의 교육복지법에서 담고자 하는 내용은 특정 영역에 한정된 것이 아니라 교육복지 전반에 관한 내용을 체계적으로 통일화하려는 의도와는 차이가 있다. 다만, 이들 법률안 중 상당한 부분은 교육복지법에 담겨야 할 것으로 판단한다.

이 법안들은 유사한 내용의 법률과 유사 사업 지원체계 등을 포함하고 있어 이에 대한 표준화가 필요할 것이다. 예컨대 교육격차 해소를 위한 법률, 교육복지법, 농어촌 교육발전 특별법안, 농산어촌 교육복지를 위한 특별법안, 농어촌교육지원 특별법, 학교사회복지법안 등 다양한 제명을 사용하고 있지만, 실제로 이 법안들이 규정하고 있는 내용은 별 차이가 없다. 내용적인 측면에서는 17대 국회에서 발의된 법안은 행·재정적 지원을 위한 법률을 중점적으로 교육여건 및 교육불평등 해소를 통해 교육복지의 궁극적인 목적을 달성하고자 하였다. 18대 국회에서는 기본법적 성격의 교육복지법안이 발의되었다. 하지만, 2009년 4월 농산어촌 교육복지를 위한 특별법안 발의(김영진 의원) 후 2012년 11월 농어촌교육지원 특별법 발의, 2012년 12월 농어촌교육발전 특별법안이 발의되면서 농어촌 교

167) 교육부는 다문화·탈북학생과 대학생 간 매칭을 통해 학교생활 적응 및 기초학습을 지원하는 등 '다문화학생 멘토링 사업'을 실시하고 있으며, 중앙다문화교육센터(국가평생교육진흥원 위탁) 및 17개 시·도 지역다문화교육지원센터(시·도 교육청 직영)를 운영하고 있다.

168) 한병도 의원 대표발의 다문화가족지원법 일부개정법률안 검토보고서(여성가족위원회), 2023.

육복지로서 환경·지리적으로 제한되거나, 학교사회복지 법안의 발의로 학생의 인권 및 권리, 학교 내 복지에 집중하면서 상대적으로 제한적인 특성을 보였다.

17대 국회에서 21대 국회에까지 발의된 법안들은 상임위원회에서 유사 사업 시행, 유사법률 검토와 관련 법률 관계 등이 신중한 논의가 필요하다는 점이 대부분 검토 보고안에 기재되었고 구체적인 내용에 대하여 논의조차 진행되지 못하고 폐기되었다. 사회양극화, 교육격차 해소를 위해 다양한 정책들이 시행되고 있지만, 여전히 표준화된 근거법안 없이 교육부, 보건복지부, 여성가족부, 등 다양한 주체들에 의해 산발적으로 추진되고 있다.

국회에 제안된 법률안은 교육격차 해소, 농어촌 교육발전, 다문화가족 아동·청소년의 보육·교육, 농산어촌 교육복지, 학교사회복지 등 현재 우리나라 교육에서 논의되는 교육격차, 소외 내지는 취약지역의 학생들을 대상으로 한 법안들이 대부분을 이루고 있다. 이는 앞에서도 언급한 바와 같이 헌법상 도출된 교육복지의 목표를 실현하기 위한 내용이다. 따라서 교육복지법의 제정에 있어서 교육격차의 해소, 취약계층 및 취약지역을 고려하여야 할 것이다. 이것이 헌법과 교육기본법에서 규정하고 있는 교육기본권 및 균등한 교육을 받을 권리를 실현하는 방안이 될 것이다.

제4장

외국의 교육복지정책의 비교법적 검토

I. ▸▸ 교육복지 개별입법형식

1. 미국

1) 서 론

교육복지는 교육 불평등, 교육 소외 등 현상을 해소하고 개인의 능력을 발휘할 수 있는 기회를 제공하는 교육서비스 및 제도를 마련하는 것으로 볼 수 있을 것이다. 교육복지 정책의 근간이 되는 교육복지법은 교육환경의 불평등, 교육격차, 교육소외 현상을 해결할 목적으로 물리적 여건 개선이 필요한 지역 및 학교, 개인을 수혜자로 하여 국가에 책무를 부여하는 것으로 볼 수 있을 것이다. 교육복지법은 교육 여건 개선 및 개인에 대한 적절한 제도와 서비스를 제공하는 것에서 더 나아가 개인의 잠재력 향상을 통하여 삶의 질 향상을 통하여 궁극적으로 사회통합에 기여한다는 점에서 의미가 있다.

외국의 경우, 교육과 사회복지의 긴밀한 관계를 인정하면서 교육을 사회복지의 한 부분으로 다루어 왔다.[1] 전형적으로 미국은 이른바 헤드 스타트 프로그램으로 표상되는 저소득층 자녀를 대상으로 한 취학 전 교육지원정책을

1) 노기호, 앞의 논문(2007년), 28면.

모든 계층으로 그 범위를 확산하였다. 특히 2001년 제정되어 시행되고 있는 "낙오학생방지법(NCLB)"[2]은 대표적인 교육복지 관련법률로써 전국 초등학교의 학업성취도 향상의 목적을 위하여 수억 달러에 이르는 연방 보조금을 지원하였다.[3]

우리나라의 경우 그동안 정부마다 다양한 교육복지정책의 실현을 위하여 교육복지법의 제정을 추진해 왔다. 그러나 정부의 교육복지법제나 정책에 대한 추진은 정권이 바뀔 때마다 추진방식과 시행대상에 있어서 혼란을 초래하였다.

이에 미국의 교육복지정책과 법제가 어떠한 일관성과 체계를 가지고 시행되고 있는지를 살펴보고자, 특히 헤드 스타트법, 이중언어교육법, 낙오학생방지법, 장애인교육법을 중심으로 그 주요 내용과 특징을 파악하고 한국에의 시사점을 제시하고자 한다.

2) 교육복지정책

(1) 개 설

미국은 교육복지라는 용어를 직접적으로 사용하고 있지는 않지만, '학교사회복지(school social work)'라는 이름으로 아동 및 청소년에게 학교를 기반으로 한 복지서비스를 제공하고 있다.[4] 미국의 사회복지정책은 복지에서 직장으로, 학교에서 직장으로라는 슬로건 아래 복지대상자의 독립적인 생활 능력 향상을 위한 직업훈련 및 교육이 통합된 사회복지정책이 강조되고 있다.[5] 이러한 사회복지정책은 1997년에 제정된 "개인적 책임과 노동기회의 조정법(The Personal Responsibility and Work Opportunity Reconciliation Act: 1996)"에

---

2) 2022년 1월 8일 조지 부시(George W. Bush) 대통령 정부에서 제정된 낙오학생방지법은 미국의 교육법제 관련 법령에서 상세히 다루기로 한다.

3) 김웅규, 미국의 교육격차 해소 관련법제의 현황 및 문제점, 한국법제연구원 자료집, 2010, 16면.

4) 류영철, 앞의 보고서(2017년), 479면.

5) 홍봉선, 앞의 논문(2009년), 262면.

근거하여 교육복지정책을 개발하고 있으며, 네 개의 영역으로 분류할 수 있다.

첫째, 취학 전 프로그램으로 1965년 존슨 대통령 시기에 제정된 헤드 스타트 사업은 경제적 약자 및 소외계층의 아동과 가족에게 공정한 기회를 제공할 뿐 아니라, 영·유아 단계부터 가족지원 프로그램, 아동교육과 동시에 부모역할 지원과 직업훈련 등을 병행하는 프로그램 등이 행해진다.[6)]

둘째, 학교생활 부적응 청소년을 위한 학교사회사업 프로그램이 있다. 학교의 요구에 따라 학교와 가정을 방문하면서 시작된 프로그램으로 점차 가정－학교－지역사회의 연계를 강조하는 프로그램들이 확대되어 사용되고 있다.

셋째, 미국 연방정부는 1999년 "21세기 지역사회 학습센터들을 활성화하는 법안"을 채택하여 학교와 지역사회가 협력하여 센터에서 아동에 대한 보육 및 학업지원, 다양한 여가활동을 향유할 수 있는 문화적 기회를 제공하고 있다.

넷째, 미국은 1980년대부터 복지에서 노동으로의 이동정책을 시행하여 복지에 의지하고 있는 사람들을 노동시장에 진출하게 하여 자주적인 경제생활을 할 수 있도록 안내하고 있다. "개인적 책임과 노동기회의 조정법(The Personal Responsibility and Work Opportunity Reconciliation Act: 1996)"에서 복지수혜자에게 정해진 기간 내에 교육훈련 완료 및 고용에 대하여 강제하고 있다. 그리고 복지의존에서 탈피하기 위해서는 교육과 훈련을 중시해야 한다는 '인간자본개발모델'에[7)] 근거하였다.[8)]

(2) 교육복지정책의 특징

미국의 교육복지정책의 일반적 특징은 교육복지 프로그램이 아동을 대상으로 사회보장제도와 관련되어 부모의 독립성을 향상한다든지 성인의 재교육 기회까지 제공하는 등의 통합적 교육복지정책이 시행되고 있다는 점이다.[9)]

---

6) 염철현, "미국의 Head Start와 한국의 We Start 운동의 비교·분석 및 그 시사점," 「비교교육연구」 제18권 제2호, 한국비교교육학회, 2008, 55면.

7) 김종일, 미국의 노동중심적 복지개혁에서의 노동시장 연결 모델과 인간자본개발 모델 비교, 「한국사회복지학」 통권 41호, 한국사회복지학회, 2000, 121면.

8) 노기호, 앞의 논문(2007년), 31면.

특히 1965년 미국 연방정부에 의하여 실시된 헤드 스타트 정책은 건강, 교육, 부모참여, 사회적 지원 영역으로 형성되며 구체적인 정책의 내용은 다음과 같다.

첫째, 헤드 스타트 프로그램은 아동의 개별적 특성을 고려하여 단계에 적합하게 구성되어 있고 지역 및 인종, 문화의 특수성을 반영한 서비스 제공이 목표이다. 대상 아동의 학습 기회 경험을 위하여 아동의 인지적, 정서적, 사회적 성장이 가능할 수 있도록 구성되어 있다.

둘째, 아동들에게 청력 및 시력, 장애요인 조기검사, 예방접종까지 종합적인 건강검진의 수검으로 건강한 성장과 발달을 지지하고 지속적인 의료서비스를 받을 수 있도록 하고 있다.

셋째. 아동의 성장에 부모 역할의 중요성을 고려하여 부모교육의 적극적인 참여 및 다양한 형태의 자원봉사 프로그램의 계획 및 운영에 적극적인 참여를 독려하고 있다.

넷째, 프로그램에 참여자들의 요구를 파악하여 적합한 공적부조 서비스를 제공받을 수 있도록 연계하는 것 또한 중요한 역할이다.

현재 미국 보건복지부가 제안한 연방규칙에 따르면, 바이든 행정부가 헤드 스타트 프로그램에 참여하는 교사의 인력 부족으로 급여를 인상하여 공립학교 교사와 동등한 혜택을 주고 있으며, 연방 자금 지원을 받는 헤드 스타트 프로그램은 공립학교, 커뮤니티센터, 사립 보육원 및 유치원에 위치한 지역 운영 교실에서 무료 교육 및 돌봄을 제공하고 있으며, 납세자들은 약 100만 명의 대상자들에게 서비스의 제공을 위해 약 120억 달러를 부담하고 있다.[10] 헤드 스타트 프로그램의 안정적 실행을 위한 정책의 집행이 가능하도록 노력하고 있다.

9) 한만길, 21세기 교육복지 발전 방안 연구, 한국교육개발원, 36–37면 참조.

10) 교육플러스, https://www.edpl.co.kr/news/articleView.html?idxno=10985, 검색일: 2024. 6. 9.

2) 교육복지법제

미국 연방차원에서 교육복지법의 시행 및 각 주의 교육복지정책에 개입할 수 있는 근거는 연방 수정헌법과 민권법이다. 먼저 연방 수정헌법 제1조 제8항(연방의회에 부여된 권한)[11)]은 “연방의회는 다음의 권한을 가진다. 미국의 채무를 변제하고, 공동방위와 일반복지(general welfare)를 위하여 조세, 관세, 공과금 및 소비세를 부과, 징수한다.”라고 규정하고 있다. 연방정부는 ‘일반 복지(general welfare)라는 명문을 통하여 주정부의 교육에 관여할 수 있는 근거로 삼는다. 그러나 연방 수정헌법 제10조(주와 국민이 보유하는 권한)에서는 “이 헌법에 의하여 미국 연방에 위임되지 아니하였거나, 각 주에 금지되지 아니한 권한은 각 주나 국민이 보유한다.”라는 규정과 상충할 수 있다. 연방 수정헌법 제1조 제8항과 제10조 사이의 상충관계에도 연방정부는 구성원의 복지를 증진하기 위하여 교육에 직·간접적으로 관여한다.[12)]

1964년 7월 2일 제정된 민권법(Civil Rights Act of 1991)은 연방 수정헌법 제14조의 “법률에 의한 동등 보호”의 실질적 구현을 위해 제정된 법이다. 민권법 제6부(Title Ⅵ)는[13)] “합중국의 어떤 사람도 인종, 국적에 따라 연방의 재정지원을 받는 프로그램 및 활동으로부터 배제되지 않으며, 혜택으로부터 제외될 수 없다.”라고 명시하고, 민권법 제7부(Title Ⅶ)도 “인종, 종교, 국적, 성별에 따른 고용 차별을 금지한다.”라고 명시함으로써 연방의 재정지원과 관련된 정책에서 시민이 평등한 권리를 누릴 수 있음을 확인할 수 있다.

이하에서는 민권법의 취지를 구현하는 수단으로서 역할을 하는 각 법률의 주요 내용을 교육복지의 관점에서 살펴보겠다.

---

11) 국회도서관, 세계의 헌법: 40개국 헌법 전문 1, The Constitution of the United States of America, 2018, 437－450면.

12) 염철현, 앞의 논문(2010년), 74면.

13) 법무부, 각국의 차별금지법. 제2권, Civil Rights Act of 1964, 2008, 85－102면.

(1) 헤드 스타트법(Head Start Act, 1965)

헤드 스타트법은 1964년 린든 존슨 대통령(Lyndon B. Johnson)이 위대한 사회(the great society)건설이란 슬로건 아래 빈곤과의 전쟁을 선포하고, 1965년 경제기회법(Economic Opportunity Act)을 제정하면서 토대를 마련하였다. 빈곤추방법(The Anti-Poverty Act)이라고도 하는 경제기회법은 저소득층 가정의 3-5세 유아에게 일반복지 서비스, 영양공급, 보건, 교육을 공급하기 위해 제정되었다. 존슨 대통령이 정계 입문 전 학교에 근무하면서 빈곤 아이들과의 교직 경험이 헤드 스타트법을 비롯한 빈곤추방정책을 입법화하는데 중요한 계기가 되었을 것으로 생각된다.[14)]

헤드 스타트법의 목적은 저소득층 아동의 사회적, 정서적 발달, 인지적 능력을 발전시키고, 그들이 성공적인 학교생활을 할 수 있도록 지원하는 것이다. 헤드 스타트 프로그램은 성공적인 학교생활의 목적을 달성하기 위해 문해, 언어 능력, 과학, 수학, 감성 기능 및 사회성, 체육, 학습 방법, 창작예술을 지원하는 학습여건을 확립함과 동시에 아동에게 교육, 영양, 건강, 사회적으로 필요한 기타 서비스를 제공할 뿐 아니라, 부모의 자립능력을 지원한다.[15)] 3-5세 유아를 위한 헤드 스타트 프로그램과 0-3세 영아를 위한 조기 헤드 스타트 프로그램은 약 50년의 기간 동안 저소득층 가족과 유아 및 임산부에게 종합적인 서비스를 부여하는 특징적인 교육복지정책으로 근간하고 있다. 헤드 스타트 프로그램은 경제적 장애가 사회활동 장애로 연계되는 일이 없도록 해야 한다는 원칙에 따라 아동발달의 초기 단계부터 자녀와 부모에게 보상적 교육을 시행하고 있으며, 경제적으로 어려운 여건에서 빈곤한 처지에 놓인 경제적 약자와 소외계층의 아동 및 가족에게 공정한 출발의 기회를 부여하고 있다.[16)] 따라서 헤드 스타트 프로그램은 교육복지정책의 측면과 교육의 기회균

14) 이혜숙, “한국의 We Start,” 2006년도 We Start 운동 국제세미나 자료집, 9-10면.
15) 이상윤, 앞의 보고서(2010년), 103-104.
16) 염철현, “미국의 Head Start와 한국의 We Start 운동의 비교·분석 및 그 시사점,” 「비교교육연구」 제18권 제2호, 2008, 48면.

등 정신을 실천하고 다민족·다문화의 미국 사회통합에 공여한 특징적으로 평가받고 있는 사회통합정책이다.[17] 이렇듯 다민족·다문화의 미국 사회를 통합하는 데에 있어 성공적인 교육복지정책으로 평가받고 있는 헤드 스타트 프로그램은 존슨 대통령의 빈곤퇴치에 대한 확고한 의지와 리더십으로 국내의 난관과 저항을 극복하면서 튼튼한 기반이 될 수 있었다. 사실 헤드 스타트 프로그램이 시행되기 이전의 영유아 교육정책은 각 지역에서 산발적으로 시행되었지만, 헤드 스타트 프로그램이 시행된 후에 연방정부가 재원을 지원하고 프로그램을 전국적으로 통합하는 계기가 되었다.[18]

(2) 이중언어교육법(Bilingual Education Act)

미국에서 이중언어교육법은 민권운동(civil rights movement)과 1960년 이민을 통한 외국인의 입국이 최고조에 달한 시기에 제정되었다.[19] 미국은 1960년대 위대한 사회를 건설하려는 존슨(Lyndon B. Johnson)의 민권사상이 국정철학과 관련되어 사회 다양한 분야에서 개혁이 진행되었다. 특히 소수집단의 권익신장과 복지를 위한 입법이 추진되었고, 연방 수정헌법에서 명문화된 기회균등을 실현하기 위한 적극적인 노력이 전개되었으며, 이민정책에 대한 정부의 적극적인 정책 추진으로 외국인의 입국은 여러 국가의 언어가 사용되는 근거가 되었고, 공통어인 영어와 상이한 언어를 사용하는 이민자들을 위한 언어정책을 수립하게 되었다.[20] 이중언어교육법은 1968년 연방 수정헌법 제14조, 민권법을 법적 근거로 1954년 연방대법원의 브라운 판결[21]과도 관련된다.

---

17) 이상윤, 앞의 보고서(2010년), 105면.

18) 염철현, 앞의 논문(2010년), 77면.

19) 교육복지 정책의 효과적 추진을 위한 법·제도 마련 연구(전게), 144면.

20) 염철현, "미국의 이중언어교육법 변천과정에 관한 고찰," 「비교교육연구」 제18권 제3호, 한국비교교육학회, 2008, 105면.

21) 1954년 5월 17일에 내려진 브라운 판결은 수정 헌법 제14조를 적극적으로 해석하여 흑백 분리 교육을 위헌으로 한 최초의 판결로 5개 지역(사우스캐롤라이나, 캔자스, 워싱턴, 버지니아, 델라웨어)의 집단소송을 말한다. 이는 공식적으로 공공영역에서 흑백 분리 폐지를 선언한 것이며 흑인에게 진정한 평등의 의미를 각인하는 최초의 판결이다(이은혜, 브라운 판결과 흑백 분리 폐지, 한국교원대학교, 2008), 7-8면, 347 U.S. 483.

2001년 미국 연방의회는 초중등교육법(ESEA)을 재인가하면서 3부에 이중언어교육법을 통합함으로써 이중언어교육법은 낙오학생방지법(No Child Left Behind=NCLB)에 흡수되었다. 이중언어교육법이 낙오학생방지법으로 통합되면서 법률의 적용 체계와 방식은 변화되었지만, 이중언어교육법의 본질적인 기능은 존재한다.

미국에서 이중언어교육은 초중등교육법 제7부의 이민자들을 위한 언어정책은 1968년 초중등교육법 제7부에서 발생되었으며, 지역교육구가 제한된 영어사용자를 위하여 다중언어교육 프로그램을 개설 시 연방에서 필요한 재원을 지원하도록 하였는데, 초기에 실시되었던 프로그램은 주로 유색인에 대한 보상 차원에서 차별대우를 배려하여 실시되었고, 그 대상은 스페인어를 사용하는 학생으로 제한하였다. 이 시기의 이중언어교육법은 초기의 한계를 극복하고, 연방 차원에서 제한된 영어사용자(LEP) 학생에게 교육기회의 균등을 제공하기 위한 실천방안을 마련하였다는 점과 이민자에 대한 다중언어교육의 실시에 대한 필요성을 공감할 수 있는 계기가 되었다.[22] 다중언어교육법은 민권법, 초중등교육법, 연방 수정헌법 제14조를 법적 근거로 하고 있다.

미국에서 이중언어교육은 1974년 연방대법원의 라우 판결[23]을 통해 동일 자격을 갖춘 교사가 학생에게 동일한 교재, 교육과정, 교육시설을 제공함은 물론 교육의 효과성도 함께 고려해야 한다는 것이다. 한편 이중언어교육과 관련하여 연방대법원은 플라이어 사건[24]에서 불법이민자의 자녀에게도 무상의 이중언어교육을 하여야 하며, 이중언어교육도 교육의 본질적인 취지를 볼 때 수혜자가 불법적 및 합법적 이민과 무관하게 동등한 혜택을 받아야 한다고 판결했다.

22) 염철현, 앞의 논문(2008년), 105－106면.
23) 414 U.S. 563(1974).
24) 457 U.S. 202(1982).

(3) 낙오학생방지법

미국에서는 교육복지의 향상을 위하여 교육복지법이라는 별도의 법 체계를 규정하고 있는 것이 아니라 연방정부 차원의 초중등교육법 제1장(Title Ⅰ)에서 저소득 학생들의 학업성취도의 향상을 위한 지침과 규정을 제시하고 있다.[25] 미국의 '교육복지 법'으로 알려진 'Title'은 연방정부 초중등교육법 제1장을 지칭한다. 1965년 존슨 대통령은 초중등교육에 있어서 불우한 학생에게 교육의 기회를 확대하기 위하여 초중등교육법에 20억 달러를 연방기금에서 제공하다는 내용을 담은 법률을 공포하였고, 초중등교육법에 기초한 연방교육프로그램에 수천억 달러의 예산이 지출되었지만 여전히 공립학교에서 양질의 교육을 받지 못하는 수백만의 취학아동은 있는 것으로 나타났다.[26] 이로부터 정부는 학교의 교육여건 구축의 필요성을 결론내렸고 법적으로 실현하기 위하여 제정된 법이 낙오학생방지법[27]이다.[28]

낙오학생방지법은 1965년 초중등교육법을 재인가하면서 새로운 명칭으로 명명하게 된 법제이며 초중등교육법은 1982년 교육통합 및 발전법과 19994년 미국 학교 발전법의 형태로 재인가를 받으면서 2001년 개정되었다.[29] 낙오학생방지법에서 교육복지정책과 가장 긴밀한 조항은 제101항의 Title Ⅰ(사회적 약자의 학업성취도 향상)[30]으로서, 이 조항은 "최소한도로 주정부가 정한 학업성취기준과 학업평가기준에 도달하기 위해 공정하고 동등한 기회를 갖도록 보장하며, 모든 아동들이 수준 높은 교육을 받아야 한다."라고 명시하여 소외

---

25) 이혜영, 앞의 보고서(2006년), 55면.

26) 이상윤, 앞의 보고서(2010년), 112면.

27) No Child Left Behind Act of 2001.

28) 장기원, 미국 연방정부의 교육정책 동향, 주미대사관 교육관실, 2007, 93면.

29) https://www.ed.gov/esea(검색일: 2023. 12. 11.).

30) Tile Ⅰ은 소회계층의 학업성취향상에 관한 내용을 다루는데 모든 아동들이 높은 수준의 교육을 받고 학업성취기준과 평가에서 우수한 수준에 도달할 수 있는 기회를 보장하기 위해 고안되었다. Tile Ⅰ은 보조교사 채용, 전문성 개발, 연장프로그램의 시행, 기타 빈곤층이 높은 학교에서 학생성취도를 상향하는 등의 여러 교육개혁전략을 실천하는데 필요한 재원을 제공한다(염철현, 미국 초중등교육개혁법 고찰, 비교교육연구, 2008, 63면).

계층과 경제적, 사회적 약자의 학업성취 향상을 위한 지원을 목적으로 한다.[31]

낙오학생방지법은 연방정부가 적극적으로 제정지원을 하면서 주정부의 개혁성과에 대해 책임을 묻는 초중등교육개혁법으로 법령의 명칭대로 '어떤 아동들도 뒤떨어지지 않게 하자'는 단호한 의지가 있다. 궁극적으로 인종, 지역, 학교, 계층 간 교육격차 해소를 통해 초중등 교육의 경쟁력 향상과 사회통합 달성을 주목적으로 삼고 있다.[32] 낙오학생방지법을 시행하면서 부각된 주요 특성을 살펴보면 다음과 같다.

첫째, 개혁 결과에 대한 주의 책임을 강조한다. 모든 아동들은 영어를 읽을 수 있어야 하며 4칙 연산 등의 수학을 잘 할 수 있어야 한다. 주정부는 연방재원을 지원받는 조건으로 3−8학년까지 아동이 영어를 읽고 쓰고, 셈하기의 성취도를 부모와 교사에게 확인해주어야 하며, 아동의 학업수준을 향상시킨 주정부, 지역교육구, 단위학교는 보상을 받게 되지만, 기준을 충족하지 못하는 교육청이나 학교는 초기에는 특별지원 대상으로 선정되어 지원을 받으나 계속 향상이 되지 않을 경우, 제재를 받음과 동시 학교 구조조정의 대상이 된다. 각 주는 이러한 책무성을 위한 교육평가 기준, 방법, 학교 보고서 양식, 평가에 따른 후속 대책 등에 대하여 교육부 장관에게 계획을 제출하도록 되어 있다. 둘째, 지역의 자율성 보장 원칙이다. 주정부와 지역교육구는 결과에 대한 책무성이 커진 만큼 연방정부 지원액의 사용에 있어서는 주와 교육청의 자율성을 대폭 신장하여 실제 해당 지역의 학생들이 필요로 하는 것은 해당 지역의 관계자들이 정확하게 알고 있기에 그들에게 부여하겠다는 정책적 의지가 있다.

셋째, 학부모의 선택권 확대이다. 예컨대 2년 연속 주 학력기준 미달에 해당하는 학교의 학부모는 자녀들을 교육청 내의 다른 학교로 전학시킬 수 있

31) 염철현, 앞의 논문(2010년), 84면.
32) 염철현, 앞의 논문(2010년), 61면.

다. 만약 전학 간 학교까지 교통편의가 필요하면 교육청은 Title Ⅰ지원액에서 통학비를 제공하여야 한다. 3년 연속 주 학령기준 미달에 해당하는 학생들은 학교의 방과 후 프로그램, 과외, 여름학교 등의 부수적인 교육 서비스를 제공받을 수 있다. 넷째, 효율적이며 입증된 교육방법의 사용 원칙이다. 낙오학생방지법은 과학적인 연구에 의하여 효과성이 입증된 교육 프로그램이나 활동을 독려한다. 연방정부의 지원도 학생의 학습과 성취도 증진을 위한 프로그램과 교수방법을 지원하는데 주안을 두고 있다.[33] 낙오학생방지법은 초중등교육법을 1965년 수정·개정하여 전국 초등학교의 평균학업성취도의 향상을 목적으로 하였고 연방정부는 막대한 연방보조금을 지원하였지만, 교육을 전체적으로 관리하는 역할이 연방에 부여된 것이 아니다. 즉 각주가 유연성 있게 학생들의 평가시점 결정, 영어구사능력 기준, 교사의 자질에 대한 기준, 매년 시행 될 능력향상기준 등의 새부적인 기준에 관하여 각 주가 자율적으로 결정할 수 있는 특징이 있다.[34]

(4) 장애인교육법(IDEA)

미국의 장애인교육법(Individual with Disabilities Education Act: IDEA)은 1990년에 제정되고, 2004년 재인가를 받았다. 이 법률의 법률적 모태는 1975년 모든 장애아를 위한 교육법(Education for All Handicapped Children Act: EHA)으로 1975년 공법 94－142(EHA)는 무상의 적합한 공교육, 비차별적 평가, 개별화교육, 최소 제한적 환경, 절차상 보호 및 부모 참여 등 여섯 가지 중요한 원리를 포함했는데, 이 원리들은 전 세계 특수교육 정책의 토대가 되었다. 이 법의 제정으로 이전에 공교육으로부터 배제되었던 상당수의 장애학생들이 공교육을 받을 수 있게 되었다.[35] 당시 미국에서는 800만 명 이상의 장애아가 교육적·

33) 예로 낙오학생방지법은 초등학교 저학년 학생들과 유치원 학생들을 대상으로 과학적으로 입증된 읽기 프로그램을 시행하고 있다(이상윤, 교육복지에 관한 법제 연구, 56－58면; 염철현, 미국 연방차원의 교육복지법 개관 및 시사점, 84면 참조).

34) 이상윤, 앞의 보고서(2010년), 119－120면.

35) Turnbull, H. R., & Turnbull, A. P., Free Appropriate Public Education, 2000, 25면.

사회적 정책을 요구하였지만, 서비스 체계가 구축되지 않았고, 400만 명의 장애아가 교육서비스를 지원받지 못하였으며 공교육의 기회를 제공받지 못하였던 장애아가 100만 명 이상이였다. 장애인교육법은 모든 어린이에게 동등한 교육기회 제공 및 교육여건을 보장하기 위한 것으로서 주의 연방기금지원을 통하여 지역의 학교에 재학중인 장애학생에 대한 특수교육 서비스 지원을 위한 법률이다.[36] 이 법은 본래 특수학교에 제한적으로 적용되었으나 점차 일반학교 내에서 학습장애 특성을 노출하는 학생들에 대한 지원으로 확대되었다. 이는 장애인 관련법과 각종 지원시스템을 장애인에 국한되지 않고 학습장애를 경험하는 일반학생들과 다양한 이유로 인하여 학교부적응 및 학교소외를 경험하는 학생들에게 적용될 필요성에 대한 현실을 직시하였기 때문일 것이다.

미국의 교육복지법 중에 장애인과 관련된 법률은 전 세계 특수교육의 토대가 될 정도로 최고 수준이라고 할 수 있다. 미국에서 장애가 있는 어린이들은 3가지 유형의 연방법[37]에 의해 보호를 받고 있고 3가지 유형의 연방법의 공통목적은 장애아를 차별에서 보호하고 공립학교에서 균등한 교육기회를 누리며, 균등한 시설을 이용하고, 동등한 고용기회를 갖게 하는 것이다.[38]

3) 소결 및 시사점

이상에서 살펴본 미국의 교육복지정책 및 법제가 우리나라의 교육복지법 제정 및 정책수립에 도움이 될 수 있는 점을 요약하면 다음과 같다.

첫째, 교육격차 해소의 방안으로 국가가 조기에 적극적으로 개입하여야 한다. 미국은 이른바 헤드 스타트 프로그램으로 영유아를 위한 사회통합적 교육복지프로그램 정책은 다문화 가정의 아동과 가족들이 함께 참여하고, 프로그램에 참여한 대상자들이 다시 프로그램을 위한 자원봉사에 참여하는 시스

36) 백종인, "미국에서의 장애인교육권보호법제에 관한 고찰," 「공법학 연구」 제8권 제3호, 한국비교공법학회, 2007, 546면.

37) 3가지 유형의 연방법률은 장애인교육법(IDEA, 1990), 장애미국인법(ADA, 1990), 재활법(Rehabilitition Act, 504)으로부터 보호를 받는다.

38) 염철현, 교육행정가와 학교법, 원미사, 2002, 148면.

템으로 구축되었다. 우리 사회도 급속도로 증가하는 다문화가정, 외국인근로자 및 저소득층 자녀를 대상으로 하는 헤드 스타트 프로그램의 도입이 필요성이 있다.

둘째, 우리나라에 이중언어교육법 제정이 필요하다. 결혼이민자가 증가하고 있고 다문화 가정의 자녀 및 외국인 학생들이 초·중등학교에 재학하고 있다. 우리 사회에서 급격하게 증가하는 다문화가정의 자녀들은 의사소통에서 어려움을 겪고 있다. 미국의 경우에는 초기에는 이중언어교육을 주정부에 위임하였지만, 실효성을 위하여 연방 차원에서 개입하고 있다. 우리도 외국인들을 위한 언어교육을 지방자치단체 및 민간의 재량을 넘어 국가가 교육복지차원에서 적극적인 개입이 필요한 것으로 사료된다.

셋째, 미국의 낙오학생방지법은 연방과 주정부의 교육과 관련한 특수성으로 충돌이 있었고, 성과중심의 개혁이라는 평가를 받는 법이지만. 연방정부의 주정부에 대한 자율권과 교육재정지원을 동시에 제공하여 강력한 책임감을 부연한 것이다. 우리나라의 경우에도 교육복지정책이 실시되고 있지만, 성과에 대한 책무성이 선언적 규정에 그치고 있다. 그에 반하여 낙오학생방지법은 학생들이 학업성취도에 도달하지 못한 학교, 교사, 학교행정기관에 대하여 강력한 책임을 부여하고 있다. 우리나라의 경우 상당한 예산이 투입되는 교육복지정책에 대해 평가 시스템을 구축하여 책임을 강화할 필요가 있다.

2. 독일

1) 교육복지 정책

(1) 교육복지 정책의 개관

독일은 사회복지법과 사회보장보험이 체계적으로 발달되어 있어 북유럽 일부 국가를 제외하고는 사회 안정망이 제도적으로 잘 갖추어져 있는 국가 중 하나이다. 독일의 사회복지정책은 사회보장 체계와 교육정책을 포함하여 시행되고 있으므로 '교육복지'라는 용어를 별도로 사용하지 않는다. 즉, 교육복지의 대상도 특정 집단에 국한하지 않고, 전체 아동과 청소년, 가족까지 포함하며, 교육정책도 교육에 영향을 주는 요소와 환경을 포괄적으로 지원하고 있어 사회복지와 교육복지를 명확히 구분하기 어렵다.[39] 따라서 독일은 학교제도에 관한 입법권은 독일연방기본법 제74조에 따라 각 주의 권한이고, 16개 주마다 각각 독자적인 교육제도와 교육법이 있으며, 독일연방공화국 전체에 통일적으로 적용되는 학교법은 존재하지 않는다.[40]

학교사회복지의 형태로 이루어시고 있는 독일의 교육복지는 모든 학생을 대상으로 하고 있으며, 그 특징은 학생 개개인에게 나타나는 개인차를 인정하는 가운데서 시작된다고 할 수 있다. 궁극적으로 국민 개개인의 적성과 능력에 상응하는 최선의 교육기회를 제공하는데 있으며, 누구나 평등하게 평생동안 직업·정치·기타 교육의 기회를 주는 것을 기본으로 한다.[41] 영국의 교육복지는 경제적 사회적 소외계층 대상을 중점적으로 지역을 선정하여 적극적인 지원을 하는 형태라면, 독일의 학교사회복지[42]의 형태로 교육복지는 모든 학생을 대상으로 실시하고 있다.[43]

(2) 독일의 학교사회복지제도

독일은 학교생활에 적응하지 못하는 학생이 재적응할 수 있도록 기회의 제공을 학교사회복지의 최종 목표로 지향한다. 학교사회복지의 대상인 학생들과 관련있는 영역은 학교 외 청소년문화 영역에서의 부적응 문제, 교사와의 교육 및 상담체계 중심의 수업 영역, 여가 및 서클활동 중심의 수업 외의 영역

---

39) 교육부 정책연구 보고서, 저출산 극복을 위한 교육개혁 방안, 한국교육개발원 2017, 55면.

40) 이상윤, 앞의 보고서(2010년), 131면.

41) 조미숙, "독일의 학교사회복지에 관한 고찰," 「학교사회복지」 제7호, 한국학교사회복지학회, 2004, 25면.

42) 독일의 여러 주나 학교에서 시행하는 학교사회복지의 개념적 차이는 존재하지만, 미국의 용어 'school social work'를 번역한 용어로 'Schulsozialarbeit'를 학교 사회복지 용어로 사용하며 '사회사업'과 '사회교육'의 요소를 포괄하고 있다.

43) 노기호, "독일의 교육복지정책과 법제의 동향," 「법과 정책연구」 제6집 제2호, 한국 법정책학회, 2006, 766면.

을 대상으로 한다. 학교복지사업의 내용을 다음과 같이 살펴보고자 한다.

첫째, 학습부진아에게 학교 내외에서 학습능력을 보완하여 교과진도를 따라갈 수 있도록 도움을 제공하며, 학습부진아에게 개별지도의 기회를 제공하여 학습능력 보완을 위한 개인과외제도 및 방과후프로그램을 활성화하는 한편, 교사와 학부모의 적극적인 소통을 위한 학부모와의 저녁모임을 강화하고 있다.[44)]

둘째, 학교생활에 적응히는데 어려움을 겪는 학생에게 심리적 치료 및 예방 활동을 지원하여 사회화 능력을 함양하여 졸업 후 사회생활에 원활하게 적응할 수 있도록 도움을 준다.[45)] 독일에서 학교사회복지의 형태로 교육복지를 운영하는 기관은 ① 민간사회복지 사업단체와 개인, ② 학교행정청 및 학교 기관, ③ 공공기관의 사회복지사업청으로 분류된 관공서 등으로 나누어진다.[46)] 학교사회복지가 시행되는 형태를 구분하면 ① 교내에 주로 실시되는 총체적인 모델(Das Integrations und Subordinationsmodell)로 대표적인 수행 장소는 독일 종합학교인 게잠트슐레이며, 이 학교 학생의 60% 정도이다. ② 학교 밖의 지원모델(Das Distanzmodell)은 학교에서 일탈아, 문제아, 폭력범죄아, 비행아라고 범주된 학생들을 청소년기관이나 복지기관에서 맡아서 이들의 태도와 행동 및 신념 등을 교정하는 사회복지사업을 수행하여 이들이 다시 학교생활에 재적응할 수 있도록 도와주는 일을 하고 있다. 이 모델은 각종 문제아와 소외자들에 대한 가정복지사업으로 가정의 역할에 주안을 두고 있어 학교사회복지에 직·간접적으로 기여하고 있다. ③ 합동모델(DasKooperationsmodell)은 사회복지사업체와 학교의 업무분담을 다각화하면서 체계적으로 연계하여 협력하는 행정적 영역 및 법적 영역을 구축한다. 합동모델은 청소년지원법의 시행법으로서 청소년청의 관할 아래에서 시행규칙이 신설·제정되면 예산상의 지원도 받게 된다.[47)]

---

44) 이상윤, 앞의 보고서(2010년), 134면.
45) 이상윤, 앞의 보고서(2010년), 92면.
46) 류영철, 앞의 보고서(2017년), 518면.
47) 노기호, 앞의 논문(2006년), 769면.

2) 교육복지법제

(1) 교육복지 관련 입법체계

독일연방기본법 제70조에 따라 청소년교육에 관한 입법권은 각 주에 부여되어 있으나, 복지에 관한 입법권은 독일연방기본법 제74조에 따라 연방과 주의 경합적 사안이기 때문에 연방과 주가 아동 및 청소년의 복지 및 보호 관련법에 관한 관할권을 행사하고 있다.

연방 사회법전 제8권에 담겨 있는 아동 및 청소년복지지원법(Kinder－und Jugendhilfegesetz(KJHG); SGB VIII)이 아동 · 청소년복지를 규징하고 있으며, 학교 내외에서의 교육복지 및 아동 · 청소년복지와 관련해서는 총괄적인 법령은 존재하지 않지만, 부분적으로 그밖에 학교교육과 직접적인 연관이 있는 복지는 학교교육영역으로 간주하여 각 주의 학교법에 의하여 규율되고 있다.

다만, 연방교육지원법(BAföG)과 같은 입법사례들 안에서 아동 및 청소년복지지원법 외에도 부분적으로 교육복지(내지 학생복지)와 관련된 조항들은 확인할 수 있으며, 각 주의 학교법에서 교육복지 관련 규정들도 확인 할 수 있다.48)

(2) 아동과 청소년지원법

학교사회복지와 관련 있는 법은 1991년 1월1일에 제정 도입된 아동과 청소년지원법49)이다. 이 법은 현재 독일의 청소년 복지사업 및 정책의 근거가 되고 있다. 이 법은 아동 · 청소년 및 이들의 부모, 자립하지 못한 초기 성년자들까지 지원하는 것이 특징이며, 개념의 중심에는 청소년이 개인적 · 사회적으로 불이익을 받지 않으면서 성장 · 발달하도록 지원하고 아동 · 가족 친화적인 조건과 환경을 이루고자 하는 독일 사회의 양육에 대한 경험적 고찰이 자리잡고 있다.50) 이 법은 아동 · 청소년, 부모가 자기 삶의 주체가 되어 개인적 · 사

48) 이시우, “독일 교육법 연구의 동향과 특징,” 「교육법학연구」 제18권 제2호, 대한교육법학회, 2016, 113면.

49) 아동 · 청소년 지원법은 1990년 10월 1일 동독에서 먼저 시행되었다.

50) 장주리, “독일 아동 · 청소년지원법((SGB VIII－Kinder und Jugendhilfegesetz) 개편과 시사점,” 한국보건사회연구원, 2017, 106면.

표 13 독일 교육복지 관련 법

연방의 교육복지 관련 입법	주의 교육복지 관련 입(Bayern주 사례 예시)
	Bayern주헌법((Verfassung des Freistaates Bayern): 제128조－140조(교육 및 학교, 학교감독권 규정)
독일 연방사회법전 제8권 「아동 및 청소년지원법」 (Sozialgesetzbuch) Achtes Buch(Ⅷ) Kinder－und Jugendhilfe): 제1장(총칙) 제1조 제3항 및 제10조 제1항 제2항(청소년지원급부) 제13조 제1항 및 제4항 제21조	2. Bayern주 학교법(교육 및 수업제도에 관한 법률; Bayerisches Gesetz über das Erziehungs－ und Unterrichtswesen:BayEUG): (1) 제1장(일반원칙) 제31조(학교의 청소년 공무원과의 협력 및 학교의 보육, 교육, 방과후돌봄 시설과의 협력 관계)－학생복지 관련 (2) 제2편 제7장(학생) 제56조(학생의 권리와 의무) (3) 제2편 제8장(학교장, 교사회, 교사) 57－61조 (4) 제5편(학교감독) 제114조(학교감독권의 책임소재 규정)
2. 독일 연방교육지원법 (Bundesges über indiividuelle Förderung der Ausbildung＝Bundesausbildungsförderungsgesetz－BAföG):대학생에 대한 학비 및 생활비 지원 제도 법률	3. Bayern주 중고등학교법시행령: Schulordnung für die Gymnasien in Bayern (Gymnasialschulordnung－GSO) (1) 제1편(총칙) 제2조)학교감독) (2) 제2편 제2장(학교의 장) 제4조(학교의 장) (3) 제2편 제3장(교사) 5－9조 (4) 제2편 제4장(학생) 10－17조 (5) 제2편 제5장(학부모) 18－22조 (6) 제2편 제6장(학교포럼0 23조(학교포럼) (7) 제4편(학교운영) 제2장(학교출석) 제37조(수업참여) 제38조(감독) 39조(음주금지, 물건의 안전)

자료: 장형심, 해외 선진국의 교육복지 및 학생안전 입법사례 조사 연구, 한국교육문제연구소 13면.

회적 발달을 위해 위험을 조기에 예방하거나 위험에 적극적으로 대처할 수 있도록 포괄적으로 지원하는 체계를 전제로 2021년 6월 10일 개정되었다.

이 법이 학교사회복지에 중요하게 평가되는 이유는 아이의 입장에서 생각하여 많은 참여와 효율적인 서비스 제공과 더불어 효과적인 보호를 통해 아동과 청소년에 대한 지원을 강화함으로써 공적 조정기구와 포괄적인 공적 책임성을 강조하고 있기 때문이다. 그리고 옴부즈퍼슨 사무소를 설치하여, 모든 아동과 청소년, 부모가 행정이나 서비스 기관과 갈등을 겪을 때 사무소에서 아동과 청소년을 대변할 수 있도록 명시하여[51] 정책이나 서비스 기관과 갈등하는 아동·청소년, 부모의 입장에서 그들을 대변할 수 있도록 규정하고 관련 단체가 정부의 정책 결정 과정에 의무적으로 참여할 수 있는 규정을 마련함으로써 민간, 공공과 당사자 간 균형있는 구조를 다루고 있다. 그러므로 아동과 청소년 지원법은 아동 및 청소년복지와 학교 및 공공기관의 지속적인 협력을 위한 법적 토대 마련 및 학교사회복지의 근 틀로 작용하고 있다고 할 수 있다. 아동과 청소년지원법의 특성을 살펴보면 다음과 같다.

이 법에 따른 청소년지원은 "청소년의 개인적·사회적 발달을 지원하고, 청소년이 차별을 받지 않도록 하는 데에 기여하여야 한다."라고 규정하고 있으며, 제13조 제1항에서는 "사회적 불평등을 조정하거나 개인적인 차별을 극복하는 데에 상당 부분 지원에 의존하고 있는 청소년들에게는 청소년지원의 범위 내에서 학교 및 직업교육을 비롯하여 고용시장으로의 진입과 이들의 사회통합을 촉진하는 사회교육적 차원의 지원이 제공되어야 한다."라고 함으로써 사회적 불평등 조정과 개인적인 차별의 극복도 청소년 지원의 목적임을 밝히고 있다. 청소년 차별 해소, 사회적 불평등 조정 및 개인적 차별 극복이 법안의 목적임을 알 수 있으며 이는 우리나라에서 교육복지 관련 입법화가 이루어진다면 교육복지의 목적에 고려할 수 있을 것이다.

독일 사회복지 영역에서 기본적인 책임 순서는 헌법 및 사회복지원리인 보충성의 원칙(Subsidiaritätsprinzip)에 따라 일차적으로는 개인 및 부모에게 있으며,[52] 이차적으로 국가적 차원에서는 학교 – 청소년지원 – 사회복지지원의 순서로 급부 및 책무수행이 이루어지는 것이 원칙이다. 즉, 아동 및 청소년

51) 옴부즈퍼슨사무소 신설 규정을 추가하여 지원 서비스에 대한 조언이나 중재, 갈등을 요청할 수 있으며, 옴부즈퍼슨사무소는 아동과 청소년, 가족의 요구를 대변해야 하며 독립적으로 업무를 수행하여 지시를 받지 않는다(§ 9a SGB Ⅷ).

52) 아동 및 청소년복지지원법 제1조 제1항 및 제2항.

복지지원법 제10조 제1항은 “이 법전에 의하여 다른 기관, 특히 기타 사회복지급부 제공기관과 학교의 책무를 침해할 수 없다. 이 법전에 명시된 급부가 주어진다는 이유로 관련 법규에 근거하여 다른 기관이 제공하는 급부가 거부되어서는 안 된다.”라고 함으로써 원칙을 명시하고 있다.

그리고 아동 및 청소년복지지원법 제13조 제1항은 “개인적 차별을 극복하거나 사회적 불평등을 조정하는 지원에 의지하고 있는 청소년들에게는 직업교육 및 학교교육, 고용시장으로 진입과 사회통합을 촉구할 수 있는 지원이 제공되어야 한다.”라고 규정함으로써 궁극적으로 사회교육적 차원의 청소년사업을 포괄하고 있다.[53)]

이상과 같은 특징을 볼 때, 독일의 교육복지는 연방 차원의 보편적인 사회복지라 할 수 있다. 그리고 독일의 교육복지는 모든 학생을 대상으로 하는 사회복지의 형태이기도 하고 또한 학교 밖 아동이나 청소년들을 대상으로 하는 사회복지의 형태이기도 하다. 그러므로 독일에서 교육복지 영역은 어떤 다른 국가작용 영역보다도 연방과 주 그리고 지방자치단체와 학교 사이의 협력관계가 매우 중요하고 필요한 영역임을 알 수 있다.

2) 소결 및 시사점

독일도 단일화된 교육복지법은 존재하지 않는다. 독일에서 교육복지는 학교사회복지를 넘어 연방 차원의 보편적인 사회복지의 한 형태로 여기고 있기 때문이다. 독일은 교육과 복지를 동일시하고 있다는 점에서 우리에게 시사하는 바가 상당하다. 독일의 학교에서는 극소수의 예외를 제외하고 거의 대부분의 학교가 국립이며, 학비를 받지 않는다. 모든 학생들은 이미 학교에서뿐만 아니라 국가로부터 사회복지의 혜택을 받고 있기에 사실상 국가의 복지정책의 형식으로서 학교와 지방자치단체 그리고 연방정부의 영역에 걸쳐서 실행되고 있다.

---

53) 장형심 외 5 인, “해외 선진국의 교육복지 및 학생안전 입법사례 조사 연구,” 교육복지정책중점연구소, 2014, 12－15면.

독일의 교육복지 관련 대표적인 법령은 「아동과 청소년지원법」으로 청소년 복지사업 및 정책의 근거로 작용하고 있다. 이 법이 관련 법령으로 주목을 받는 이유는 학교가 아동과 청소년에게 중요한 교육적 환경임을 상기시키고 있고 청소년의 학교교육 증진과 함께 직업으로의 이행과정에서 사회적 통합에 기여하기 위한 특별한 사회교육이 제공되어야 함을 명시하고 있어 긴밀한 협조체제를 다루고 있다는 점 때문이기도 하다.[54)]

독일과 같이 교육복지정책의 합리적인 추진을 위해서는 법적 근거가 되는 법체계를 갖추어야 할 것이다. 이를 통하여 교육복지에 대한 국가 및 지방자치단체의 책무, 관련 체제 등의 사항을 규율하는 법률의 제정은 관련 정책의 실효성을 위한 기초가 될 수 있을 것이다.

3. 노르웨이

1) 교육복지 정책

(1) 개 관

노르웨이는 사회복지가 발달한 서유럽 국가 중의 하나이고, 북유럽 스칸디나비아반도 북서부에 위치하고 있으며, 공식적인 명칭은 노르웨이왕국(kingdom of Norway)이고, 루터복음교(전체 국민의 약 94%)를 국교로 지정되어 있다. 인구는 538만명(2022.12. 기준)으로 남한의 약 1/10이고, 국토 면적은 386.958만 km로 한반도의 약 1.7배이다.[55)] 노르웨이는 교육복지제도가 발달한 나라로 알려져 있으나, 법체계가 독특한 국가로 교육복지법제에 대한 파악이 쉽지 않다.[56)]

북유럽 국가들은 높은 조세에 의존해 보편성의 원리와 평등원리에 기초

54) 노기호, 앞의 논문(2006년), 747-777면 참조.

55) 주노르웨이 대한민국 대사관, 2022 노르웨이 약황(https://overseas.mofa.go.kr, 검색일: 2023. 12. 14.).

56) 노르웨이는 국민투표 부결로 유럽연합에 가입이 무산되어 유럽연합 회원국 중심의 유럽 법제연구에도 제외되었다.

하여 복지서비스를 제공하는 공통점이 있고, 이 국가들은 기초교육과정에서 의무교육과 무상교육을 실시하고 있으며, 고등학교와 대학에서의 무상교육은 국가에 따라 상이하지만, 국·공립학교에서 수업료를 면제하고 있다. 노르웨이는 「초중등교육법(Act relating to primary and Secondary Education)」에 초중학교 10년 동안 의무교육 기간으로 규정하고 의무교육 기간에는 공교육이 무상으로 제공된다. 의무교육 기간 외에도 사실상 고등학교 교육과 고등교육을 무상으로 실시하고 있으며, 국립의 고등교육은 사실상 무상으로 제공되고, 사립의 고등교육은 학비부담을 일정 부분 감면하고 있다.[57]

(2) 노르웨이의 교육복지

① 초중학교 무상교육

노르웨이는 초중학교의 10년 기간을 의무교육으로 규정하였고 이 기간의 공교육은 무상으로 제공된다. 「초중등교육법」 제2장 초중학교 제1조(초중학교 교육에 참여할 권리·의무)는 "아동과 청소년은 은 초중학교 교육을 이수할 의무가 있으며, 이 법에 따른 규정에 따라 공립초중학교 교육을 받을 권리를 가진다."라고 규정하고, "만 6세가 되는 해에 입학을 하되 전문가 평가 후 아동이 등교를 시작할 만큼 충분히 성숙했다고 단정할 수 없는 경우 학부모의 요청에 따라 그 아동의 등교는 1년 연기할 수 있다. 특별한 경우 전문가 평가와 학부모가 서면으로 동의하면 지방자치단체는 등교를 1년 연기하기로 결정할 수 있으며, 등교할 권리·의무는 10학년 과정을 마칠 때까지 지속된다."라고 규정하였다.[58] 다음으로, 같은 법 제2장 제15조(무상 공립 초중학교 교육에 대한 권리)는 "학생은 무상 공립초중학교 교육에 대한 권리를 가진다. 지방자치단체는 수업 교재, 등하교 비용, 교내 캠프 숙박비, 수학여행비 또는 그 밖에 초중학교 교육의 일환에 해당하는 야외 활동비 등 초중학교 교육과 관련된 비용을

57) 류영철, 앞의 보고서(2017년), 525면.

58) 국회, 노르웨이 초중고등학교 교육·훈련에 관한 법률, Lov om grunnskolen og den vidaregåande opplæringa, 국회도서관, 2019.

지불할 것을 학생이나 학부모에게 요구할 수 없도록" 규정하였다.[59)]

② 고등학교 및 고등교육 무상교육

노르웨이의 고등학교 과정은 의무교육단계는 아니지만, 무상교육을 제공받을 수 있다. 초등학교부터 대학원까지 정부지원으로 무상교육(외국인도 동일)이 실시된다. 다만 대학 중에서 대학교(University)는 모두 국가 보조금으로 운영되나, 대학(college) 및 사립대학 등은 수업료를 지불해야 하며, 대학도 등록금 및 수업료가 무료이더라도, 교재비, 생활비 충당을 위해 많은 학생들이 학자금 대출을 이용하고 있는 실정이다.

③ 소외계층 지원교육

노르웨이는 특정된 계층을 대상으로 교육복지 서비스를 제공하기 보다는 지원이 필요한 학생에게 맞춤형 교육지원을 제공하고 있는데, 이는 특정 지역 거주 및 특정 계층이라는 이유로 특별한 혜택을 제공하는 방식이 아니라는 의미이다.[60)] 노르웨이는 정부는 학생의 통학, 숙소, 등교 및 하교 시의 안전 및 보호 등에 관한 권리를 구체적으로 규정하는데 교육복지를 경제적 비용 지원의 측면에서만 보지 않고 교육환경 보호 등 종합적인 측면에서 효율적으로 제공하는 서비스로 인식하고 있는 것으로 해석된다. 그리고 교육복지에 관한 기초 및 광역 지방자치단체의 지역주민에 대한 고등학교 교육 제공 책무와 광역 지방자치단체의 교정시설 내의 고등학교 교육 제공 책무와 그것을 관리·감독할 국가의 의무를 구체적으로 규정하였다.[61)]

노르웨이는「초중등교육법」제2장(The primary and lower secondary school) 제2－5조(초중학교 교육에서 사용하는 노르웨이어)는 "7학년까지 학부모가 교과서 사

59) Section 2－15. Right to free public primary and lower secondary education, 노르웨이 초중고등학교 교육·훈련에 관한 법률.

60) 이덕난, 북유럽의 교육복지 법제에 관한 비교법적 연구, 한국법제연구원, 2013, 27면.

61) Section 13－3. The duty of the county authority to provide for upper secondary education and training(제13－3조 고등학교 교육·훈련을 제공할 카운티 당국의 의무), 노르웨이 초중고등학교 교육·훈련에 관한 법률.

용에 관한 노르웨이 언어 형식을 결정하고, 8학년부터 학생들 스스로 사용할 언어를 직접 결정한다."라고 규정하여 초·중학교에서 학생 및 학부모의 주된 노르웨이 언어형식 선택 권리를 보장하고 있다. 그리고 「초중등교육법」 제2장 제2-6조(초중학교 교육에서의 수화 수업)는 "전문 진단에 근거하여 수화를 사용하는 청각장애 학생들은 수화로 진행되는 초·중학교 교육에 관한 권리를 가진다."라고 규정하여 일반 초중학교와 고등학교에서 청각장애 학생들이 수화교육을 받을 권리와 초·중·고교 교육을 수화로 제공하거나 수화 통역사를 지원받을 수 있는 권리[62]를 보장하고 있다. 노르웨이는 이주민 및 소수민족학생을 대상으로 「초등교육법」 제2장 제7조(크벤 또는 노르웨이-핀란드 배경을 가진 학생을 위한 크벤 또는 핀란드어 수업)는 이주민 학생 중 적어도 3명 이상의 학생이 요구 시 학생들은 핀란드어로 교육받을 권리가 있고, 「초등교육법」 제2장 제8조(소수언어를 구사하는 학생을 위한 맞춤형 언어 교육)는 "모국어가 노르웨이어나 시마어 이외의 언어인 초중학교 학생들은 학교의 일반 수업을 따라갈 수 있을 정도로 노르웨이에 능숙해질 때까지 노르웨이어로 개별화 교육을 받을 권리를 가진다."라고 규정하여 초중학교에서 핀란드 이주민 학생에게 핀란드어 수업을 받을 권리 보장 및 소수민족학생들이 개별화 언어교육을 받을 권리를 보장하고 있다.

④ 대학의 학비 감면

국립의 고등교육은 사실상 무상으로 제공되고 사립의 고등교육은 학생의 학비 부담을 일정 부분 감면하고 있다. 노르웨이의 교육지원 방식이 특정 지역에 거주하거나 특정 계층의 사유로 혜택을 제공하는 방식이 아니기에 사립대학의 학비 감면 시 계층이나 지역 등을 중요 기준으로 명시하지 않는다.

62) Section 3-9. Sign language instruction in upper secondary education(제3조-제9조(고등학교 교육에서의 수화 수업).

2) 교육복지 관련법령

(1) 교육복지의 헌법적 근거[63)]

「노르웨이 헌법」은 전문과 본문으로 구성되어 있고, 총 56장 121개 조문으로 분류된다. 주요 내용은 국가형태·국왕·행정부, 국민·영토·국교·국기, 권리(신체의 자유, 집회의 자유, 표현의 자유, 주거의 자유, 재산권, 환경권) 및 의무(국방의 의무 등), 행정·경제·사회·문화, 국제관계, 의회, 사법부, 사미족에 대한 특례, 헌법 개정 절차 등이다. 「노르웨이 헌법」에서 교육 및 교육복지에 대해 직접적으로 명시한 근거를 찾기는 어렵지만, 관련된 조항들을 살펴보면 다음과 같다.

첫째, 「노르웨이 헌법」 제49조는 "국민은 의회를 통해 입법권을 행사한다."라고 규정하였는데, 이는 입법권이 의회에 부여되어 있음을 의미하며, 의회는 헌법에 반하지 않는 범위 내에서 법률로 제정할 수 있다. 그러므로 교육 및 교육복지에 관한 사항들은 의회가 제정하는 법률에 따라 규율된다.[64)]

둘째, 「노르웨이 헌법」 제92조는 "국가기관은 이 헌법과 노르웨이에 대해 구속력을 가지는 인권 관련 조약에 명시된 인권을 존중하고 보장해야 한다."라고 규정함으로써 인권은 다양한 영역에서 폭넓게 인정되고 국가는 인권 보장을 위해 적극적인 조취를 취해야 한다.

셋째, 「노르웨이 헌법」 제104조는 "아동은 인간으로서의 존엄성을 존중받을 권리가 있다. 아동은 자신과 관련된 질문을 경청받을 권리가 있으며, 아동의 연령과 발달 상태에 따라 아동의 견해에 적절한 비중을 두어야 한다. 아동에게 영향을 미치는 행위 및 결정의 경우, 해당 아동의 최선의 이익을 기본적으로 고려해야 한다. 아동은 개인의 온전성을 보호받을 권리가 있다. 국가기관은 가급적 가정 내에서 아동에게 필요한 경제적, 사회적, 건강상 안정성을 제공하는 것을 포함해, 아동의 발달을 촉진하는 환경을 조성해야 한다."라고 규정였다. 이에 따라 아동의 존엄성, 보호받을 권리실현을 위해 국가는 아

63) 국회도서관 법률정보실, 세계의 헌법(40개국 헌법 전문), 2018, 161－173면 참조.
64) 김정현, 북유럽의 교육복지 법제에 관한 비교법적 연구, 한국법제연구원, 2013, 33면.

동을 위한 환경 조성을 취해야 한다.

넷째, 「노르웨이 헌법」 제109조는 "모든 사람은 교육을 받을 권리가 있다. 아동은 기초 교육을 받을 권리가 있다. 교육을 통해 개인의 능력과 요구가 보호되고 민주주의, 법치주의, 인권에 대한 존중이 증진되어야 한다. 국가기관은 후기 중등교육에 대한 접근 기회와 자격에 따라 고등교육을 받을 수 있는 동등한 기회를 제공해야 한다."라고 규정하였다. 이는 모든 국민이 기초교육부터 고등교육까지 동등한 교육을 받을 수 있는 교육권을 보장하기 위해 국가는 적극적인 조치에 대한 책임을 명시하고 있음을 확인할 수 있다.

위와 같은 헌법상 관련 조항들을 종합하면, 노르웨이에서 교육은 국민의 기본적 인권으로 인식되거나 생활에 필요한 사항으로 간주되며, 국가는 교육 및 교육복지에 관한 사항을 법률과 법규명령에 따라 규정하여 적극적인 조치를 취해야 할 의무가 있다.

(2) 교육 관련법령상 교육복지

노르웨이 교육·연구부가 제시한 교육 관련 주요 법령은 다음 페이지의 <표 14>와 같다. 우리나라와 달리 유아교육 및 보육 지침이 일원화되어있는 「유치원법(Kindergarten Act)」이 있고, 초·중·고의 교육에 관해 규율한 「초중등교육법(Act relating to primary and Secondary Education)」이 있으며, 직업교육 및 고등교육에 대한 법률이 제시되었다.

(3) 초중등교육법

노르웨이는 초중등교육 단계의 교육복지에 관한 사항은 「초중등교육법」이 규정하고 있고 총 16장으로 이루어져 있는데 교육복지와 관련한 대부분의 사항이 포함되어 있다.[65] 노르웨이 초중등교육법이 규정하고 있는 교육복지

65) Act relating to Primary and Secondary Education and Training (the Education Act)은 다음의 편제로 구성되어 있다(국회도서관 노르웨이 초중등교육법률 전게서).
제1장 목적, 범위와 맞춤 교육, 제2장 유치원·초등학교 과정, 제3장 고등교육 훈련 과정
제4장 기업체에서의 고등교육·훈련, 제5장 특별교육과정 제6장 Sami 교육
제7장 통학수단과 편의시설, 제8장 교육기관, 제9장 학교 운영, 기능, 장비와 교육자원

표 14 노르웨이의 교육 관련 법령[66]

법 형식	법령 명칭
법률	유치원법
	직업교육에 관한 법률
	고등교육법
	교육법
	초중등교육법
법률 규제	고등교육 입학관련 규칙
	고등교육 적합성 평가관련 규칙
	석사학위 취득에 관한 규정
	사미족[67] 초·중학교 교사교육 프로그램을 위한 국가교육 과정
	구별된 교사교육 관련 국가 교과과정 규칙
지침	국제 고등교육의 질에 대한 설명지침
	구별된 교사교육 관련 국가 설명지침
	구별된 사미족 초·중학교 교사 교육프로그램 관련 설명지침

관련 주요 사항은 다음과 같다.

첫째, 노르웨이는 초중학교의 10년 동안을 의무교육으로 규정하였다.

둘째, 고등학교 과정은 의무교육단계는 아니지만 무상교육을 제공받을 수 있도록 규정하였다. 「초중등교육법」 제3장 고등학교 교육 훈련 및 교육 제1조(고등학교 교육에 대한 권리)는 "초중학교 교육을 이수한 학생은 3년간 무상으로 고등학교 교육을 받을 권리가 있다."라고 규정하고, "3년 이상의 교육기간

제10장 학교 직원, 제11장 외부인 참여를 위한 학교기구,
제12장 훈련 기관 내 직업 훈련과 관련 있는 기구들,
제13장 지방자치단체 당국 지방당국과 국가의 책임, 제14장 감시와 통제
제15장 행정법 적용. 정보제공의무, 제16장 당해 법안의 발효 경과규정 법안의 개정

66) 윤광석·황윤원, 노르웨이의 행정과 정책연구, 한국행정연구원, 2016, 328면.

67) 노르웨이는 입헌군주제 형태의 정부형태를 가진 국가이며 19개의 주정부와 수백 개의 지방정부를 가진 민주적인 형태의 국가운영을 지속해 오고 있다(외교부, 2012). 또한 노르웨이는 루터 복음교를 국교로 가지고 있으며, 사미족(Sami)이라는 소수 민족을 가지고 있는데 이러한 종교와 인구구성은 교육정책의 발달에 있어 큰 영향을 미쳐왔다. 따라서 교육정책의 이해를 위해서는 사회적·종교적 요소를 함께 파악해야만 노르웨이의 교육정책을 제대로 이해할 수 있을 것이다(외교부, 2012).

이 요구되는 과목은 학생들이 교육과정에 규정된 교육기간에 따라 교육받을 권리가 있다."라고 규정하였다. 이는 고등학교 교육이 강제교육은 아니지만, 학생의 수학원을 적극적으로 보장하기 위해 3년의 무상교육을 제공하고 추가적인 교육을 제공하도록 규정한 것으로 해석될 수 있다.

셋째, 노르웨이는 국가와 광역 자치단체, 기초지방자치단체에 교육정책에 관한 상당한 권한을 부여함과 동시에 학생 및 학부모의 교육에 관한 권리도 함께 존중하고 있다.[68] 노르웨이는 국교의 인정과 학교 종교교육간 합리적인 관계 설정을 위하여 「초중등교육법」 제2장 제3a조는 "모든 학생들은 국교의 종교교육을 받는 것을 원칙으로 하나 종교교육이 불편한 경우 보호자가 서면으로 통지하면 종교수업 출석을 면제받을 수 있도록" 규정하였고, 제2장 제11조는 "학생이 신청시 기초 지방자치단체는 학생에게 2주간 휴학을 허락할 수 있고 종교적인 집단에 속한 학생들이 신청하는 경우에는 그들의 종교집단에서 기념하는 날에 결석할 수 있는 권리를 가진다."라고 규정하였다. 국교의 인정과 학교 종교교육 간의 체계적인 법제를 갖추고 있기 때문에 사회적 반발이 크지 않다고 해석된다.

넷째, 노르웨이는 학생의 통학과 숙소, 등교 및 하교 시 안전 및 보호 등에 관한 권리를 구체적으로 규정하여 교육복지를 교육환경 보호 등 종합적인 측면에서 제공하는 서비스로 인식하고 있다. 「초중등교육법」 제7장(교통지원 및 기숙사) 제1조는 "학교로부터 4km 이상의 거리에 거주하는 학생들은 무상교통지원의 권리를 갖고 있지만 위험한 지역인 학생들은 거리와 무관하게 무상교통지원에 대한 권리를 갖고 있다."고 규정하였다. 같은 법 제7조 제4조는 "학생들은 통학 시 필요한 보호를 받을 권리가 있다."라고 규정하고 제9장 학교의 관리·기능·시설·수업교재 제2조는 학생들의 상담에 관한 권리와 도서관 이용의 권리를 규정하였다.

---

68) 대표적 예로 국교로 지정된 루터복음교를 각 학급에서 종교교육으로 실시하고 있으나 불편하다고 생각하는 학생에 대해 보호자가 통지할 경우 종교수업 출석을 면제할 수 있도록 규정하였다(이덕난, "노르웨이 교육행정과 교육복지 비교법 현안분석," 한국법제연구원, 2013, 63면).

다섯째, 노르웨이는 교육복지에 관한 기초 및 광역 지방자치단체와 그것을 관리·감독할 국가의 의무를 구체적으로 규정하였다. 「초중등교육법」 제13장 기초 지방자치단체, 광역 지방자치단체 및 국가의 책무 제3조는 광역 지방자치단체의 지역주민에 대한 고등학교 교육 제공 책임과 국가의 감독 및 지도, 광역 지방자치단체의 교정시설 내의 고등학교 교육 제공 책임 등을 규정하였다. 같은 조 제6장은 "모든 기초 자자체는 다른 기초 지방자치단체와 협력하거나 자체적으로 학교 체제 및 지역 문화와 관련하여 아동 및 청소년을 대상을 음악 및 문화활동 수업을 제공해야 한다."라고 밝히고 있다. 그리고 제7조는 "지방자치단체는 1-7학년에 재학 중인 특별지도가 필요한 아동과 1-4학년 학생을 대상으로 등교 전후 보육 시설을 제공해야 한다."라고 명시하였다.

3) 소결 및 시사점

우리 헌법은 교육복지의 실현을 위해 교육제도에 관한 기본적인 사항은 국회가 제정하는 법률로 정하게 함으로써 수학권이 행정기관의 간섭으로 침해되지 못하도록 하고 있지만, 현재까지 교육복지를 별도로 규율하고 있는 법률은 존재하지 않는다.

북유럽 5개국 중 노르웨이와 한국은 인구 규모, 국가와 개인의 경제적 능력[69]뿐만 아니라, 사회·문화적 배경도 다르다. 따라서 노르웨이의 교육복지법제를 모방하는 것보다는 우리나라에 필요한 교육복지의 수준과 정도에 대한 고찰이 필요하다는 측면에서 노르웨이의 교육복지법제는 중요한 시사점이 될 수 있다. 특히 노르웨이의 교육복지 정책 중 이민자들을 위해 그들의 모국어 교육까지 제공하고 있는 점은 이민자들이 국가에 동화될 수 있는 기회를 부여하고 있는 것이다.

우리나라는 인구절벽으로 인하여 외국인 근로자 대량 유입, 이민자의 증가 등으로 다문화가정이 증가하고 있는 사회구조의 변화에 대비하는 차원에

69) 2024년 노르웨이 국민 GDP 94,660달러 (세계 4위), 대한민국 국민 GDP 34,165달러(세계 31위).

서 적합한 정책을 찾고, 그 구체적 방법과 범위 설정에 대한 법적 근거를 교육복지법에 규정하는 것이 바람직하다.

교육복지는 결국 예산과 밀접한 연관이 있는 국가적 과제이다. 교육복지는 정치적 아젠다로 한정하는 문제가 아니기에 교육격차의 확대에 따라 사회적 불평등이 심화되고 있는 현상의 해결방안에 대한 고민이 필요하다. 아울러 노르웨이의 북유럽식 모델에 바탕한 보편적 복지가 우리나라와 적합성에 대한 문제의식은 가지되, 노르웨이의 교육복지정책을 참고할 필요가 있을 것이다.

첫째, 노르웨이는 교육정책에 관한 국가, 광역 및 기초 지방자치단체, 학교 설립 운영자, 학생과 학부모의 권한, 권리 및 의무 등을 논리적으로 규율하기 위한 노력의 예로 헌법을 통해 국교로 지정한 종교교육을 공립학교에서 실시하는 동시에 불편한 학생을 위해 출석을 인정하는 제도를 운용하고 있다. 우리나라의 경우 초·중등교육법 및 지방자치단체에 관한 법률이 미비하고, 학교내에서학생 및 교원의 의무와 권리를 규정한 법령 또는 조례가 미비한 상황에서 노르웨이의 사례는 참고할 필요성이 있다.

둘째, 노르웨이는 교육복지에 대한 지원을 경제적 측면에서 학생의 통학과 거주, 보호와 안전, 교육환경 보호 등 다양한 측면에서 지원하고 있다. 교육복지에관한 국가의 감독에 관한 사항과 기초 및 광역 지방자치단체의 의무를 구체적으로 규정한 것도 시사점 중의 하나이다. 우리나라의 경우 교육복지에 관한 개념 및 목표가 모호하며 대부분 경제적 측면에서 정책이 실시되고 있다. 이로 인해 저소득층 학생, 탈북학생, 다문화가족 학생, 학교부적응 학생 등은 부정적인 낙인이 될 우려가 다분하다. 학생의 안전과 보호, 의견을 중시하고 예산과 인력, 학생 및 학부모의 권리 규정, 지방자치단체의 책무 등 다양한 측면에서 교육복지 법제를 정비하고 목표 및 방안을 정비할 필요가 있다.

Ⅱ. 교육복지 단일법 형식(영국)

1. 교육복지정책 개관

영국은 교육을 사회보장 차원에서 여기는 국가이지만, 최근 시장지향적인 정책을[70] 도입하고 있다.[71] 교육개혁에 있어서 새로운 학교형태를 추진하고 학교간의 경쟁을 강화하고 있으며, 학생모집에 우수한 성적을 산출하는 학교에 대해서 재정적 인센티브를 주는 한편, 학교선택 및 학교관리와 관련한 학부모의 권한을 증대시키고 있다.[72] 영국의 교육복지정책은 주로 다음의 특징에서 이루어지고 있다.[73]

첫째, 교육복지의 명칭 사용이다. 영국에서는 학교사회사업이라는 용어보다 학생복지, 교육복지라는 개념을 더 많이 사용하고 있으며, 1998년 아일랜드 정부에서는 "교육복지법(Education Welfare Act)"을 제정하여 학교 출석 의무연령을 15세에서 16세로 또는 기초교육 후 3년까지로 연장하고 국가가 직업적 계속교육 및 훈련을 지원해야 한다고 규정하였다. 또한 교육개혁의 운영주체로 "국립교육복지위원회"를 두고 각 지역에 교육복지사무소를 설립하여 학교 및 지역사회 수준에서 주도적인 역할을 수행할 수 있도록 하고 있다.[74] 둘째, 평생교육으로 영국의 토니 블레어 정부는 21세기를 "학습시대(The Learning Age)"로 선언하고 "교육은 새로운 경제정책"이라고 언급하며, 21세기 지식기반 세계화 경제를 주도하기 위해서는 "모든 사람이 혜택을 받을 수 있도록 학습에 투자하며, 학습에 대한 장애를 제거하고, 학습자를 가장 중시하며, 고용주와 피고

---

70) 일시적인 급여의 증가로 인한 생활안정보다는 인간자본에 투자하여 국민의 장기적인 생활의 안정과 발전을 기하고자 한다.

71) 일시적인 급여의 증가로 인한 생활안정보다는 근본적으로 인간자본에 투자하여 국민들의 장기적인 생활의 안정과 발전을 기하고자 함이다(김용일, 신자유주의 교육개혁의 성과와 한계, 한국교육학회, 1999, 437면).

72) 홍봉선, 우리나라 교육복지의 방향과 과제, 한국사회복지학, 2004, 264면.

73) 홍봉선, 앞의 논문(2004년), 264-265면 참조.

74) 홍봉선, 앞의 논문(2004년), 264면.

용자 사회가 학습의 책임을 분담해야 한다."라고 주장하였다. 최근 영국 정부는 개인학습계좌제(Individual Learning Accounts)[75]를 실시하고 있는데 정부, 기업, 근로자, 개인이 공동으로 기금을 출연하여 개인의 학습경비를 부담하는 방식으로서 지방교육청에서는 지방대학, 사회복지기관, 기타 교육기관과 연계하여 지역사회 주민들의 고용, 교육 그리고 기술을 신장시킴으로써 지속적인 사회재건, 경제개발, 산업경쟁력을 지원하는 다양한 평생교육 프로그램을 운영하고 있다.[76]

셋째, 교육투자우선지역 지원사업으로 교육투자우선지역(Education Action Zone, EAZ) 선정정책은 높은 결석율, 낮은 학업성취도, 빈곤가정의 증가 등 지역교육의 고질적인 폐단을 해결하기 위하여 학부모, 지역사회, 지역의 기업들이 연대하여 문제를 해결하고자 하는 것이다. 이 교육구는 지역적 필요가 높고 교육적 지표가 낮은 학교를 중심으로 다수의 초중등학교 및 특수학교를 하나의 단위로 묶어 선정된다. 해당지역에서는 유아교육과 보육을 통한 조기교육센터를 운영하고 빈곤가정을 위한 교외학습 활동을 하며 가족문맹퇴치프로그램을 실시한다. 이를 위한 활동으로 국가교육과정을 지역사회와 단위학교의 실정에 맞게 개편하고, 학습공간을 지역사회로 확대하며 우수교사 확보를 위한 유인책으로서 성과급, 보조교사도입, 행정업무 감면을 강구한다.[77] 이를 추진하기 위한 체제로는 실행위원회(Action Forum), 집행위원회, 프로젝트팀 등이 있다. 실행위원회는 법령에 따라 교육청 실무자, 교육투자우선지역 학교의 교장과 교사, 관련단체의 장, 지역연계대학의 대표, 지역사회의 기업대표 등으로 구성하며, 전체 교육투자우선지역 사업의 정책결정, 모니터 평가, 재정승인

---

75) 영국의 개인학습계좌제(ILA: Individual Learning Accounts)는 학습기술법(Learning and Skill Act 2000)에 따라 19세 이상 성인의 평생학습을 목표로 영국 전역(잉글랜드, 스코틀랜드 등)에서 실시되었다. 영국이 개인학습계좌를 도입하게 된 목적은 국민들의 학습에 대한 동기를 촉진하고 이에 따른 수요증대에 대응하기 위한 것이었고 개인들의 학습에 대한 책임성을 높이기 위해 일정액의 학습비용을 분담하도록 했다. 이러한 방식은 학습자가 스스로 훈련프로그램을 선택함으로써 실질적으로 수요자 중심의 학습이 된다는 것이 장점이다.

76) 이상오, 평생학습사회론－교육복지의 차원－, 교육과학사, 2000, 35－37면.

77) 홍봉선, 앞의 논문(2004년), 265면.

등을 수행한다. 집행위원회는 각 교육투자우선지역 학교의 교장들이나 지역사회 인사들로 구성되는데 지역내 연간 활동계획의 작성 및 수행, 계획에 대한 감독과 평가, 재원관리 등을 행한다. 프로젝트 팀은 프로젝트 책임자를 배치하여 교육투자우선지역의 실질적인 행정업무를 처리하게 한다.[78] 교육투자우선지역의 목표는 지역 내의 교육적 불합리성을 극복하고 학업성취 수준을 향상시키는데 있으나 교육투자우선지역은 교육기능의 수행과 동시에 복지기능도 수행한다. 교육투자우선지역을 통하여 보건, 사회서비스, 자선사업을 추진할 수 있으며 일부는 보건 및 노동행정구역과 연계하여 활동하고 있다.[79]

넷째, 직업교육이다. 영국은 유럽공동체(EU)의 일원으로 사회 전반적으로 EU법과 정책의 영향을 받고 있으며, 직업교육도 마찬가지이다. 1992년의 Maastricht Treaty[80] 프로그램이 만들어지면서 직업훈련과 관련된 활동에 있어 EU 공동의 목적과 지침을 갖게 되었다. 이는 직업훈련과 직업교육의 이분법적 패러다임을 지양하고 교육을 통합적으로 다루어야 한다는 것이다.[81]

이에 영국에서는 1995년에 직업교육을 관할하던 교육부와 직업훈련 및 고용을 관할하던 고용부를 교육고용부로 통합하였을 뿐 아니라, 부처 및 중앙과 지역 차원에서 연계와 협력이 이루어질 수 있도록 구축하였다. 최근에는 전담워커를 통해 집중적인 상담은 물론 훈련기간 동안 지속적인 관리를 하도록 하고 기술력이 떨어지거나 동기가 없는 청소년들을 직업훈련, 임금보조취업, 창업 등 다양한 고용증진 프로그램을 종합적으로 제공함으로써 청소년들의 고용증진 성과를 나타내고 있다.[82]

78) 남미정, “영국 EAZ 교육복지 사례연구,” 「교육연구논총」 제24권 제1호, 충남대학교 교육연구소, 2003, 73-74면.

79) 한국교육개발원, 교육복지 투자우선지역 선정지원을 위한 연구, 2002, 19면.

80) Máastricht Trèaty 마스트리히트 조약《1991년 Maastricht에서 개최되어 EC에서 이듬해 조인된 통화·정치·경제적 통합을 내용으로 한 조약》.

81) 교육복지체제 구축을 위한 법제연구, 국회사무서 법제실, 2005. 9, 41면.

82) 정영순, 한국과 영국의 청소년 고용증진정책 비교연구, 한국사회복지학, 2002, 102면.

2. 교육복지정책의 이념과 유형[83)]

영국의 거대 정당인 보수당과 노동당은 이념상의 차이가 존재하며 양 정당의 복지정책의 이념적 원리를 살펴보면 다음과 같다.

먼저 보수당은 경제에 대한 정부의 개입을 최소화하고, 재화 및 서비스의 가격과 공급량은 시장의 힘에 의하여 결정되어야 한다는 경제적 시각을 가지고 있다. 특히 1979년 이후 대처수상이 진두하는 보수당은 사적 시장을 중시하는 신자유주의를 수용하였는데 개인과 기업의 기회·선택·사유재산 및 책임을 강조하며, 경쟁, 자유시장의 촉진, 공공지출의 감소, 국가개입의 축소를 지향함에 따라 국영기업의 민영화, 노동조합의 약화, 기업에 대한 세금 감면 등의 정책이 채택된다. 복지에 대한 국가의 주도적 역할에 대해서는 우선 부정적인데 국가가 빈민이 독립적으로 해결할 수 없는 것에 대하여 집단적 조치를 하여야 한다는 집합주의에 반대하는 "반집합주의(anti-collectivism)[84)]"를 표방한다.

이에 반하여 노동당은 집합주의를 표방하는 정당으로 두 가지의 노선으로 나누어 볼 수 있는데, 첫 번째는 경제전반에 걸쳐 공공소유의 확대를 통하여 사회주의를 실현한다는 시각과 두 번째는 거시적 경제정책에 걸쳐 자본주의와 근본적으로 투쟁하는 사회주의 노선에 고착하기 보다는 복지국가를 창설하여 삶의 수준을 향상할 수 있는 사회정책을 강구해야 한다는 시각이다.

이러한 양 정당의 이념적 차이는 복지재원의 배분문제에 있어서 보수당은 선별주의와 국가보건보험의 전환을, 노동당은 보편주의 및 평등을 강조하고 있다. 양 정당간의 복지정책 이념상의 차이가 드러난 가운데 1997년 집권

---

83) 한만길, "21세기 교육복지 발전 방안 연구," 81-85면; 노기호, "현대 교육복지정책의 동향과 법제의 방향," 625-627면; 이시우, "교육복지체제 구축을 위한 법제 연구," 40-55면 참조.

84) 반집합주의 이념의 기본적인 가치는 자유, 개인주의, 불평등이다. 이들이 말하는 자유는 타인으로부터 간섭 또는 강제 받지 않는 것으로서의 자유를 의미하고, 개인주의는 사회란 개인의 자발적 협동과 경쟁에 기초하여 형성되어야 하며, 국가의 역할은 최소수준에 머물러야 한다는 것을 의미한다.

한 노동당은 새로운 "제3의 길"을[85] 제시하였다. 제3의 길에서는 복지국가의 독주가 아닌 국가 이외의 여러 주체가 긍정적으로 기여하는 복지사회의 동력이 되어야 한다고 믿고 있다. 제3의 길에 의하면, '복지국가'는 이러한 방향에서 '사회적 투자국가'가 되어야 한다고 보며 구체적으로는 소득의 지속성을 유지하기 위한 급여보다는 인간자본에 투자하는 방향의 개선이 필요하고 이에 따라 교육과 기간설비를 증대시켜 국민들이 근로할 수 있는 도구를 갖게 된다는 것이다. 이러한 노선은 자유방임 및 국가간섭이 아닌 거시적인 경제 안정을 촉진하고 복지정책도 국가의존이 아닌 자립을 촉구하도록 설계되어야 함이 타당하다고 본다.

영국에서 제2차 세계대전 이후 최대의 교육개혁이라고 알려진 "1988년 교육개혁법(Education Reform Act 1988)"[86] 에서 학부모의 학교선택권 보장으로 학교 간의 격차를 심화시키는 결과를 초래하였다. 사회경제적 수준이 높은 학부모는 자녀를 선호학교에 진학시키게 됨으로써 비선호 학교에서는 주로 사회경제적 수준이 낮은 학생들이 남게 되었다. 학교에 대한 정부의 제정지원은 학생 수에 비례하여 이루어짐으로 학생수가 계속 감소하는 비선호학교들은 교육여건이나 학생들의 성취가 점점 열악해지게 되었다. 이처럼 심화되는 학교 간 격차 문제에 대해 1998년 집권한 노동당은 이 문제의 해결을 위해 교육투자우선지역 선정정책을 입안하여 실시하게 되었다.[87]

교육투자우선지역은 선별적 투자를 특징으로 하는 교육복지 지원정책으로서 특정지역에서 나타나는 고질적인 교육문제의 악순환을 단절하기 위해 고안된 정책이다. 특정 지역에서 나타나고 있는 교육문제, 구체적으로 높은 무단 결석률, 낮은 학업성취, 소수 인종의 급증, 저소득층 자녀의 증가와 이들

85) 제3의 길은 사회적 상황의 변화에 따른 사회민주주의의 새로운 진로의 모색이라고 할 수 있으며 노동당이 구좌파의 이미지를 탈피하여 우익이 이념인 신자유주의의 장점을 흡수하여 새로운 사회민주주의를 모색하는 노선이라고 할 수 있다.

86) 문화체육관광부, 외국(영, 미)의 종교교육제도 개선사례 연구, 2011 참조

87) 이태수, 교육복지 구현 종합방안 연구, 교육인적자원부, 2004, 61면.

의 교육에 대한 무관심 등의 문제는 학교만의 노력으로는 제한적이다. 따라서 이러한 문제해결에 학부모, 지역사회, 지역의 기업들이 적극적으로 참여하도록 하고, 학교에 재량권을 부여하여 지역사회에 적합한 교육을 실시할 수 있도록 특정 지역을 교육투자우선지역으로 선정하여 지원하는 정책을 시행하게 된 것이다.[88] 교육투자우선지역은 복지에 우선을 두는 노동당이 '제3의 길'을 강구하면서 선택한 복지정책에 투자의 개념을 접목한 영국만의 독특한 정책이라고 할 수 있다.

3. 헌법 · 교육법상 교육기본권

영국은 한국과 달리 명문화된 단일 헌법이 존재하지 않지만, 다양한 법률을 통해 아동의 교육기본권과 학부모의 권리를 보장하는 내용을 명시하고 있다. 국민에 대한 국가의 교육의무와 책임을 강화하기 위해 중앙정부와 지방정부의 지원을 확대하는 방향으로 법령이 개정되었다.

영국은 연방국가로서 영국 연방에 모두 통용되는 법과 각 자치정부의 법이 존재하는데, 영국 연방과 법률을 중심으로 교육기본권과 관련된 내용을 살펴보고자 한다.

1) 헌법 · 교육법상 교육기본권

(1) 1998년 인권법(Human Rights Act 1998)[89]

영국은 단일 헌법 자체는 없지만, 국가 헌법을 구성하는 대부분의 내용은 의회에서 통과된 법률에 나타나 있다. 영국의 법률 중 '1998년 인권법(Human Rights Act 1998) 별표 1((Schedule 1) 2편(Part 2) 제1 보충협약(The First Protocol) 제2조 교육권(Article 2. Right to education)'은 "어느 누구라도 교육권이 거부되어서는

---

88) 한국교육개발원, 앞의 보고서(2002년), 18면.

89) legislation.gov.uk(n.d.). 1998년 인권법: 별표 1(Human Rights Act 1998): Schedule https://www.legislation.gov.uk/ukpga/1998/42/schedule/1, 검색일: 2024. 5. 14.

안 된다. 그래서 정부는 교육과 교수에 관련된 것으로 판단되는 기능 등을 행사할 때, 학부모의 종교적 그리고 철학적 신념에 부합하는 교육과 교수를 보장할 수 있도록 학부모의 권리를 존중해야 한다."라고 명시한다.

(2) 1996년 교육법(Education Act 1996)[90)]

의무교육에 대한 내용은 '1996년 교육법(Education Act 1996) 제1편(part 1) 제1장 제7절과 제8절'에 있다. '제7절 의무학령 아동의 교육을 보장해야 할 학부모의 의무(Section 7. Duty of parents to secure education of children of compulsory school age)'를 통해 "의무학령기의 아동을 둔 학부모는 학교에 정기적으로 출석하거나 그 이외의 방법으로 자녀에게, (a) 나이, 능력, 적성, 그리고 (b) 특수 교육적 요구에 적합하면서도 효율적인 풀타임 교육을 받을 수 있도록 해야 한다."라고 명시한다. 또한, '제8절 의무학령(Section 8. Compulsory school age)'의 '(2)관'과 '(3)관'은 만 5세부터 만 16세까지를 의무교육연령으로 규정하는 내용을 취지로 한다.

(3) 2010년 평등법(Equality Act 2010)[91)]

'2010년 평등법(Equality Act 2010) 제6편 교육(Part 6. Education)'은 제1장 학교(Chapter 1. Schools)', '제2장 평생교육과 고등교육(Chapter 2. Further and higher education)', '제3장 일반 자격증명 기관(Chapter 3. General qualifications bodies)', 그리고 '제4장 기타(Chapter 4. Miscellaneous)'로 구성되었다. '제1편 보호되는 특성(Part 1. Protected Characteristics)'의 제4절에는 "나이, 장애, 성전환, 결혼과 동성간 혼인관계, 임신과 출산, 인종, 종교나 신념, 성별, 성적 취향은 보호되어야 하는 특성이다"라는 조항을 통해 개인의 다양한 특성으로 인한 차별을 금지하고 있다. 또한, '제85관 장애인 학습자: 접근가능성(Section 85.

---

90) egislation.gov.uk(n.d.). 1996년 교육법(Education Act 1996). https://www.legislation.gov.uk/ukpga/1996/56/contents, 검색일: 2024. 5. 14.

91) legislation.gov.uk(n.d.). 2010 평등법(Equality Act 2010). https://www.legislation.gov.uk/ukpga/2010/15/contents, 검색일: 2024. 5. 14.

Disabled pupils: accessibility)' 등 각 교육기관에서 학습자가 자신이 처한 상황으로 인해 차별받지 않도록 평등한 교육권을 보장하는 세부적인 내용이 명시되어 있다.

(4) 1989년 아동법(Children Act 1989)[92)]

'1989년 아동법(Children Act 1989) 제1장 제1절 아동의 복지(Section 1. Welfare of the child) 3관'에 따르면 학부모의 자녀 양육에 대해 법원이 특별히 고려해야 하는 여섯 가지 상황이 있으며, 그 중 하나로 '(b) 아동의 신체적, 정서적, 그리고 교육적 요구'가 포함된다.

(5) 2006년 보육법(Childcare Act 2006)[93)]

'2006년 보육법(Childcare Act 2006)'은 학령 전 아동의 보육에 관한 최초의 법률로서, 아동 보육에 대한 지방자치단체의 의무를 명시하고 있다. '제1장 지방자치단체의 일반적인 기능: 잉글랜드(Part 1. General functions of local authority: England) 제1절 유아의 복지와 관련된 지방자치단체의 일반적인 의무(Section 1. General duties of local authority in relation to well-being of young children) 제2관(2 Sub-section)'은 아동의 복지(well-being)와 관련한 다섯 가지 사항을 다루고 있다. 이 중 아동의 교육을 다루는 항목은 '(c) 교육, 훈련 그리고 취미 · 여가(education, training and recreation)'이다.

그리고 '학령 전 제공기관이 충족해야 하는 요구사항(Requirements to be met by early years providers)'의 '제41절 학습과 발달 요구사항(Section 41. The learning and development requirements) 제1관'에 "학습과 발달 요구사항은 제3관에 명시된 학습과 발달 영역을 반드시 다루어야 한다."라는 조항이 있다. 제3관을 통해 제시된 여섯 가지의 분야는 다음과 같다.

---

92) legislation.gov.uk(n.d.). 1989년 아동법(Children Act 1989). https://www.legislation.gov.uk/ukpga/1989/41/contents, 검색일: 2024. 5. 14.

93) legislation.gov.uk(n.d.). 2006년 보육법(Childcare Act 2006). http://www.legislation.gov.uk/ukpga/2006/21/contents, 검색일: 2024. 5. 14.

① 개인적, 사회적, 정서적 발달(personal, social and emotional development)
② 의사소통, 언어, 문해력(communication, language and literacy)
③ 문제해결, 추론, 수리능력(problem solving, reasoning and numeracy)
④ 세상에 대한 지식과 이해(knowledge and understanding of the world)
⑤ 신체적 발달(physical development)
⑥ 창의적 발달(creative development)

'제6절 맞벌이 부모를 위한 보육을 충분히 확보해야 할 의무(Section 6. Duty to secure sufficient childcare for working parents) 제1관 제1조는 '잉글랜드의 지방자치단체는 합리적 시행이 가능한 한 해당 지역에서 보육을 요구하는 학부모의 요구사항을 충분히 충족시킬 만큼의 보육 제공을 확보해야 한다.'라고 명시하고 있다.

'제7절 규정에 따른 학령 전 무상보육 제공 확보의 의무(Section. 7 Duty to secure early years provision free of charge in accordance with regulations)'에서는 "이 관에 명시된 규정에 따라 잉글랜드의 지방자치단체는 해당 지역의 모든 유아를 위한 보육을 무상으로 제공할 수 있어야 한다."라고 명시한다. 초등학교 입학 전까지의 아동에게 보육 서비스를 제공하기 위한 '아동센터(Children's centres)'와 관련된 내용은 제5절, 그리고 학부모에 제공해야 하는 '정보, 조언 그리고 보조(Information, advice and assistance)'와 관련된 내용은 12절부터 13절에 명시되어 있다.

(6) 2016년 보육법(childcare Act 2016)[94]

'2006년 보육법'에서 더 나아가 '2016년 보육법(childcare Act 2016)'은 무상보육 시간을 기존의 두 배로 확대한다. '제1절 맞벌이 부모가 이할 수 있는 30시간 무상보육 확보의 의무(Section 1. Duty to secure 30 hours free childcare

94) legislation.gov.uk(n.d.). 2016년 보육법(Childcare Act 2016). http://www.legislation.gov.uk/ukpga/2016/5/contents, 검색일: 2024. 5. 14.

available for working parents) 제1관'에서는 "교육부장관은 혜택자격을 갖춘 맞벌이 부모의 아동에게 연간 38주 동안 30시간 혹은 이와 동일한 기간에 무상보육을 받을 수 있도록 해야 한다."라고 명시한다.

(7) 2014년 아동가족법법(Children and Families Act 2014)

특수아동의 교육권 보장을 위한 세부적 규정은 '2014년 아동가족법(Children and Families Act 2014)'의 '제3편 잉글랜드의 특수교육이 필요한 또는 장애를 가진 아동과 청소년(Part 3. Children and young people in England with special educational needs or disabilities)'에 잘 나타나 있다.

제3편의 항목 중 '제19절 지방자치단체의 기능: 아동과 청소년에 대한 지원과 연계(Local authority functions: supporting and involving children and young people)', '제24절 지방자치단체가 아동 혹은 청소년에 대한 책임을 지는 경우(Section 24. When a local authority is responsible for a child or young person)' 등은 특수아동에 적합한 교육을 보장해야 하는 지방자치단체의 의무와 관련된다.

그리고 '교육, 건강, 돌봄 제공에 있어 통합과 공동위탁(Education, health and care provision: integration and joint commissioning)'에서도 지방자치단체의 특수교육 의무에 대해 다루고 있다. '제25절 통합 촉진(Section 25. Promoting integration)'의 제1관에서는 '잉글랜드의 지방자치단체는 교육과 훈련을 건강·사회 복지 제공 서비스와 통합적으로 제공하는 것을 보장해야 한다. 이에 (a) 해당 지역에서 특수교육이 필요하거나 장애를 가진 아동 또는 청소년의 복지를 향상해야 한다고 판단되거나, (b) 제공하는 특수교육의 질을 향상시킬 것으로 판단되는 경우, 지방자치단체의 기능을 발휘해야 한다.'라고 명시한다.

마지막으로 제25절 제2관은 '제1관의 아동과 청소년 복지에 위탁되는 것은 (a) 신체적 그리고 정신적 건강과 정서적 안녕, (b) 학대와 방치로부터의 보호, (c) 일상생활에 대한 아동과 청소년의 통제권, (d) 교육, 훈련 또는 여가 참여, (e) 사회적 그리고 경제적 안녕, (f) 국내, 가족 그리고 개인 인간관계,

(g) 아동과 청소년의 사회에 대한 기여와 관련된 것이다.'라고 명시하였다.

2) 교육기본권 실천을 위한 정책 추진 사례

(1) 아동의 학교 출석을 강제하는 법적 조치[95)]

영국은 학령기 아동의 학습기회를 보장하고 학업성취도를 높이기 위해 학교 결석률을 감소케하는 법률을 도입하여 학교로부터 사전 승인을 받지 않은 결석을 금지하고 위반 시 학부모에게 무거운 책임을 부여하고 있다.

'1996년 교육법(Education Act 1996)'의 '제2장 학교출석(Chapter II School attendance)'에 관한 사항이다. '제443절 위반, 즉 학교출석 명령에 대한 불이행(Section 443. Offence: failure to comply with school attendance order)'과 '제444절 위반, 즉 등록된 학습자의 정기적인 학교출석을 보장하지 못했을 경우(Section 444. Offence: failure to secure regular attendance at school of registered pupil)'는 학습자의 학교출석을 강제하기 위한 조항으로 학부모에게 자녀의 교육권을 보장할 책임을 묻고 있다.

제444절 제1관에 따라 "만약 한 학교에 학습자로 등록된 의무학령기의 아동이 해당 학교에 정기적으로 출석하지 않을 경우, 학부모에게 위반 책임이 있다."라는 조항을 근거로 하여, 교육부는 학교에 등록된 아동이 출석하지 않는 경우 학교가 학부모에게 연락을 취한다. 그리고 홈스쿨링을 하는 아동이 적절한 교육을 받고 있지 않다고 판단되는 경우에는 해당 지방자치단체의 교육복지관(education welfare officer)이 학부모에게 연락을 한다. 아동이 정당한 사유 없이 계속 결석을 하는 경우 지방자치단체는 학부모에게 법적 강제 조치를 취할 수 있다. 학부모가 양육관련 수업을 듣게 하는 '양육명령(Parenting Order),' 지정된 감독관을 통해 학부모가 자녀를 학교에 출석시키는 것을 지원

95) 교육부, 잉글랜드 학습자의 학교결석: 2018년 가을학기(Pupil absence in schools in England: autumn term 2018). GOV.UK.
https://assets.publishing.service.gov.uk/government/uploads/system/uploads/attachment_data/file/805047/Absence_autterm_201819_maintext.pdf, 검색일: 2024. 5. 14.

하는 '교육서비스명령(Education Supervision Order),' 아동을 학교에 등록시켰다는 사실이나 혹은 홈스쿨링을 실시하고 있다는 사실을 15일 이내에 증명하지 못할 경우 학교에 출석하도록 하는 '학교출석명령(School Attendance Order)'이 있다.

영국은 부모가 자녀를 가정에서 교육을 제공하는 '가정교육(home education)' 선택권을 인정하고 있으며 학령기 아동 및 청소년의 학교 출석 및 결석에 대하여 의무화하고 있으며 자녀에게 교육을 제공하지 않는 학부모는 기소 대상이 된다. 학부모가 자녀를 학교에 등록시키지 않거나 홈스쿨링을 실시한다는 증명을 하지 못하는 한편 가정교육을 받는 학생이 적절한 교육을 제공받지 못한다고 지방자치단체가 판단할 경우 교육복지관이 1차적으로 학부모에게 필요한 지원 제공 및 경고를 담당한다. 정당한 사유 없이 학생이 결석하는 경우 학교와 지방자치단체가 법적 권한을 발휘할 수 있는데, ① 양육명령(양육 수업 이수 및 법원이 요구하는 지시에 따라야 함), ② 교육감독명령(자녀의 출석에 관하여 학부모가 비협조적일 시 지방자치단체는 법원에 교육감독명령을 신청할 수 있음), ③ 학교출석명령, ④ 벌 금[96](정당한 사유 없는 학생의 결석시 교육부의 '학교출석' 지침에 의한 지방자차단체의 권한으로 학부모에게 60파운드의 벌금을 부과할 수 있으며 21일 이내 미납시 벌금이 120파운로 상향되며 28일이 도래 후에도 미납시에는 학부모를 기소할 수 있다), ⑤ 기소[97](지방자치단체는 학부모가 양육명령, 교육서비스명령, 학교출석명령, 벌금 공지 중에서 아무것도 실시하지 않을 경우에 기소도 할 수 있다).[98]

그리고 학기 중 가족 휴가로 인해 자녀가 학교에 결석하는 경우, 학부모는 학교장으로부터 반드시 허가를 받아야 한다. 그래서 사전에 허가받지 않은 결석행위는 예외적인 상황에서만 용납되며, 자녀의 결석일 수는 학교장의 재

96) Department for Education, August 2020, 9면.

97) Department for Education, n.d.－b.

98) 교육부, 학교에 있지 않은 아동(Children not in school). GOV.UK. https://www.gov.uk/government/consultations/children－not－in－school, 검색일: 2019. 7. 25.

량에 따라 결정된다. 만약 학교장의 사전 허가 없이 학기 중 자녀와 휴가를 떠난다면 학부모에게 벌금이 부과될 수 있다.[99)]

(2) **가정교육 아동 등록제**(registration of children educated at home)[100)]

'1996년 교육법 제7절'에 따라 학부모는 자신의 자녀를 학교 이외의 곳에서 교육시킬 수 있다. 학부모에게는 이른바 홈스쿨링이라고도 불리는 '가정교육(home education)' 선택권이 보장된다. 이에 정부는 집에서 교육을 받는 아동의 학부모를 지원하고 관리하기 위해, 해당 지방자치단체가 가정교육을 보조하는 의무를 법제화하는 방안을 논의 중이다. 정부는 2018년 4월 2일 '모든 아동에게 교육 지원을 보장하는 신규 등록제(New register to help all children get the education they deserve)'를 통해 가정교육을 받는 아동의 지방자치단체 등록을 의무화하였다. 이는 가정교육을 받는 아동의 수가 늘어나고 있는 시점에서 지방자치단체가 아동 각자의 집에서 개별적으로 받고 있는 교육의 질을 확인하고 이에 간섭할 수 있도록 가정교육 아동 의무 등록제를 실시한 것이다. 또한, 혹시라도 발생할 아동학대나 방치 그리고 특정 종교에 편향된 교육을 예방하기 위한 것이다. 교육부는 2018년 4월 10일 '선택적 가정교육, 즉 2018년 요구조사(Elective home education: call for evidence 2018)'에 대한 논의를 거쳐 통해 지방자치단체의 의견을 수렴하였다.

(3) **빈곤층 학습자를 위한 보조금**

교육부에[101)] 따르면, 아이들의 성공이 사회적 환경에 의해 결정되는 결과

---

99) 교육부, 잉글랜드 학습자의 학교결석: 2018년 가을학기(Pupil absence in schools in England: autumn term 2018). GOV.UK.
https://assets.publishing.service.gov.uk/government/uploads/system/uploads/attachment_data/file/805047/Absence_autterm_201819_maintext.pdf, 검색일: 2024. 5. 14.

100) 교육부, 학교에 있지 않은 아동(Children not in school). GOV.UK.
https://www.gov.uk/government/consultations/children-not-in-school, 검색일: 2024. 5. 14.

101) 교육부, 2010년부터 2015년까지 정부 정책: 빈곤층 아동의 교육(2010 to 2015 government policy: education of disadvantaged children). GOV.UK.
https://www.gov.uk/government/publications/2010-to-2015-government-policy-education-of-disadvantaged-children/2010-to-2015-government-policy-education-of-disadvantaged

를 방지하고 불우한 학생들의 학업에 대한 성취수준을 향상하며 또래 사이의 격차 및 교육적 불평등을 해소하고 교육권을 확대하기 위한 목적으로 빈곤층 아동에 대한 정부의 지원을 강화하였다. 이를 위해 2011년 4월부터 빈곤층 학습자를 위한 지원금인 '학습자 할증료(Pupil Premium)'를 도입하였다. '학습자 할증료'의 목적은 빈곤층 학습자의 학습격차를 해소하기 위함이며 해를 거듭할수록 지원액이 증가하였다. 2014~2015 회계연도에 학교에 25억 파운드의 학생 보험료 기금을 제공하고, 2015~2016 회계연도에 기금을 25억 4,500만 파운드로 늘려 결과에 대한 세부 정보를 매년 온라인에 게시하도록 요구하였다.

교육부[102]에 따르면 '학습자 할증료'는 무상급식(Free School Meals, FSM) 혜택 대상자뿐만 아니라 특수교육 요구(Special Educational Needs, SEN) 학습자와 장애를 가진 학습자, 구성원의 대부분이 퇴학생인 '학습자위탁기관(Ppupil Referral Units, PRUs)'의 학습자도 포함된다. 2019/2020학년도 기준으로, 초등학교 입학 전 1년(Reception)부터 초등학교 6학년까지는 학습자 당 연간 1,320파운드(한화 약 195만 2,400원), 중등학교 학습자(7학년부터 11학년까지)는 학습자 당 연간 935파운드(약 138만 2,900원)가 책정되었다. 추가적으로 저소득층 학습자의 학교통학에 소요되는 교통비는 각 지방자치단체에서 직접 지원한다. 잉글랜드의 수도인 런던의 경우 만 5~10세는 기차를 제외한 모든 교통수단 요금이 무료이다. 만 11~18세(종일제 교육 학습자)의 버스와 트램(Tram)의 요금이 무료일 뿐만 아니라 런던에서 기차를 이용하여 다른 지역으로 통학하는 경우 기차 요금이 무료로 지원된다. 한편 일부 지방자치단체의 경우, 만 16세 이상 후기 중등학교 학습자를 대상으로 통학에 소요되는 교통비를 지원하기도 한다.

'학습자 할증료'는 반드시 수혜자를 위한 목적으로 사용해야 하지만 구체적인 사용방법은 단위 학교의 재량이다. 일선 학교는 '학습자 할증료' 제도를

−children, 검색일: 2024. 5. 14.

102) 교육부, 학습자 할증료: 학교를 위한 재정지원과 책임제(Pupil premium: funding and accountability for schools). GOV.UK. https://www.gov.uk/guidance/pupil−premium−information−for−schools−and−alternative−provision−settings, 검색일: 2024. 5. 14.

통해 교원연수 등을 지원하여 수업의 질을 지속적으로 개선하고, 빈곤층 학습자에게 증거에 기반(Evidence-based)하는 방식으로 집중적인 지원을 한다. 또한, 학교정책을 효과적으로 실천하기 위해 학습자의 출석률을 높이고, 학생의 행동과 학습에 대한 준비사항을 적극적으로 지원한다.

(4) 학교홈페이지에 정보 게재의 의무[103)]

교육부는 공립학교가 온라인에 반드시 공개해야 하는 정보를 발표하였다. '2014년 아동가족법 제69절', 그리고 '2010년 평등법 별표 10(Schedule 10)의3절 접근가능 계획(Section 3. Accessibility plans)'에 따라 입학정보 및 입학 이의 제기, 채용 프로그램 정보(1997년 교육법 Education Act 1997의 섹션 42B 준수), 250명 이상의 직원이 있는 학교는 임금 격차 보고서 고지, 학교당국이 지원하는 특수교육 요구 학습자와 장애를 가진 학습자에 대한 교육서비스 정보를 반드시 학교 홈페이지에 공개해야 한다. 각 학교는 특수학습자에 대한 해당 학교의 교칙을 담은 SEN 정보 보고서를 매년 수정하고 업로드 해야 할 의무를 지는데, 다음과 같은 내용이 포함되어야 한다.

- ▶ 특수학습자 입학을 위한 준비
- ▶ 특수학습자가 차별받지 않도록 예방하기 위한 조치
- ▶ 특수학습자의 학교 이용을 돕기 위한 제공 시설
- ▶ 학교운영진 또는 설립자가 준비한 계획에 대한 정보
  - – 특수학습자가 학교교육과정에 참여할 수 있도록 범위 확대
  - – 특수학습자를 위한 교육과 혜택, 그리고 시설과 서비스를 이용할 수 있는 범위를 확대하기 위해 학교의 물리적 환경 개선
  - – 일반학습자가 접근 가능한 정보를 특수학습자에게 제공할 수 있도록 개선

103) 교육부, 공립학교가 반드시 온라인에 공개해야 할 것(What maintained schools must publish online). GOV.UK.
https://www.gov.uk/guidance/what-maintained-schools-must-publish-online, 검색일: 2024. 5. 14.

(5) 시사점

이상에서 살펴본 바와 같이 영국은 교육기본권의 실현을 위해 정부·지방자치단체가 교육서비스를 확보 및 제공하는 의무뿐만 아니라 학부모의 자녀에 대한 교육을 시켜야 하는 의무를 강화하고 있다. 이를 위해 학령단계에서 학교출석을 강제하기 위해 한층 강화된 출석 및 결석 규정을 수립하였고 홈스쿨링을 받고 있는 아동에 대한 의무 등록제를 논의함으로써 학부모의 교육의무를 강화하고 있음을 알 수 있다. 게다가 소외계층을 대상으로 균등한 교육을 실현하기 위해 빈곤층 학습자 보조금을 도입하여 운영하고 있고, 특수학습자를 위한 교육서비스 지원 및 확보방안에 대한 대책도 마련하고 있다. 영국 교육부는 자녀 교육을 위한 학부모의 의무를 강화함은 물론 자녀 교육에 대한 학부모의 선택권도 허용하고 있다. 대표적으로 학부모의 가정교육 선택권, 성교육과 같은 일부 교과목에 대한 학부모의 수업 거부권이 해당한다.

4. 교육복지법

1) 아일랜드의 교육복지법(Education Welfare Act)[104)]

아일랜드는 연방에서 유일하게 '교육복지법'이란 명칭을 사용하고 있으며, 이 법은 교육복지에 관하여 포괄적이고 구체적으로 규정하고 있다. 영국의 교육복지법은 처음에는 사회복지사업의 형식으로 도입되었는데, 노동현장에서 착취당하는 아동과 청소년들에 대한 노동 착취를 완화하고 청소년 비행과 범죄를 감소하는 데에 그 목적을 두었다. 특히 이 법은 경제적 이유로 조기이탈률이 높은 아동이 학교에서 교육과정에 참여하는 시간을 연장하여 지식과 기술 수준의 향상에도 기여하였다는 평가이다. 영국의 교육복지법의 입법취지 및 목적과 우리나라의 교육복지 단일법의 제정에 견주어 시사점을 제시하고자 한다.

104) Education(Welfare) Act, 2000, Number 22 of 2000.

(1) 교육복지법의 제정배경

1998년 4월 28일 제정되어 1999년부터 시행된 아일랜드의 교육복지법은 교육부장관인 마틴(Micheal Martin)에 의해 제안되었고, 법안의 주요 내용은 학생들의 학교졸업 연한을 연장하는 규정과 학교시스템 내에서 문제를 가진 학생들을 위하여 특별히 학교서비스를 수행하는 국가교육복지위원회를 설립한 것이다.[105] 이 교육복지법은 1926년 제정된 학교출석법에 근거를 두고 있지만, 이것은 애초에 사회복지사업의 형식으로 도입된 것이었다. 당시 아일랜드의 사회문제는 크게 2가지로 요약될 수 있다. 법적으로 어린이 노동이 금지되어 있음에도 불구하고 어린 청소년들은 노동 현장에서 노동력을 착취 당하고 있었으며, 학교에 출석하는 청소년과 비교하여 학교에서 이탈된 청소년들의 비행과 범죄가 현저하게 늘고 있었다. 국가는 법으로 이들에게 학교에 다니는 시간을 늘렸으며 이로 인하여 아동 및 청소년들에 대한 노동의 착취가 완화될 수 있었고, 청소년비행과 범죄가 감소되었으며, 이것이 이 법의 제정목적이기도 하였다. 이 법은 사회복지혜택 수혜자들의 자녀들이 대상이었는데 그들에게 교육의 혜택을 주어서 가난의 세습을 단절하는 것이 궁극적인 목표였고 결국 학생들이 의무적으로 학교에 출석하게 되어 학교에 머무르는 시간이 연장됨으로써 국가는 사회복지 수혜자들에게 지원의 양과 질을 높이고자 한 것이다. 그러나 이러한 정책은 강제적 유인책으로 비판의 대상이 되기도 하였는데 의무적인 학교출석은 그저 그들에게 졸업장을 취득하는데 초점을 두고 있다는 비판이 있었다. 물론 당시에는 졸업장이 있는 수혜자들이 보다 나은 사회활동을 할 수 있는 조건이 되었기에 사회복지의 차원에서는 어느 정도 이들에게 사회적 상승의 기회를 제공할 수 있었다. 학교출석법은 복지 수혜자들에게 질적인 교육과 학습의 동기를 부여하는 최선의 방책은 아닐지라도 차선의 방

105) Ranson, S, Toward the Learning Society, Cassel: London, New York, 1994, 31–3; 노기호, 앞의 논문(2008년), 631면 재인용.

안은 된다는 긍정적인 평가도 있다.[106]

(2) 교육복지법의 구성

교육복지법은 제1장 전문 및 총칙에서 법명 및 시행시기, 해석, 규정, 비용, 법의 운영에 대한 보고서, 서류송달, 위반, 폐지되는 법을 규정하고 있다. 제2장에서는 국가교육복지위원회에[107] 관하여 규정하고 있으며, 제3장에서는 교육복지 및 의무적 학교출석, 학교가 아닌 곳에서 교육을 받고 있는 어린이의 등록, 위원회 결정에 대한 불복, 아이를 학교에 출석하게 할 부모의 의무, 결석통지, 인정학교에의 입학, 학교등록부, 학교출석기록, 학교 출석전략, 행동규칙, 근로 청소년 등록, 교육복지관의 임무 등을 규정하고 있다. 제4장은 위원회의 재정 및 직원에 관한 사항을 규정하고 있다.[108]

이처럼 교육복지법은 국가의 모든 아동과 청소년들에게 최소한의 교육권리에 대해 규정하고, 나아가 학교가 아닌 곳에서 교육을 받고 있는 어린이들의 동록절차, 인정학교 의무 출석, 국가교육복지위원회의 설립, 위원회의 활동 및 관련사항에 대한 활동조정, 특정학생의 불출석 사유 확인 및 방지조치의 도입에 관한 규정하고 있다. 아일랜드의 교육복지법은 학령기에 있는 아동과 청소년들에게 교육복지와 관련하여 핵심적 사안에 대한 해결 방안이라고 볼 수 있다.

(3) 국가교육복지위원회의 임무[109]

교육복지법은 학교출석의 의무연령을 기존 15세에서 16세로, 또는 중등교육 3년까지로 연장하였다. 이것은 부모의 기본권리이자 학생들에게는 국가로부터 의무적으로 교육을 받을 수 있는 최소한의 교육권이기도 하다. 이 법은 이미 학교를 떠난 18세 이하 청소년들에 대해서도 규정하고 있다. 교육복

106) 이시우 외, 앞의 보고서(2005년), 53면.

107) 구체적으로는 국가교육복지위원회의 설립, 임무, 교육복지관, 연락관, 장관의 지시를 규정하고 있다.

108) 구체적으로는 위원회지원금, 회계 및 감사, 보고서 및 정보, 기부, 최고행정관, 직원, 직원의 보수, 직원에 의한 위원회 임무수행, 직원이동, 연금을 규정하고 있다.

109) Education Welfare Act, 2000, Part Ⅱ 9절－13절.

지법에서 규정하고 있는 주요 내용인 국가교육복지위원회의 일반적 임무는 모든 학생들이 인정학교에 다닐 수 있도록 하거나 최소한의 교육을 받을 수 있도록 하고 아이들의 교육과 관련하여 정부의 정책과 목표를 정하여 실행할 수 있도록 지원하는 것이다. 즉, ① 사회와 가정교육에서 학생들의 신체적·지적·감정적·사회적·문화적·도덕적 발달과 관련된 점에서 발생하는 사회적·경제적 이점에 대한 공감대를 형성하는 것, ② 인정학교에 학생들이 출석하여 학교생활에 충실하게 참여할 수 있는 환경을 조성하는 것, ③ 학생들이 불출석하는 사유에 대한 연구 및 방시를 위한 전략과 프로그램에 대한 연구를 시행하는 것, ④ 연구결과를 인정학교에 공유하고 결석방지 및 학생일반의 품행에 대한 사항들에 조언하는 것, ⑤ 교육복지법에 따른 의무를 충분히 이행할 수 있도록 학교를 지원하는 것, ⑥ 학교에서 출석 또는 품행관련 문제가 있는 학생들의 부모에게 상담 및 지원을 하는 것, ⑦ 학교에서 불출석 방지를 위한 전략 및 프로그램의 효과를 모니터링 및 평가하는 것, ⑧ 인정학교에서의 불출석 문제와 관련하여 위원회가 적합하다고 인정하는 사람들과 협력하고 조율하는 것, ⑨학교출석문제 및 학생들의 품행문제와 관련된 교사연수 및 지침에 대한 평가를 실시하고 장관에게 조언하는 것, ⑩ 학교출석률 및 학생참여율에 영향을 미칠 수 있는 부분과 관련하여 국가교육평가위원회에 조언하는 것이다.

(4) 국가교육복지위원회의 운영[110)]

국가교육복지위원회의 운영은 교육복지를 통한 교육개혁에 당위성을 부여하여 교육과 복지에 관한 국가적 권위의 회복을 목표로 하고 있으며, 실시주체로 학교·지역사회 연계 하에서 책임을 지고 수행할 교육복지사무소를 설립·운영할 수 있도록 하고 있다. 국가교육복지위원회는 학교 학생들에게 정학, 퇴학처분을 거부할 수 있는 학부모들의 권한을 인정하고 있다. 학부모들이 학교의 제적처분에 항소하면 항소위원회를 구성하여 학부모들의 의견과

110) Education Welfare Act, 2000, Part II 15절, 위원회 결정에 대한 불복.

항소문을 접수하여 학교의 결정을 재심할 수 있다.

(5) 의무적 학교출석[111)]

교육복지법은 교육복지 및 의무적 학교출석과 관련하여 우선 학교가 아닌 곳에서 교육을 받고 있는 학생의 등록과 관련하여 국가교육복지위원회는 인정학교가 아닌 곳에서 교육을 받고 있는 모든 학생들의 등록부를 작성하여 보관하도록 하고 있다. 부모가 인정학교가 아닌 것에서 자녀의 교육을 선택하거나 교육한 경우 해당 자녀를 등록할 것을 위원회에 신청해야 한다.

등록부 등록의 신청은 서면으로 하며 자녀가 교육을 받고 있는 장소를 신청서에 명시해야 하고 장관의 승인을 받아 위원회가 정하는 요건을 충족해야 한다. 국가교육복지위원회는 등록부 등록신청서를 접수한 후 신속히 학생이 최소한의 교육을 받고 있는지를 판단하기 위하여 자녀에게 제공되는 교육, 교재, 교육 시간에 관한 평가를 하여야 한다. 국가교육복지위원회는 가능한 신속하게 등록여부를 결정하여 등록해야 하며 인정이 불가할 경우 등록을 거부해야 한다.

교육복지법은 국가교육복지위원회의 등록거부 결정 시 부모에게 서면으로 통지해야 하며 부모는 결정에 불복할 수 있다. 불복심사위원회는 장관이 지방법원의 재판장이 추천하는 지방법원판사, 조사관 및 장관이 임명하는 자로 구성된다. 불복심사위원회는 부모 등을 출석하게 하여 불복 사항에 대한 서류를 제출하게 해야 한다. 제출된 서류를 심사한 후 국가교육복지위원회의 결정을 확정하거나 등록할 것을 요구할 수 있다. 이 경우 국가교육복지위원회는 불복심사위원회의 요구에 응해야 한다.

또한 교육복지법은 부모에 대하여 학생을 출석하게 할 의무를 부과하고 있어 부모는 매 수업일에 자녀가 인정학교에 다니도록 해야 한다. 다만, 학생이 등록되어 있는 경우, 불복심사위원회가 결정을 내리지 않은 경우, 부모가

111) Education Welfare Act, 2000, Part II 20절－25절.

학생을 등록한 학교에 불출석 이유를 알린 경우, 미출석 사유가 충분한 경우 등에는 인정학교에 다니지 않아도 된다. 학생이 등록된 학교를 1일 이상 결석이 부모는 학교의 교장에게 결석이유를 알리도록 하여 결석통지 의무를 규정하고 있다.

(6) 국가교육복지위원회의 재정과 회계[112)]

교육복지법 제4장에서는 국가교육복지위원회의 재정 및 직원관련조항(Provisions Relating to Finance and Staff of Board)을 두고 있다. 위원회 보조금으로서 장관은 재정부 장관의 동의를 얻어 위원회에 의회가 제공하는 금액에서 장관이 정하는 금액을 줄 수 있다. 다음으로 회계 및 감사에 관한 사항으로서 국가교육복지위원회는 재정부 장관의 동의를 얻어 장관이 승인하는 형식으로 수입 또는 지출에 관하여 일반회계를 하고 필요시 재정부 장관의 동의를 얻어 특별회계를 할 수 있다. 이에 따른 회계는 해당 회계기간 다음 해의 3월 31일까지 또는 장관이 정하는 날짜에 국가교육복지위원회가 감사원장에게 제출의무가 있고 감사 후 회계 사본, 특별회계 사본, 회계에 대한 감사원장이 보고서 사본을 장관에게 제출하여야 하며 장관은 신속히 양원에 사본을 제출해야 한다.

2) 교육복지법의 평가 및 시사점

(1) 교육복지법 평가

이상에서 살펴본 바와 같이 영국의 교육복지법이 중요한 목적은 초기부터 순수한 학교교육법의 차원이 아닌 사회복지사업의 형식으로 도입되었다. 동법의 중요한 제정목적은 경제적 이유로 인하여 조기에 학교를 이탈해야 하는 학생을 최소화하는 데에 있다. 즉 조기 학교이탈은 낮은 지식, 낮은 기술수준 그리고 무자격을 양산하며, 이는 직업에서 낮은 직급, 낮은 성취, 낮은 봉

---

112) Education Welfare Act, 2000, Part Ⅳ(위원회의 재정 및 직원 관련 조항, 32절–41절).

급으로 이어져 빈곤의 세습이 된다. 따라서 교육복지법은 강제규정이기는 하지만, 종국적으로는 빈곤의 세습순환을 파괴하는 적극적인 방법으로 이해되고 있으며, 이 법은 조기에 학교를 떠나 고용현장으로 들어가는 청소년들의 노동력 착취와 투쟁하는 데에도 기여한 것으로 평가되고 있다.[113)]

아울러 처음에는 사회복지사업의 형식으로 도입된 아일랜드의 교육복지를 시행하는 전달체계는 교육복지사인데, 이 법에서는 교육복지사의 역할에 대해 명확히 규정하고 있다. 교육복지사는 교육위원회에 의해 임명되며, 이 법에 의하여 부여된 역할 외에 위원회가 지정한 역할을 한다.

(2) 시사점

영국의 교육복지정책 및 법령에 대한 개관을 통해 우리나라 교육복지법 제정에 주는 시사점은 다음과 같다.

첫째, 영국은 기본적인 교육법과 국가 시스템 안에서 사회취약계층을 위한 고려와 지원을 포함하고 있으며 교육복지정책은 교육기본법 차원에서 이미 상당 부분 실현되고 있는 것으로 볼 수 있다.[114)] 이러한 사례가 시사해 주는 것은 교육복지는 취약아동·청소년을 대상으로 제공하는 특별 프로그램이나 사업의 차원에 국한되는 것이 아니라 도움이 필요한 환경에 노출되지 않은 아동·청소년이라도 국가가 제시한 발달 수준에 도달할 수 있도록 지원하는 것을 국가의 기본적 의무로 볼 수 있다는 것이다. 향후 교육복지정책 개발과 법 제정 과정에서 이에 대한 국가의 의무를 강조하여 명시할 필요가 있으며 교육복지법을 모든 교육정책 및 법령 개발 시에 필수적으로 고려해야 할 기준 및 원칙의 차원에서 접근하는 것이 필요하다.

둘째, 학교선택권 확대와 학생들의 학업성취도 강조를 통해 공교육 향상에 집중적으로 교육개혁을 추진한 영국이 교육 차원의 접근만으로는 한계에

---

113) 이상오, 평생학습사회론, 교육과학사, 2000, 34면.

114) 영국은 교육법에서 의무교육에 필요한 모든 비용을 국가가 제공하도록 명시하고 있으며 교육재정 배분법에서는 취약아동에 관한 다양한 변수가 일반적인 학교재정 배분의 기준에 포함되도록 명시하고 있다.

직면하여, 학생들에 대한 총체적 지원으로 정책 방향을 전환하고 부처가 아동 문제를 중심으로 관련 업무를 통합한 점에서 중요한 시사점을 찾을 수 있다. 영국은 2004년 아동법 이후 아동 보호, 교육, 복지 등에 관한 제반 업무를 중앙에서는 아동·학교·가족부에서, 지방에서는 아동·청소년국에서 담당하도록 하여 아동·청소년에 관한 사안은 학교가 중심이 되어서 관련 지원을 총괄하도록 하였다. 이는 학교가 아동·청소년의 삶 전반을 통합적인 지원체제로서의 역할을 수행하고 있음을 시사한다. 향후 우리나라의 교육복지정책 및 법 제정에 있어서 학교역할에 대한 규정 및 재량권 부여에 대한 명시와 필요한 추진 및 지원체제를 구축하는 방안을 검토하는 것이 필요하다.

셋째, 실효적인 교육복지정책의 추진을 위해서는 관련 정책이나 법 간의 연동적인 시행을 추진할 필요가 있으며 이를 위해 관련 부처 간의 연계·협력이 구사되어야 한다. 우리나라 대표적 교육복지사업인 '교육복지우선지원사업'의 경우 법적 근거가 조례와 훈령을 통해 구축되어 있어 각 시·도가 독자적인 자치법규를 제정하며 사업을 추진하고 있는데 법률이 아닌 시행령과 교육부 훈령에 기초하여 각 시·도가 조례 또는 교육훈령을 제정하는 체제는 장기적인 지속성 및 안정성 등에 취약할 수 있다. 장기적인 지속성 및 안정성 등을 확보하기 위해서는 추가적인 법제를 마련하여야 한다.

넷째, 중앙정부와 지방정부의 역할 분담이 필요하다. 영국은 지방자치제도를 실시하는 국가로 교육복지정책의 시행과 관련하여 중앙정부의 예산 배분 권한과 평가 및 감독 기능이 강화되고 있으며, 주정부의 사업에 대한 계속적인 모니터링과 평가를 통해 사업의 확장 또는 폐지를 결정한다.

따라서 우리나라도 정부의 정책 목적과 방향을 명확히 설정하고 방침을 제시하면, 지방자치단체는 지역의 여건을 고려하여 정책을 실행에 옮기고 사업을 추진하며, 정부는 그 결과에 관한 평가를 하는 등의 역할 분담에 대한 방안을 제안할 수 있을 것이다.

Ⅲ. 소 결

이상에서 살펴본 바와 같이 영국은 교육복지의 중요성과 함께 교육복지를 교육정책의 중요 부분으로 인식하였음을 알 수 있다.

먼저 우리나라는 교육을 개인의 안정된 삶을 추구하고 모든 학생의 교육기회를 평등하게 보장하면서 사회적 형평성을 지향하는 복지의 관점이 부족했던 것이 현실이다. 사회 양극화 현상으로 저소득층과 소외계층의 문제가 사회적으로 대두되면서 이들에 대한 교육복지 지원 대책이 시급한 상황을 고려하면, 독일이 교육과 복지를 동일시하고 있다는 점은 우리에게 시사하는 바가 크다. 독일의 교육기관은 극소수를 제외하고 대부분이 국립기관이며, 학비를 받지 않는다. 이는 모든 학생이 이미 사회 속에서 국가의 복지제도 혜택을 받고 있음을 의미한다.[115] 교육을 통한 복지의 실현이라는 의미에서 교육복지 개념은 궁극적으로 국민의 복지라는 틀 내에서 이루어지고 있는 점에 주목해야 할 것이다.

미국은 흑인을 비롯한 저소득층 자녀를 대상으로 하는 취학 전 교육에 집중적 지원정책을 추진하였는데 이른바 헤드 스타트 프로그램으로 대표되는 저소득층의 교육지원으로부터 시작한 취학 전 교육지원정책은 모든 계층에 대한 교육지원정책으로 확산 되고 있다. 미국처럼 우리나라도 취학 전 교육복지에 대한 정책적 지원을 강화하고 저소득층의 교육지원으로부터 모든 아동에 대한 교육복지의 지원이 필요하다. 한편으로 교육취약집단에 대한 체계적인 실태조사, 정책지원방안, 평가관리 체계가 수립되어야 한다. 우리나라의 교육취약집단에 대한 지원은 대부분 학비, 급식비 지원 수준에 국한되어 있는데, 이들에 대한 지원체계 수립을 위하여 교육당국, 지방자치단체, 민간단체 등이 포함되어 교육복지의 환경을 효과적으로 조성할 수 있도록 협력하여야 할 것이다.

115) 노기호, 앞의 논문(2006년), 760면.

미국은 각 주마다 다른 교육복지환경에서 발생하는 교육소외, 교육 부적응, 교육 불평등 등의 문제를 해결하기 위한 노력으로 저소득층은 물론 사회적, 경제적, 문화적으로 불리한 환경에 처한 소외계층을 대상으로 교육복지법을 적용하고 있다. 헤드 스타트법은 영유아의 교육격차를 해소하고 낙오학생 방지법은 초중등학생의 학력 저하와 중도탈락을 예방함과 동시에 학업성취도를 제고하고, 이중언어교육법은 이민자들의 언어습득을 지원하였다. 특히 미국의 교육복지법은 제정 시점의 환경과 제정 이후의 환경을 평가하면서 재인가 과정을 통해 법률의 적절성과 효과성을 주기적으로 검토하는 것 등에 시사점을 찾을 수 있다.

영국의 교육복지법은 초기부터 학교교육법의 수준이 아닌 사회복지사업의 형식으로 도입되었고, 국가가 법적 규정으로 아동 및 청소년들에 대한 노동 착취의 완화와 청소년비행과 범죄의 감소를 목적으로 제정되었다. 학생들을 의무적으로 학교에 출석하게 하여 학교에 머무는 시간을 연장함으로써 국가는 사회복지 수혜자들에게 지원을 높이고자 한 것이다. 궁극적으로 교육복지법의 중요한 제정 목적은 경제적 이유로 조기에 학교를 이탈해야 하는 학생을 최소화하는 데에 있고, 교육복지법은 조기에 학교를 떠나 고용현장으로 들어가는 청소년들의 노동력 착취와 투쟁하는 데에도 기여한 바가 큰 것으로 평가되고 있다. 그러나 이러한 영국의 교육복지에 대한 법적·제도적 장치 역시 학교교육의 현장에 제한되어 있다는 점에서 교육복지법은 학교의 범위를 탈피하지 못하고 있다.

영국의 교육복지 정책에서 저소득층과 교육취약집단에 대한 집중적인 관리와 지원정책이 필요하다는 점은 우리에게 시사하는 바가 크다. 특히 저소득층이 밀집된 주거지역 및 도서벽지 수혜자들의 학교생활 적응을 위하여 학교와 지역사회, 유관기관이 연계하여 공동의 노력을 기울여야 할 것이다. 교육취약집단에 대한 교육복지적 차원의 문제는 학교의 노력으로 한계가 있기에 공동의 협력체제를 구축하는 정책적인 시도가 모색되어야 할 것이다.

독일에는 단일화된 교육복지법은 존재하지 않으며, 학교사회복지 관련법령의 규정 속에서 교육복지의 내용을 검토할 수 있다. 대표적인 독일의 교육복지 관련 법령인 아동과 청소년지원법은 환경 속의 개인이라는 사회복지의 실천원리를 합리화하여 학교가 아동과 청소년에게 중요한 교육적 환경이며, 학교에서 사회적 통합에 기여할 수 있는 특별한 사회교육이 제공되어야 함을 명시하고 있다. 교육복지에 대한 국가 및 지방자치단체의 책무, 기본계획의 수립, 관련 체제 등의 사항을 규율하는 법률의 제정은 관련 정책의 효율적 추진을 위한 기초가 될 수 있을 것이다.

노르웨이의 교육법제는 헌법을 근간으로 구축되어 있으나, 헌법에서 교육 및 교육복지에 대해 직접적으로 규정한 근거를 확인하기는 어려웠다. 다만, 노르웨이에서 교육은 국민의 기본적인 인권으로 인식되거나 국민 생활에 필요한 사항으로 간주되며, 노르웨이 사회에서 평등은 중요한 개념이라는 점을 확인할 수 있었다. 노르웨이의 '교육 및 교육복지에 관한 사항'은 법률로 규정되어 있고, 교육법제는 국가의 적극적인 조취를 규정하고 있으며, 초중고교육 및 교육복지에 관한 사항은 「초등교육법」으로 규율하고 고등교육 단계의 교육 및 교육복지에 관한 사항은 고등교육법으로 규율하고 있었다. 노르웨이는 우리나라와 여러 가지 측면에서 차이가 있지만, 관련 법규 개정 필요성 및 국가와 지방자치단체, 학교장, 교사, 학생·학부모 등의 권리·의무·책임에 관한 법적 명확성 추구 등에서 그 시사점을 찾을 수 있다.

이상에서 살펴본 바와 같이 주요 국가들의 법령에서 교육복지와 관련된 단일의 교육복지법령은 영국을 제외하고 찾아보기 어렵다. 나머지 국가의 경우,아동복지법, 소년법, 장애인복지법 등과 같은 사회복지 법령 속에 교육복지 관련 규정들이 산재되어 있음을 확인할 수 있다. 이러한 법령들 속의 교육복지 규정들은 교육적 관점에서가 아니라, 사회 복지적 관점에서 법제라고 할 수 있다.

결론적으로 영국을[116] 비롯한 서유럽의 복지국가에서조차도 교육복지의 구현을 위하여 체계적이고 조직적으로 법제화는 아직 부족하다고 할 수 있다. 따라서 교육복지정책의 합리적인 추진을 위해서는 무엇보다도 법적 근거가 되는 법률체계의 구축과 교육복지에 대한 국가 및 지방자치단체의 의무, 기본계획 수립, 제도 등을 규율하는 법의 제정이 필요하다는 것을 도출하였다.

116) 아일랜드의 교육복지법은 학교교육법의 수준이 아닌 사회복지사업의 형식으로 도입되었으며, 조기에 학교를 떠나 고용 현장으로 들어가는 청소년들의 노동력 착취와 투쟁하는 데에 기여한 것으로 평가되고 있다(노기호, 현대 교육복지정책의 동향과 법제의 방향, 2008, 25면).

제5장

교육복지법(가칭)의 제정 방안

I. ▸▸ 서 설

국가 차원의 종합적이고 체계적인 교육복지 정책 추진의 필요성에 따라 무상교육, 무상급식, 누리과정, 교육격차 해소 등 교육복지와 관련된 정책과 법안들이 발의되었지만, 제정·공포에 이르지 못하였다. 현재 교육복지 정책은 통합적이고 체계적인 법적 근거 없이 개별적인 법령에 의하여 추진되고 있는 실정이다.[1)]

교육복지정책은 교육복지에 대한 요구와 수요가 많음에 반하여 교육복지를 지원하는 법적·제도적 토대가 부족한 실정이며, 교육복지의 실효성을 높이기 위한 방안으로서 법제도의 정립보다는 정부와 관련 기관이 각자 자기의 소관 사무의 범위에 국한하여 정책을 수립·시행하기 때문에 체계적이고 효율적인 교육복지의 실현보다는 산발적인 형식으로 실현되는 한계를 보이고 있다. 그리고 이를 뒷받침하는 법령의 미비로 교육복지의 사각지대가 발생하고, 법규정이 선언적 규정에 머무르며, 각 정책사업의 내용이 법적 규정 사안을

1) 예를 들면, 교육복지 정책에 관련된 법규인 교육기본법 제4조(교육의 기회균등), 제18조(특수교육), 제20조(유아교육), 제27조(보건 및 복지의 증진), 제28조(장학제도), 초중등교육법 제28조(학습부진아 등에 대한 교육), 장애인 등에 대한 특수교육법, 학교 폭력 예방 및 대책에 관한 법률, 유아교육법 등이 있다.

충분히 반영하지 못하고 있는 실정이다. 이에 대한 원인 중 가장 큰 것은 교육복지에 관한 체계적이고 통일적인 단일법의 부재이다.

따라서 교육복지정책의 통합적이고 효율적인 추진을 위한 법적 방안을 마련하여 국가나 지방자치단체의 책임과 역할을 명시함과 함께 체계적이고 통합적인 교육복지정책을 시행하여야 할 것이다. 이에 이하에서는 교육복지법(가칭)의 제정방식, 제정목적, 다른 법률과의 관계, 국가와 지방자치단체의 책무 및 협력, 교육복지를 위한 안정적 재원확보 방안 및 법의 제정상 고려되어야 할 내용을 제시하고자 한다.

II. 제정목적 및 제정방식

1. 제정목적

교육복지법의 제정은 공교육의 기본적 이념인 교육의 기회균등을 적극적으로 구현하고자 하는 것으로 볼 수 있으며, 이는 교육의 기회균등이 형식적인 평등으로 규정되지 않고 더 나아가 사회적 약자들이 동등한 출발선에서 시작할 수 있도록 하여 사회정의를 세우고자 함이다. 교육은 기회균등을 통하여 사회의 통합을 이룩하고, 개인의 잠재력을 발휘하여 사회의 발전을 이룰 수 있는 동력이 될 수 있을 것이다.

그러나 현재 우리나라는 실질적인 차원에서 불평등이 심화되어 가는 상황이다. 예를 들어 정부는 2023년 사교육비 증가세 완화를 추진하였지만, 2023년 3분기까지 사교육비 지출은 작년보다 오히려 늘어난 것으로 나타났다.[2] 사회 양극화와 사회적 격차 현상이 과거보다 벌어지고 있음을 각처에

2) 연합뉴스, "사교육비 줄인다지만... 올해 들어 사교육비 지출 더 늘었다." 2023년 11월 29일 송경원 정의당 정책위원이 통계청 가계동향 조사를 분석한 결과 올해 3분기 미혼자녀가 있는 부부 가구의 학생 학원 교육 관련 지출은 월평균 41만 5천 원으로, 작년보다 16.4% 늘었다. 2023. 11. 29.

서 확인할 수 있다.[3)]

그림 2 사교육비 총액 및 전체 학생 수 변화 추이[4)]

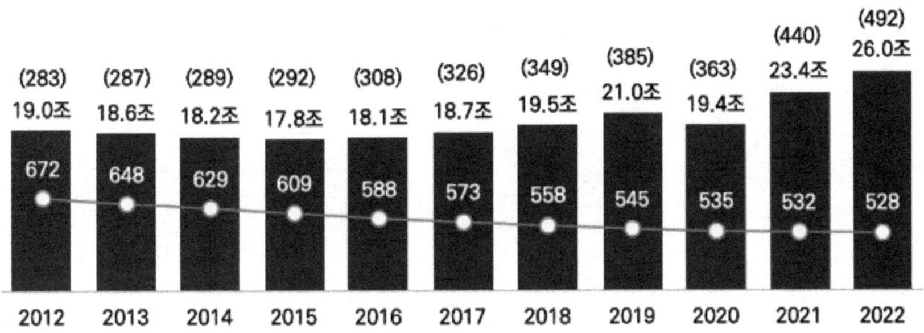

학생 1인당 연간 사교육비는 2012년 283만 원에서 2022년 492만 원으로 10년 동안 무려 74% 증가하였으며, 이로 인하여 학부모들의 부담이 매우 커졌음을 알 수 있다. 즉 교육부와 통계청이 최근 발표한 '2022년 초중고 사교육비 조사 결과'에 따르면, 2022년 사교육비 총액은 26조 원으로 2007년 조사 시작 이래로 역대 최고치를 기록하였고, 10년 전(2012년) 대비 36% 늘어난 것으로 조사되었다. 반면 우리나라 초중고 전체 학생 수는 2012년 672만 명에서 2022년 528만 명으로 21%가량 줄었으며, 지속적으로 감소 추이를 보인다.

---

3) 2021년 통계청의 가구별 소득수준에 따른 사교육비 지출의 격차 조사에 의하면 가구 월평균 소득이 800만 원 이상 가정의 1인당 사교육비가 60만 원에 달하는 것으로 나타났고 월 소득이 200만 원 미만(11.1만 원)인 저소득층 가구보다 5배가량 많았다.

4) 통계청/교육부, 2022년 초중고 사교육비 조사 결과 보도자료, 2023. 3. 7.

그림 3 사고육비 참여율

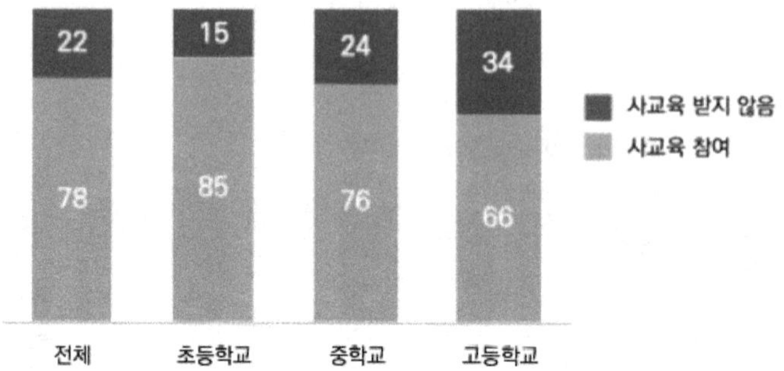

출처: 통계청/교육부, 2022년 초중고 사교육비 조사 결과 보도 자료(2023. 3. 7.)

전체 초중고 학생의 사교육 참여율은 78%로 10명 중 8명은 학원 교습 등을 받는 것으로 나타났고, 사교육을 받지 않는 학생은 전체 학생의 22%에 불과하였다. 사교육 참여율은 초등학교가 가장 높았고(85%), 중학교(76%), 고등학교(66%) 순이였다.

그림 4 학생 1인당 월평균 사교육비

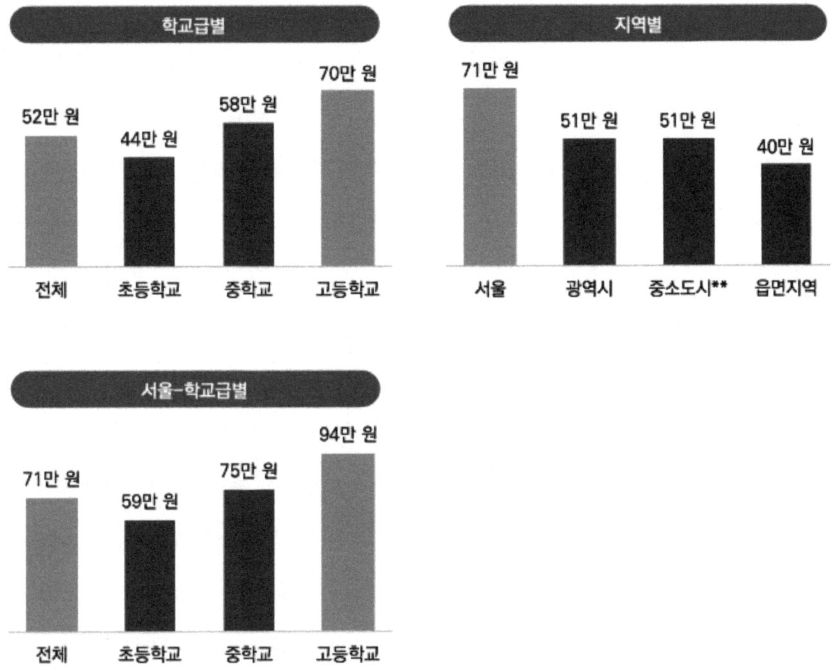

출처: 통계청/교육부, 2022년 초중고 사교육비 조사 결과 보도 자료(2023. 3. 7.)

사교육을 받고 있는 학생들을 기준으로 2022년 1인당 월평균 사교육비는 52만 원으로 집계되었고, 학교급과 지역별 차이는 고등학교가 70만 원으로 초등학교에 비해 59% 높았고, 지역별로는 서울이 71만 원으로 가장 많은 사교육비를 지출하는 것으로 나타났다. 서울 지역은 학교급별 초등학교 59만 원, 중학교 75만 원이었고, 고등학교는 94만 원으로 월평균 100만 원에 조금 못 미치는 것으로 나타났다. 전체적으로 서울이 전국평균보다 사교육비를 37% 더 지출한다.

이러한 현상은 공교육의 기본적 이념인 교육의 기회균등, 사회적 약자에 대한 배려 및 사회정의의 실현이라는 교육복지의 목표와 헌법 및 교육기본법이 밝히고 있는 교육에 있어서 균등한 기회보장과 실질적인 평등 교육의 본질에는 타당하지 않다고 할 수 있다. 따라서 다음과 같은 이유에서 교육복지법은 제정되어야 할 것이다.

첫째, 교육복지정책이 실효성을 득하기 위해서는 사회 통합적 차원에서 행·재정적 지원이 필요하며, 국가, 지방자치단체, 학교, 공공기관, 민간기관의 협력체계가 구축이 필요하다. 교육복지를 실현하기 위하여 산발적으로 시행되고 있는 복지정책들 상호 간의 연계가 강조되어야 하며 국가의 교육복지 정책 방향과 중앙·정부 및 학교 등의 의무, 기본계획의 수립 등을 체계적으로 규정한 법령이 마련되어야 할 것이다.[5]

둘째, 현행 교육복지 관련 법령들은 교육관계 법령뿐만 아니라, 복지 관련법 등에 산재되어 있어 중복되어 적용되거나 지원 대상자가 누락되는 사각지대가 발생하고 있다. 예컨대 다문화가정, 북한이탈주민가정, 저소득층 및 사회적 약자, 장애인, 한부모가정 등에게 교육복지 정책이 집중되어 있는데, 교육부적응, 학습중단, 성인학습까지 대상 범위가 확대되고 학교뿐만 아니라, 학교 밖 청소년들의 교육복지지원, 정세 변화에 따른 난민 가정까지 대상이 확대되고 있는 시대적 변화를 반영할 수 있어야 한다.

셋째, 교육복지에 관한 기본사항은 교육기본법 제27조에[6] 근거할 수 있지만, 이 개별조항만으로는 체계적인 교육복지정책을 시행하는 데에는 한계가 있다. 유아교육법, 초중등교육법, 고등교육법, 장애인 등에 대한 특수교육법, 학교보건법, 학교급식법 등의 관련 법령들에 교육복지 관련 규정들이 산재되어 있어서 법체계의 일관성의 부족으로 혼란을 초래하고 있다. 그리고 국민기초생활보장법, 영유아보육법, 아동복지법, 장애인복지법 등 복지 관련법에서 교육복지와 관련하여 중복적으로 규정하고 있고, 각 법률을 집행하는 주무부처가 달라 체계적인 정책을 시행하기 어려워 상당 부분이 중복되는 현상이 발

5) 박혜경, 교육복지기본법 제정의 필요성과 방안, 포커스 입법 논단, 국회도서관 2017. 7, 33면.

6) 교육기본법 제27조의 국가 및 지방자치단체가 학생 및 교직원의 복지시책을 수립하고 실시하여야 하는 의무규정은 하위 법률체계의 미비로 실질적인 기능을 발휘하지 못하고 있다.

생하고 있다.[7] 교육기본법은 학교의 고유기능을 발휘하기 위한 근거법이라면, 교육복지법은 복지기능을 수행하기 위한 근거법이 되어야 할 것이다.

넷째, 교육복지법은 공교육의 새로운 패러다임으로써 공교육의 교육복지 기능을 강화함으로써 교육의 본질적 기능 수행에 기여할 수 있을 것이다. 헌법상 복지국가원리 및 교육기본권의 실질적 보장을 위해서는 기본권의 형성적 법률의 제정이 요구되며, 교육복지법은 개인·지역·계층간 교육여건 및 불평등을 완화하여 균등한 교육기회를 보장하고 실질적인 교육기회를 보장하여 교육의 기회균등을 적극적으로 구현할 수 있는 법적 근거라고 할 수 있다.

지금까지 교육복지를 위한 법제는 법 상호간의 유기적 관계와 체계적인 법의 집행에 실효성이 부족한 개별 법률의 방식으로 이루어져 왔으며, 이러한 법규정의 미비로 인한 흠결을 보완하기 위하여 교육과정에 관한 고시 및 조례를 개정하여왔다. 이러한 교육과정에 관한 고시 및 각 시·도 교육청의 조례는 교육과정에 있어서 교육복지정책의 시행을 사실상 강제한다는 점에서 효과가 있다고 할 것이다. 각 시·도 교육청은 교육복지에 관한 조례를 제정하고 있는데, 이는 우리나라의 교육복지조례가 법률 제정보다 앞서고 있다는 점에서 주목할만한 사안이라고 할 수 있다.[8]

국가 차원과 달리 시·도 교육청이 있는 17개 광역지방자치단체는 교육복지조례를 통하여 교육복지에 관한 자치법규를 구축하고자 매우 적극적으로

7) 첫 번째 사례로 우리나라의 대표적인 교육복지 정책이었던 교육복지투자우선지역지원사업(이하 교복투사업)이 2008년 시도교육청으로 이양되면서 교육복지우선지원사업(이하 교복우사업)으로 추진체계가 변화되었다. 이와 같은 지방이양은 지방에 책임을 전가하는 한편 지역 격차를 심화시킨 한계가 있었고 국가의 책임을 외면하였다는 비판을 받았다. 두 번째 사례는 교육복지 관련법의 영역과 내용, 법령 등을 종합하여 국민기초교육수준 보장, 교육부적응 및 불평등 해소, 복지친화적 교육환경 조성 등 3대 영역, 18개 하위사업으로 구분하여 연구한 결과(나원희, 중앙 및 지방정부의 교육복지지출 분석, 한국보건사회연구원, 2022)에 의하면 교육복지에 포함된 프로그램은 의무교육, 기초교육, 저학력 성인 교육기회, 외국인 자녀 교육기회, 학교밖 청소년지원, 학생안전, 학교폭력예방, 학생건강 증진 등 보편적 지원이 대부분을 차지하였고, 교육복지와 관련한 근거법령도 헌법, 교육기본법뿐 아니라, 청소년보호법 등 타부처에서 소관하는 법령이 모두 포함되어 분류되고 있었다.

8) 예컨대 시·도의 경우 서울·경기·대전은 조례로 「교육복지우선지원사업 관리·운영에 관한 규정」을 두고 있으며 조례에 교육복지사 등 사업전담인력에 대하여 규정하고 있으며, 전남과 경기는 '교육훈령'으로 「교육복지우선지원사업 관리·운영에 관한 규정」을 두고 있다.

움직이고 있다. 서울, 경기, 강원 등 10여 개의 지방자치단체에서 '교육복지 운영 및 지원에 관한 조례'와 같이 교육복지를 조례를 제정하여 교육복지정책의 추진 및 지원에 필요한 기반을 마련하고자 주력하고 있다.[9)] 예를 들어 경상남도 교육지원 및 교육복지 활성화에 관한 조례에서 확인할 수 있듯이, 교육복지가 교육계는 물론 일반 지방자치단체 및 지역사회와 공존하는 분야임을 확

---

9) 교육복지 관련 자치법규 제정 현황(국가법령정보센터, 검색일: 2024.1.18.).

* 교육복지생태 구축 – (경기, 경북, 광수, 전남, 제주, 충남, 충북) 교육청 교육복지 운영·지원에 관한 조례 – 사회안전망 구축을 위한 강원도교육청 교육복지 조례 – 경상남도 교육지원 및 교육복지 활성화에 관한 조례(일반자치 단체) – 용인시 학교사회복지활성화 및 지원에 관한 조례 * 국민기초교육수준 보장 1) 저소득층 학생 지원 – 학교 수업료 및 입학금에 관한 조례 및 시행규칙(17개 시·도) – 서울특별시 강남구 학생 치과주치의 및 저소득층 아동 의료지원 조례 (서울 기초자치구) 2) 다문화 등의 집단 지원 – 다문화교육진흥 조례(강원,경기,경남,경북,대구,대전) – 다문화가족 지원 조례(일반자치단체, 광력 및 시도) 3) 기초학력 보장 – 학습부진학생 지원 조례(경기,경남,서울,세종,인천,충남) – 제주특별자치도교육청 기초학력 향상 지원 조례 – 전라남도교육청 기초·기본학력 보장 조례 * 교육부적응 및 불평등 해소 – (경남, 광주, 부산, 제주, 충북) 교육청 학업중단 예방 및 학교 밖 청소년 교육지원 조례 – (경기, 대전, 서울, 전남, 전북) 교육청 학교 밖 청소년 교육지원 조례 – (서울, 경기, 대전) 교육청 교육복지지원사업 운영 지원에 관한 조례 (전남, 경기는 별도 훈령을 두고 있음) – (대전, 인천, 강원, 경기, 경남 등) 교육청 저소득층 학생 교육 정보화 지원 조례 – 방과후 활동사업 또는 돌봄 조례(인천, 전남, 세종 기타 일반기초자치구) – 학생 현장체험학습 지원에 관한 조례(강원, 경기, 경남, 부산, 서울, 전남, 제주, 충북 등) – 학교 교복 지원 조례(대전, 부산, 강원, 전남, 충북)/경남은 체육복 지원 조례 – 경기도 대안교육 기관 등 학생 교복지원 조례 * 학교폭력 – 학교폭력 예방 및 지원(대책)에 관한 조례(시·도교육청, 자치구 차원) * 통학 – 경상남도교육청 농어촌학교 학생 통학 지원 조례 – 경기도 농어촌학교 학생 통학 교통비 지원 조례

인할 수 있다.

17대 국회부터 교육복지에 관한 단일법을 제정 및 교육복지 관련 법안을 제정하고자 하는 시도는 있었으나 입법화는커녕 교육복지의 개념을 조차 명확하게 정의하고 있는 법령을 찾아볼 수 없다. 다만, 자치법규인 조례에서 '교육복지'를 직접 명시하고 정의 규정에서 다수 확인 할 수 있다. 대략 교육복지를 사회적·경제적·문화적 요인으로 발생하는 개인·집단·지역 간의 학습기회, 학습과정, 학업성취, 학교생활 등에 나타나는 차이의 해소를 목적으로 학생에게 제공하는 모든 형태의 공적 지원을 교육복지라고 정의하고 있다.

강원특별자치도는 교육기회의 균등한 접근에 한정하고 있으며, 서울특별시는 '교육복지'를 취학 전 아동, 초중등학생, 학교 밖 청소년, 평생교육 희망자 등에 대한 교육기회의 공정한 제공, 교육과정의 형평성 제고, 교육수준의 질적 향상 등을 위하여 종합적인 복지체계를 구축하고 지원하는 것으로 정의하고 있다.[10)]

지방자치단체 차원에서 교육복지에 관한 입법이 상당히 진척된 것을 고려할 때, 이제는 정부가 교육복지정책을 적극적으로 추진하여 지역 간의 차이, 전국적 차원에서 교육격차의 해소와 교육기회의 평등한 보장을 위하여 나설 때가 되었다. 이미 학교교육 관계법령, 일반복지 관계법령, 청소년 및 여성·가족 관계법령, 기타의 영역 등 다양한 개별 영역에서 교육복지에 관한 내용이 있는데, 이를 통합하고 체계화하는 노력이 있어야 할 것이다.

교육복지에 관한 단일법이 제정될 경우, 기존의 개별 법령에 산재되어 있던 교육복지 관련 규정들은 새롭게 정비될 필요가 있다. 이를 통하여 외국의 사례처럼 교육과 복지의 긴밀한 상호관계를 통하여 교육의 기회에서부터 과정과 결과를 보장하는 복지국가의 책무를 다할 수 있을 것이다. 그리고 지금과 같이 교육복지에 관한 개별 법령의 중복을 방지하고, 법률의 체계 정당성을 확보할 수 있을 것이다. 구체적인 법률 규정에 있어서 무엇보다 교육복지

10) 서울특별시 교육·복지 민간협의회 설치 및 운영에 관한 조례.

정책과 관련된 참여 주체인 국가와 지방자치단체, 시·도교육청 및 학교, 시민사회의 역할이 적정하게 설정되는 것이 중요하다.

중앙부처 차원에서는 교육복지정책의 교육복지 정책의 방향 및 목적을 구체적으로 설계하고 변화시키는데 중점을 두고 지방자치단체는 교육복지 정책을 실질적으로 실시하고 집행될 수 있도록, 특히 재정적 측면에 노력하여야 한다. 시민사회는 교육복지가 궁극적으로 학교 외의 사회에서도 충분히 시행될 수 있도록 역할을 부여하거나 국가나 지방자치단체가 정책적으로 회피하는 영역에 대한 참여를 통해 계속석인 의제개발을 통한 새로운 정책을 발굴하거나 제안할 수 있어야 할 것이다.[11]

2. 제정방식

교육복지에 관한 법안이 17대 국회에서 처음 발의되고 난 이후부터[12] 폐기될 때까지 단일법의 제정에 관한 특별한 논의는 없었다. 다만 17대 국회 이후 지금까지 교육복지 관련 법안들은 실질적으로 교육복지 전반을 이끌만한 내용과 특별한 변화는 없고 추상적인 권리선언의 형태에 그치는 데에 한계가 있었다. 따라서 새로 제정되어야 할 교육복지 단일법은 교육기본법, 학교교육 관계법령, 일반복지 관계법령 등이 가진 한계와 문제점을 극복하여야 한다. 그러기 위해서는 법의 성격을 명확히 하고, 추구하는 방향성과 법률안에 무엇을 담아낼 것인지 치열한 논의가 필요하다. 이하에서는 그러한 논의의 토대를 구축하기 위한 내용을 살펴보고자 한다.

1) 기본법의 역할 부여에 관한 쟁점

교육복지법에 기본법의 역할 부여에 관한 쟁점을 논하기 위해서는 먼저

---

11) 윤창국, “다문화사회 담론 및 정책 분석을 통해 본 평생교육의 과제,” 「평생교육학 연구」 제15권 제4호, 한국평생교육학회, 2009, 261면.

12) 17대 국회에서 발의되었던 교육복지 단일법 「교육복지법(안)」(이인영 의원 대표발의, 2006. 11. 30)이 있었다.

기본법의 기능이 무엇인지를 밝힐 필요가 있다. 일반적으로 국가의 정책적 측면에서 기본법의 기능은, 첫째, 사회상황의 변화에 수반하여 정책 전환이 필요한 경우 기본법 제정 등을 통하여 새로운 이념과 방향성을 제시하고, 그에 근거해 순차적으로 개별법령과 정책 변경을 도모해 나아가며, 이 경우 기본법은 새로운 정책이나 개혁의 방향성과 근간을 제시하고 개혁을 유도하는 역할을 담당한다. 둘째, 대상 분야의 정책과 제도의 전체상을 제시하고 종합화와 체계화를 도모하여 다양한 부처와 기관, 재원 및 인력을 아우르는 조정적 역할을 마련한다. 셋째, 단기적이고 좁은 시야에서 형성되는 현실적 정책을 장기적·종합적 시야와 전망에서 방향을 제시하고 정책의 계속성·일관성·안정성을 확보하여 제도화한다. 넷째, 국회의 법률이라는 형식을 통하여 행정부에 대해 그 분야의 제도와 정책의 이념과 방향성을 제시하고 제도적 틀을 마련하고 기본법에 의거한 조치를 강구할 것으로 의무화한다. 다섯째, 기본법은 국가가 국민에게 보내는 메시지 역할을 할 수 있고 새로운 이념이나 제도의 형성과 정착을 도모하려는 경우에 기본법 제정을 통하여 사회의 이해와 인식 및 의식개혁 등이 추진되도록 할 수 있다. 여섯째, 기본법에는 통상 국가와 지방자지단체의 권한과 책무를 함께 규정하게 되어 지방자치단체의 행정 분야에서의 역할분담을 명확히 할 수 있다.[13] 기본법에서 정하는 내용은 포괄적이고 추상적인 경우가 많고, 프로그램규정 내지 훈시적 규정이 그 대부분으로 구성되어 있으며, 가령 권리의무에 관하여 규정할 필요가 있는 경우에도 구체적인 규정은 개별법에 맡기고 대강이나 방향성을 제시하는 것에 그치는 것이 일반적이다. 따라서 대부분의 기본법은 시책에 관한 기본적인 지침·방향과 그것을 추진하기 위한 체제의 정비 등 정부의 권한과 활동의 규준·절차, 조직에 관하여 개괄적으로 규정하는 이른바 조직규범으로서 구성되는 등 그 법률의 성격면에서 작용법이라기 보다는 조직법적인 색채가 강하다.

기본법의 법적 성격은 기본법이 해당 분야와 관련 있는 개별 법률보다 우

13) 박영도, 기본법의 입법모델연구, 한국법제연구원 연구보고서, 2006, 24-33면.

위의 효력이 있어 다른 법률보다 우선하여 적용되는지와 관련해서는, 첫째, 기본법이 개별 법률보다 우선하여 적용되기 때문에 다른 법률은 기본법의 목적과 취지, 내용에 적합해야 한다는 견해(기본법 우월성 긍정 견해)이다. 둘째, 기본법이라는 입법 형식의 남용을 우려하여 법리적으로 기본법은 다른 법률과 동등한 효력만 있기에 다른 법률이 기본법보다 신법이라고 하면, 신법 우선의 원칙을 적용해야 한다는 견해(기본법 우월성 부정 견해)이다. 셋째, 법의 형식적 효력을 보면, 기본법과 개별법은 서로 동등한 효력이 있지만, 기본법이 개별법의 이념과 해석의 방향성에 영향을 미칠 수 있다는 견해(기본법의 한정적 우월성 인정 견해) 등이 대립되고 있다.[14]

기본법 조항 중에는 다른 법률과의 관계에 관한 규정을 두어 기본법의 우선 적용 여부나 보충 적용 여부를 규율하는 경우, 다른 법률과의 관계에 관하여 해석을 하게 되면, 기본법은 대부분 추상적 해석과 시책 위주로 구성되고, 개별법은 절차법과 집행을 다루기 때문에 서로 충돌하는 경우가 적어 기본법의 법적 성격에 관한 논의의 실익은 크지 않다. 다만, 기본법 명칭 부여와 무관하게 기본법적 성격을 지닌 법률과 개별 법률 사이에서 동등한 효력을 인정하는 것이 개별 법률의 구체적 특성을 고려한 것이라 할 있다.

2) 기본법인가 단일법인가?

교육복지법은 교육법적 성격과 복지법적 성격을 모두 필요로 한다고 볼 수 있다. 이러한 의미를 고려할 때, 상당히 방대한 분량을 갖는 법률이 될 것이다. 따라서 대부분의 행정법처럼 시행법으로 제정하게 되면, 법의 운용에 어려움이 있을 수 있다. 교육복지정책을 위해 교육부, 보건복지부, 고용노동부, 여성가족부 등 여러 개의 부처가 관련되기 때문에 법률의 소관과 법 시행의 전달체계상 혼란이 있을 수 있다. 이러한 한계와 문제를 해결하기 위해서

14) 우기택, "기본법과 체계정당성에 관한 연구," 「법제논단」, 법제처, 2016, 51－53면을 참조하여 정리하였다.

단일법이 필요하다고 본다. 현행 법제상 제명에 '기본법'이라는 명칭이 붙여진 기본법을 살펴보면, 일정한 법 분야나 정책 분야별로 기본법이 존재하는 것도 아니고, 기본법이 존재하는 분야와 부존재 하는 분야 간에 합리적인 기준이 있는 것도 아니며, 각각의 기본법의 위치나 법률로서의 비중도 산발적으로 흩어져 있다. 최근에는 하나의 분야에서 복수의 기본법이 계층적으로 제정되는 사례도 있다.[15] 이 점은 기본법이 통일적인 기준과 형식으로 정비되고 있는 것이 아니라는 점을 말해주고 있는 것으로, 이러한 상황은 기본법의 존재, 위치, 성격을 점점 모호하게 하고, 기본법의 타당성에 관한 의문과 논의를 제기하는 요인으로 작용한다.[16]

법률의 구체성과 교육복지의 현실적인 적용을 고려한다면, 단일법으로서 집행력을 가지는 것이 유용하다. 그러나 법률이 포괄성과 일반 규범으로서의 역할을 고려할 경우 기본법의 형태로 제정하는 것도 불가능하지는 않다. 다만 앞에서 살펴본 바와 같이 기본법은 추상적인 원리나 원칙, 선언적 규정의 성격이 강하기 때문에 교육복지의 수혜자에게 직접적인 지원이나 서비스 제공에 한계가 있다. 왜냐하면 기본법은 해당 분야에서 추진되는 정책의 기본적인 방향 설정과 실행을 위한 추진체계를 내포하고 있으므로 집행과정에서 충돌하는 정책을 조화롭게 해결할 수 있으나 해당 정책이 단일 부처 또는 다수의 부처에서 추진되는 정책인 경우에는 별도의 추진체계 마련이 필요하며, 추진체계 결여 시 기본법으로서 역할을 하지 못해 법제상·정책상 혼란을 야기할 수 있다.

대표적인 예로 2004년 제정·시행된 「재난 및 안전관리 기본법」은 자연현상에 의한 재해 성격의 자연재난과 인적 요소가 포함된 사회재난을 재난으로 통합하고, 국민의 생명·신체·재산·국가에 피해를 줄 수 있는 사회 전 범위 요인들에 대하여 체계적이고 실효적인 재난관리 및 안전관리체계를 구축하고

15) 사회보장기본법과 근로복지기본법 및 건강가정기본법 등이 대표적인 예이다.
16) 우기택, 앞의 논문(2016년), 47면.

자 하였으며, 관리책임을 명확히 하기 위한 안전관리조직 법정화, 재난 및 안전관리의 지침의 성격인 안전관리계획의 수립, 재난의 예방－대비－대응－복구 체계를 명확히 하여 실효적인 재난안전관리행정체계 구축을 이루고자 하였고, 조직, 권한, 계획 등에 관한 미비점을 보완하는 입법도 실시하였다. 하지만 제정 당시 81개 조문으로 구성되었던, 「재난 및 안전관리기본법」은 2024년 기준 149개조로 증가하였고, 조직, 계획, 권한 등 재난관리행정에 관한 규정도 40여 차례 이상 개정되었으나, 자연재난과 사회재난은 오히려 증가하는 양상을 보인다.[17] 제21대 국회에서도 재난 발생 이후 「재난 및 안전관리 기본법」의 보완 입법을 하고 있으나, 이미 잦은 개정으로 인하여 복잡하게 규정되어 있어, 법률의 예측가능성을 저해하고, 법치행정의 달성을 어렵게 하고 있다. 이와 함께 「재난안전통신망법」, 「재난안전산업 진흥법」 등 개별법들이 제정되고 있고, 「안전기본법(안)」, 「재난관리자원법(안) 등 개별법(안)들이 논의되고 있어, 법률간 관계 설정도 필요한 실정이다.[18]

교육기본법이 기본법이라는 제명으로 "교육에 관한 국민의 권리 · 의무 및 국가 · 지방자치단체의 책임을 정하고 교육제도와 그 운영에 관한 기본적 사항을 규정하고 있다. 따라서 만약 교육복지기본법을 제정하게 될 경우, 법의 운용과 정책상 혼란을 야기할 수 있을 것이다. 그래서 이 연구는 「교육기본법」과 관련 법체계의 정합성 측면에서 관계를 분석하여 교육복지 행정을 달성할 수 있는 「교육복지법」의 정립 방안을 제시하여 교육복지 정책을 실현하고자 한다.

3) 교육복지법의 제정방안

헌법상 문화국가원리 및 교육기본권의 실질적 보장을 위해서는 기본권

17) 특히 2022년 10월 29일 발생한 이태원 참사는 그간의 재난 및 안전관리체계 정비의 노력을 무색하게 할 만큼 대규모 사상자가 발생하였다.

18) 견승엽, "재난 및 안전관리 기본법 재정립 방안 연구," 「토지공법연구」 제101집, 한국토지공법학회, 2023. 2, 309－310면.

형성적 법률의 제정이 요구되며, 이러한 기본권 형성적 법률 중 하나인 교육복지법은 모든 국민의 잠재능력과 적성을 최대한 계발하여 실질적인 교육기회를 보장하고, 개인간, 지역간, 계층간 교육여건 불평등 해소를 통하여 능력에 따른 균등한 교육기회를 보장하여 교육기회를 보장하여 교육격차를 해소할 수 있을 것이다. 나아가 사회 통합적 차원에서 특수교육에 대한 행·재정적 지원이 필요하며, 국가, 지방자치단체, 학교, 공공기관 및 민간기관 사이의 협력체계가 구축되어야 한다. 이러한 교육복지정책의 합리적인 추진을 위해서는 현행 교육기본법의 입법취지와 목적을 실현하고, 개별법에 규정되어 있는 교육복지 관련 내용을 체계적으로 정리하여 종합적인 교육복지법을 제정하여야 한다. 이 경우 첫째, 교육복지법은 기존 체계를 유지하면서도 교육복지정책 추진의 법적 근거를 마련할 수 있고, 둘째, 교육복지정책에 대한 필요성 및 국가의 적극적인 의지를 반영하며, 셋째, 교육복지정책 추진에 대한 종합적인 법적 근거로서의 의미도 가지며, 넷째, 필요한 새로운 교육복지정책의 각론적인 법적 규율이 가능하다는 것이다. 따라서 기존의 개별법률 규정들은 유지하되 내용이 상충되거나 관할권이 충돌하는 부분에 한해서는 교육복지법이 우선한다는 규정을 두어야 할 것이다.

3. 다른 법률과의 관계

교육기본법이 제정될 경우, 기존의 교육기본법 및 다른 교육복지 관련 법령과의 관계설정을 어떻게 할 것인지 중요한 문제이다.

먼저 교육기본법과의 관계이다. 교육기본법은 모든 교육의 기본법으로서 교육에 관한 국민의 권리·의무 및 국가와 지방자치단체의 책임을 정하고 교육제도와 운영에 관한 기본적 사항을 규정하여 국민의 교육을 받을 권리를 실현하기 위한 법적 기반을 마련하는 데에 목적을 두고 있다. 이 기본법의 성격 규명과 관련하여 당시 심사보고서에는 “이 법안은 사회교육에 관한 규정을 보완하여 학교교육과 사회교육이 평생교육 차원에서 유기적인 연계를 갖추도록 하여 교육에 관한 실체적인 기본법이 될 수 있는 부분에 관하여는 타당하다고 여겨진다. 그러나 교육제도와 운영에 관한 기본적인 사항만을 선언적으로 규정하고 교육에 관한 실체적인 사항은 개별법에 규정하도록 하여 간명하게 제정해야 한다는 견해와 교육지침의 제시, 교육자치 등 교육행정의 운영 및 학제에 관한 기본적인 사항 등 교육에 관한 기본적인 내용을 타 교육관계법률에 맡기지 말고 직접 규정해야 한다."라는 견해가 있었다.[19)]

현행 교육복지의 근간이 되는 교육기본법의 입법 취지 및 목적을 고려하였을 때, 단일법의 형태로 교육복지법이 제정되면 교육기본법과의 관계에서 영향을 받거나 규율 받을 사항은 교육복지에 관한 재정 부담을 국가 또는 지방자치단체간의 책무성에 관한 부분일 것이다. 이는 통합적인 교육복지법에서 정하면 될 것이다. 그렇다면 학교교육관계법령, 일반복지 관계법령, 청소년 및 여성·가족 관계법령 등을 비롯한 다양한 교육복지 분야의 법률들에 대하여는 법률 위임 형식의 규정을 두면 된다. 예컨대, 이미 존재하거나 향후 필요한 법률이든 "따로 법률이 정하는 바에 따른다."와 같은 위임 근거 규정을 기본법에 적시하면 법체계상 일관성과 통합성을 유지할 수 있다.

그리고 교육복지 관련 법령들은 추진체계 관련 내용을 포함하고 있지 않아 추가적으로 하위 법령에서 구체화시켜야 실효성을 확보할 수 있는 선언적 규정에 불과하였다.[20)] 예컨대 다문화가족지원법 제10조에서는 아동의 보육·교육에서 다문화가족 아동을 차별해서는 안 되며, 학교생활에 적응할 수 있는 지원 대책을 마련하여야 하고 취학전 교육·보육을 위해 노력해야 한다고 규정하고 있으나, 추진 체제는 규정되고 있지 않다. 대상자 발굴 및 지원하는 역할 수행자의 부재, 실효성에 대한 평가 및 판단 등에 대한 내용의 부재로 실질적 효력이 미비한 경우가 대다수였다.

---

19) 교육위원회, 교육기본법안 심사보고서, 1997, 3-4면.
20) 박재윤·황준성, 앞의 논문(2008년), 72면.

마지막으로 교육복지정책 대상의 대부분이 학교에 있음에도 이들에 대한 지원과 관련된 법률에는 지원의 내용만을 일반적으로 규정하고 있을 뿐 학교의 역할 및 책무에 대한 명확한 규정이 포함되어 있지 않다. 이는 학교에 국가교육과정 실행 이외의 활동에 책무성을 묻기에 장애 사유가 되며, 교육의 역할 수행에도 제한이 있다.

Ⅲ. ▸▸ 제정상 고려 사항

1. 법률제명 및 총칙규정

1) 법률제명

법령입안기준상 법률의 제명은 법률의 고유한 이름으로서, 제명을 붙이는 경우 법령의 규율 내용을 가장 잘 나타내는 함축적인 내용으로 간결하게 표현해야 하여, 법령의 성격이나 특성을 잘 나타내도록 알기 쉽게 나타내고 있어야 한다.[21] 법률의 제명은 일반적으로 「○○법」 또는 「○○에 관한 법률」로 정한다. 통상 법령이 규율하려는 내용이 비교적 간단하여 간결하게 표현해도 그 내용을 쉽게 이해할 수 있는 경우에는 보통 「○○법」으로, 법령의 내용이 복잡하여 제명을 이해하기 쉽게 풀어서 표현할 때에는 「○○에 관한 법률」로 표기한다.[22]

이처럼 법령의 제명은 간결성, 내용의 포섭성, 오해의 방지성을 기본적 원칙으로 하여 결정되어야 할 것인데, 기존에 제출된 교육복지 관련 의원입법안에서는 교육복지법, 교육격차해소법, 교육격차해소를 위한 법률안 등 다양한 명칭을 사용하고 있으나, 그 내용이 궁극적으로 교육복지 구현에 중점을

21) 법제처, 법령입안 심사기준, 2023, 725면.
22) 법제처, 법령입안 심사기준, 2023, 726면.

두고 있다는 점과 내용의 포괄성을 고려하여 "교육복지법"으로 명명할 수 있을 것이다.

교육복지법은 현재 교육에 관한 기본법과 교육복지 내용을 규정하고 있는 법령들을 고려하여 종합적으로 비교·분석하여 그 구체적인 규율 내용을 제안할 필요가 있을 것이다. 또한 교육복지법은 「초중등교육법」, 「고등교육법」, 「장애인등에 대한 특수교육법」등과 대등한 법적 지위를 가져야 할 것이다. 다만 교육복지에 관하여는 이 법이 우선 적용되어야 할 것이다.

2) 총칙규정

(1) 목적 규정

목적 규정은 해당 법령이 달성하려는 목적을 간결하고 명확하게 요약한 문장으로서 국민이 입법 목적이나 입법취지를 쉽게 이해할 수 있도록 하기 위한 것이다. 목적 규정은 법령의 개별 조문에 대한 해석을 하는 경우 그 법령의 해석지침을 제시하는 역할을 한다.[23)]

앞에서 언급한 내용을 종합적으로 검토하여 교육복지법의 제정목적을 다음과 같이 제안한다.

제1조(목적) 이 법은 모든 국민이 기본적인 사회생활을 영위하기 위하여 필요한 능력을 발휘할 수 있도록 하며, 교육여건의 차이와 관계없이 자신의 능력을 최대한 발휘할 수 있도록 하여 사회의 성장과 통합을 도모함을 목적으로 한다.

(2) 정의 규정

정의 규정이란 법률 중에 쓰이고 있는 용어의 뜻을 명확하게 정하는 규정으로 법령에서 사용하는 중요한 용어이거나 일반적으로 쓰는 용어의 의미와 다른 의미로 사용되는 용어에 대하여 법률 자체에서 그 의미를 명확하게 할 목적으로 규정하게 된다. 정의 규정은 법령해석상의 논란을 예방하고, 법령의

23) 법제처, 법령입안 심사기준, 2023, 51면.

집행과정에서 발생할 수 있는 분쟁을 방지할 뿐만 아니라, 여러 조문에서 자주 사용되는 용어를 미리 하나의 조문에서 설명해 줌으로써 법령문을 간결하게 표현할 수 있는 기능을 가진다.[24] 이러한 관점에서 아래에서 이인영 의원안(교육복지법), 권영진 의원안(교육복지법) 정의 규정을 기초로 하여 교육복지와 교육격차의 개념을 정의하였다.

제2조(정의) 이 법에서 사용하는 용어의 뜻은 다음과 같다.

1. "교육복지"란 교육의 기회, 과정, 결과 등에서 발생하는 교육격차, 교육여건의 불평등, 교육소외 및 교육부적응 현상 등을 해소하고, 교육여건을 개선함으로써 궁극적으로 사회통합에 이바지하고 개인의 잠재적 능력을 최대한으로 개발하여 자아를 실현할 수 있는 공적 지원을 의미한다.
2. "교육격차"란 사회적·경제적·문화적 요인으로 인하여 발생하는 개인·집단·지역 간의 교육기회·교육과정·학업성취 등의 차이를 말한다.
3. "교육소외"란 개인의 육체적·정신적 장애 또는 사회·경제·문화적 요인 등으로 인하여 균등한 교육기회를 제공받지 못함으로써 국민으로서 보장받아야 할 최소한의 교육수준을 누리지 못하는 것을 말한다.
4. "학교부적응"이란 교육기회는 제공받고 있으나 개인에게 부적합한 교육 방식 등으로 인하여 학교교육에 적응하지 못하거나 학교교육을 중단하는 것을 말한다.
5. "저소득층"이란 「국민기초생활보장법」에 따른 수급권자와 같은 법의 차상위계층으로서 대통령령이 정하는 범위의 자를 말한다.
6. "학교"란 「유아교육법」에 따른 유치원 및 「초·중등교육법」의 규정에 학교를 말한다.

(3) 국가 등의 책무

이 법에 "국가 및 지방자치단체의 책무"를 명확히 규정함으로써 법률의 목적을 효과적으로 달성할 수 있을 것이다. 국가의 재정지원에 대한 책임과 관련하여 17대 국회에서 이인영 의원이 발의한 「교육격차해소법안」에서는 "국

24) 법제처, 법령입안 심사기준, 2023, 57면.

가는 교육격차의 해소와 지방자치단체 간 교육비 특별회계의 격차를 해소하기 위하여 소요되는 재원을 확보하고 이를 필요로 하는 지방자치단체에 지원하여야 한다."라고 규정하고 있으며, 18대 국회 발의한 법안 중 권영진 의원이 발의한 「교육복지법안」에서는 "교육부장관은 교육복지법에 따른 사업이 원활하게 추진될 수 있도록 우선적으로 예산을 지원하여야 하며, 교육격차해소 우선학교지원사업, 다문화가족 학생에 대한 지원사업, 교육복지투자 우선지역 지원사업을 지방교육재정교부금법에 따른 기준재정수요액의 측정 항목에 반영하여야 한다."라고 구체적으로 규징하고 있다.

이처럼 교육복지법의 실질적인 구현을 위해서는 첫째, 국가 및 지방자치단체는 교육복지정책 추진에 필요한 재정을 확보 · 지원하여야 하고, 둘째 교육복지법에 명시되는 교육복지사업을 위한 예산을 '지방교육재정교부금법'에 따른 기준제정수요액의 측정 항목에 반영하여 안정적 재원을 확보할 수 있도록 명시하여야 할 것이다.

제3조 국가 및 지방자치단체의 책무
국가 및 지방자치단체는 국민의 교육복지의 증진을 위하여 노력하여야 하며 필요한 시책을 수립 · 시행하여야 한다.
국가와 지방자치단체는 교육복지정책 실현을 위하여 필요한 재정을 확보하여야 한다.
국가와 지방자치단체는 교육복지정책 개발을 위하여 학교 간. 지역 간, 소득계층간 교육격차 실태 및 교육취약집단의 실태를 정기적으로 조사하여야 하며 조사 결과는 교육복지정책 개발을 위한 자료로 활용한다.

2. 교육복지 개념의 명문화

교육복지의 법적 개념은 현재까지 법률상 정립되지 않았다. 즉 현행법상 '교육복지' 개념을 명문화하고 있는 법령 또한 찾을 수 없다. 다만 교육기본법 제27조는 "학생과 교직원의 건강 및 복지를 증진하기 위하여 필요한 시책을 수립·실시해야 한다."라고 규정하고 있을 따름이다.

그러나 시도교육청 소관 조례에서 '교육복지'를 제명에 직접 명시하거나 교육복지의 개념을 정의하는 조항을 확인할 수 있다. 서울특별시의 '서울특별시 교육청 교육복지 민관협력 활성화 조례'[25] 외에 별도로 '서울특별시 교육·복지 민관협의회 설치 및 운영에 관한 조례'를 두고 있으며, 교육·복지를 '취학 전 아동, 초중등학생, 학교 밖 청소년, 평생교육 희망자 등에 대한 교육기회의 공정한 제공, 교육과정의 형평성 제고, 교육수준의 질적 향상 등을 위하여 교육과 관련된 종합적인 복지체계를 구축하고 지원하는 것'으로 정의하고 있다.[26] 광주, 대전, 경기, 경북, 전남, 제주는 교육복지를 제명에 직접 명시하여 정의 규정에서 교육복지를 "가정적, 지역적, 사회적, 경제적, 문화적 요인으로 발생하는 개인·집단·지역 간의 학습기회, 학습과정, 학업성취, 학교생활 등의 차이를 해소하기 위해 학생에게 제공하는 모든 형태의 공적 지원"으로 정의하고 있다. 이러한 시도교육청의 조례는 일부 상이함이 있을 뿐이지 학습기회, 학습과정, 학업성취, 학교생활 등에 발생되는 격차의 해소를 목적으로 학생에게 제공하는 공적 지원을 교육복지라고 정의하고 있다.[27] 다만, 「경상남도 교육지원 및 교육복지 활성화에 관한 조례」는 교육복지에 대한 정의 없이, '교육복지 증진 및 학교·가정·지역사회와의 연계를 통한 학교사회복지 활성화에 관한 사업'을 교육지원 사업[28]이라 하고, 도지사에게 교육지원사업에 대한 단기 또는 중·장기교육지원기본계획의 수립[29] 및 교육지원사업을 추진하기 위하여 도의 재정상황 등을 고려하여 예산을 지원할 수 있도록 하는

25) '교육복지'란 모든 학생들에게 일정한 교육을 받을 수 있는 기회를 제공하며, 개인 및 사회경제적 요인에 의한 교육 소외·부적응, 불평등 현상을 해소하여 모든 학생들이 각자의 교육적 요구에 맞는 교육을 받음으로써 잠재 능력을 최대한 계발할 수 있도록 제반사항에 대하여 지원하는 것을 의미한다, 서울특별시교육청 교육복지 민관협력 활성화 조례 전부개정조례안, 교육위원회, 2020. 12, 17.

26) 서울특별시 교육·복지 민관협의회 설치 및 운영에 관한 조례 제2조, 국가법령정보센터, 2024. 3. 5. 검색.

27) 각 시도별 교육복지 운영 및 지원 조례, 국가법령정보센터, 검색일: 2024. 3. 5.

28) 경상남도 교육지원 및 교육복지 활성화에 관한 조례 제3조 제2항.

29) 경상남도 교육지원 및 교육복지 활성화에 관한 조례 제4조.

등의 규정을 두고 있다.[30)]

위와 같이 현행법상 교육복지의 정의를 규정하고 있는 법령은 없으며, 자치법규인 조례에서 교육복지에 대한 법적 정의를 명시하는 규정을 확인할 수 있었지만, 강원도와 경상남도와 같이 교육복지에 대한 정의가 명시되지 않은 지역도 확인할 수 있었다. 법률규정은 없고, 각 시도별 교육복지 조례에 산발적으로 흩어져 있는 교육복지의 개념이 혼재되면서 교육복지 정의를 명확히 할 필요가 있다. 교육복지의 개념 정의가 규명되어야 교육복지의 보장 대상과 범위를 명확히 할 수 있기에, 교육복지법에서는 '교육복지'에 관한 개념을 구체적으로 규정할 필요가 있을 것이다.

우리나라 헌법과 교육기본법에서 역시 별도의 교육복지 정의가 없으며, 헌법에서는 "교육받을 권리," 교육기본법은 "국가와 지방자치단체는 학생과 교직원의 건강과 복지증진을 위한 시책을 수립·실시해야 함"을 명시하고 있다. 현재 회기 종료로 폐기된 교육복지법안도 교육복지에 대하여 명확하게 개념정의를 하고 있지 않으며, 각 지방자치단체의 조례상의 교육복지의 개념정의는 지방자치단체와 교육청에 따라 각각 상이함에 주목할 필요가 있다. 예컨대 서울특별시 교육청은 교육복지 대상을 "모든 학생"으로 「유아교육법」 제2조 제2호의 "유치원"과 「초중등교육법」 제2조에 따른 학교, 그밖에 교육감이 필요하다고 인정하는 교육기관에 "재학 중인 학생"으로 지원 대상자를 한정하고 있다. 반면 2024년 서울특별시의 복지정책실 주요업무보고에서는[31)] 교육복지 대상을 "취학 전 아동, 초중등학생, 학교 밖 청소년, 평생교육 희망자"로 학생 이외에 그 범위가 더 넓다. 지방자치단체별로 개별 조례를 만들어 교육복지 개념의 정의를 적용한다면, 더 큰 혼란이 야기될 것이다. 교육복지정책과 수요가 지속적으로 증가하고 있는 상황에서 정책의 실행이 일관성 있게 추진하기 위해서는 법령에서 교육복지 개념을 정립할 필요가 있다.

30) 경상남도 교육지원 및 교육복지 활성화에 관한 조례 제5조.
31) 서울특별시 2024년 복지정책실 주요업무계획, 복지기획관 복지정책과, 2024. 3, 13.

교육복지 개념은 '교육복지'는 사회 모든 구성원의 교육적 욕구를 충족시키고, 특히 교육소외계층 또는 교육취약집단에 대해 교육기회를 확충하는 것으로 정의하는 것이 타당할 것이다. 모든 학생에 대한 보편적 복지로서의 광의 개념과 경제적·사회적 소외계층의 교육격차 해소를 위한 선별적 개념의 혼합이며, 교육복지사업의 운영 주체인 지방자치단체와 교육청에서 정의하고 있는 것을 포괄한다. 그러므로 광의의 교육복지 대상은 유·초중등 학생뿐만 아니라, 학교밖 청소년, 취학전 아동, 저학년 성인까지를 모두 포괄할 수 있도록 교육복지의 개념이 규명되어 교육복지를 명확하게 규정한 관련 법령의 부재가 해결되어야 할 것이다.

3. 국가와 지방자치단체의 책무 및 협력

우리 「헌법」 제40조는 입법권을 국회에 부여하고 있다. 따라서 교육복지 정책에 관한 입법권은 당연히 국회에 부여되어 있다. 국회의 입법과 관련하여 교육복지의 관할권이 중앙정부와 지방자치단체의 어느 영역에 속하는지 판단하기는 쉽지 않다. 헌법 제117조는 지방자치단체에 자치권을 인정하고 있고, 지방자치단체의 사무를 예시하고 있는 지방자치법 제13조 제2항 제5호[32]에 의하면 교육복지정책의 관할권은 일반적으로 지방자치단체의 관할 사무로 볼 수도 있을 것이다. 그러나 교육기본법 제27조는 학생 및 교직원의 건강 및 복지의 증진을 위한 사항을 국가 및 지방자치단체의 관장 사항으로 하고 있다. 그리고 정부조직법 제28조(교육부)는 인적자원개발정책, 영·유아 보육·교육, 학교교육, 평생교육, 학술에 관한 사무를 교육부(교육부장관) 관장 사무로 규정하고 있다. 또한, 유아교육법 제24조 제2항[33] 및 제26조에서[34] 유아교육 비용

32) 「지방자치법」 제13조(지방자치단체의 사무 범위)
① 지방자치단체는 관할 구역의 자치사무와 법령에 따라 지방자치단체에 속하는 사무를 처리한다.
② 제1항에 따른 지방자치단체의 사무를 예시하면 다음 각 호와 같다. 다만, 법률에 이와 다른 규정이 있으면 그러하지 아니하다. 5. 교육·체육·문화·예술의 진흥

33) 제24조(무상교육) ① 초등학교 취학직전 3년의 유아교육은 무상(無償)으로 실시하되, 무상의 내용 및 범위는 대통령령으로 정한다.

부담에 있어 국가 및 지방자치단체의 부담에 관해 규율하고 있다. 따라서 법률에 다른 규정이 없으면 교육복지 사무의 관할은 지방자치단체에 있으며, 구체적인 개별 법률을 통해서 정부는 국가의 교육복지의무를 구체화하는 것이라 할 수 있다.

지방자치단체도 지방자치법 제135조에[35] 의해 교육·과학·체육에 관한 사무는 별도의 지방교육자치기관이 관장하도록 되어 있다. 교육복지는 교육현장에서 대부분 정책을 실행하므로 교육을 관장하는 지방자치기관(시·도 교육청, 교육지원청)에서 관장하는 것이 타당히다 할 것이다.

국가의 교육복지정책에 관한 관할권과 관련하여 학생 건강 검진, 보건위생, 여성복지, 자활지원, 이주배경 아동, 장애인 및 사회보장에 관한 사무를 보건복지부의 관할 사무로 규정하고 있으나, 이는 교육복지정책이 교육 현장과 연계하여 정책이 시행되는 점을 고려할 때 교육부에서 관할권을 가지는 것이 타당할 것이다.

현재 교육복지대상에 대한 지원 대책은 정부 관련 부처인 교육부나 여성가족부, 노동부 등 유관기관에서 다양하게 실시되고 있다. 그리고 지방교육자치제도의 실시에 따라 각 지방자치단체에서 각자 다른 교육취약계층 지원 방안을 규정하고 있어 정책이 중복되고 효율성이 떨어지고 있다.

따라서 중앙정부가 주도하고 지방자치단체가 협력하며 시민단체가 보조하는 형식의 통일적이고 체계적인 협력체계의 구축이 요구된다. 경제적 취약계층 지원의 문제는 학교만의 노력으로 한계가 있기에 중앙행정기관, 시·도

---

② 제1항에 따라 무상으로 실시하는 유아교육에 드는 비용은 국가 및 지방자치단체가 부담하되, 유아의 보호자에게 지원하는 것을 원칙으로 한다.

34) 제26조(비용의 부담 등) ③ 국가 및 지방자치단체는 대통령령으로 정하는 바에 따라 사립유치원의 설립 및 유치원교사의 인건비 등 운영에 드는 경비의 전부 또는 일부를 보조한다.

35) 제135조(교육·과학 및 체육에 관한 기관) ① 지방자치단체의 교육·과학 및 체육에 관한 사무를 분장하기 위하여 별도의 기관을 둔다.
「지방교육자치법」 제19조(국가행정사무의 위임) 국가행정사무 중 시·도에 위임하여 시행하는 사무로서 교육·학예에 관한 사무는 교육감에게 위임하여 행한다. 다만, 법령에 다른 규정이 있는 경우에는 그러하지 아니하다.

교육청, 학교, 민간지원 단체, 기업체, 종교단체, 학부모 단체 등 다양한 기관들이 네트워크를 구성하여야 한다.

교육복지 운영체계의 차원에서 현행 교육복지 사업은 주로 교육부와 교육청이 총괄·조정을 담당하고 있어서 행정적으로 집권화되어 있고 실제 현장 및 일선에서의 수행은 주로 학교가 담당하도록 설계되어 있다. 한가지 예로 교육투자우선지역 지원사업에서 시·도교육청 및 지역교육청의 교육복지 전담부서 및 인력부재로 혼선이 빚어지고 있다. 이러한 문제는 국가와 지방자치단체의 책무에 대한 법적 근거가 부재하기 때문이다. 따라서 교육복지법을 제정하여 국가와 지방자치단체간의 책무성 및 상호협력을 이루어 실행할 수 있도록 추진되어야 한다. 교육복지 정책은 특수상 학교와 지역사회와의 협력은 물론이고 학교와 행정기관, 공공기관과 민간기관의 협력을 통해야 하는데 현행법에서는 충분한 근거가 부재하기에 교육복지정책을 실시하에 상당한 어려움에 직면하게 된다. 따라서 근거법으로 명시하는 것이 필요하다.

우리나라와 같이 시도교육청과 지방자치단체가 이원화된 자치구조 하에서는 시·도교육의 교육복지 지출뿐만 아니라 지방자치단체의 교육복지 지출구조 및 규모를 파악할 필요가 있다. 이원화된 자치구조 하에서 국가와 지방자치단체, 시·도교육청은 교육복지 관련 지원 대상 및 서비스 공급과 누락이 발생하는 한계가 있다.[36] 중앙정부–지방자치단체–교육청 간 협력을 통해 이루어지는 대표적인 정책인 '초등돌봄 서비스'의 경우 교육부, 복지부, 여성가족부로 분산되어 있고 지원근거 및 지원대상, 운영형태, 예산[37] 등이 모두 차별적으로 운영되고 있다. 지역 내 교육복지 사업을 수립하는 과정에서 공동 계획 수

36) 초등돌봄 서비스는 저출산·고령사회데 대비한 국가 정책 중 하나로, 중앙정부–지방자치단체–교육청 간 협력을 통해 이루어진 대표적인 사례이지만 서비스 공급에 중복과 누락이 발생하는 대표적인 예이다.

37) 교육부의 돌봄교실 경우 시설확충예산은 교육부 일반회계에서 전액이 국고보조금 형식으로 지원되며 운영관련 예산은 교육부 일반회계의 보통교부금을 통해 지원되고 있으며 초등돌봄교실 운영지원 예산은 지방교육재정교부금 기준재정수요액을 기준으로 편성되어 있는 실정이다(국고보조금 통합관리시스템, 보조사업 현황 내역사업별 교육부 참조).

립 거버넌스, 공동사업비 제도 등의 구축에 대한 법적 근거를 마련하는 것이 예가 될 수 있을 것이다.

1) 공동계획 수립 거버넌스

교육복지는 대상 범위에 따라 광의와 협의, 선택적 지원과 보편적 지원으로 구별된다. 기존 연구가 교육복지의 개념을 다양하게 해석한 이유는 교육복지를 명확하게 규정한 법령의 부재하고, 헌법과 교육기본법은 '모든 국민의 교육받을 권리'와 '어떠한 이유로 교육에서 차별받지 않을 권리,' '학습자가 평등하게 교육을 받을 수 있도록 교육여건 격차를 최소화해야 한다.'라는 규정으로 교육복지를 설명하고 있을 뿐이다. 이러한 상황에서 각 지방자치단체는 교육복지조례를 만들어 교육복지 개념을 정의하고 있는데, 교육지원청은 교육복지의 대상을 "모든 학생"으로 규정하고 지방자치단체는 "모든 학생"뿐만 아니라 취학전 아동, 학교밖 청소년, 평생교육 희망자까지 포함하고 있다. 즉 교육청에서는 학생을 대상으로 지방자치단체는 아동·청소년과 교육을 받고자 하는 모든 시민을 대상으로 한다. 하지만 교육청의 정책사업을 분석하면 학생뿐만 아니라 학교밖 청소년, 평생교육 학습자, 취학전 아동까지 포괄되어 있어 지방자치단체의 정의와 유사하다는 것을 알 수 있다. 이는 동일한 교육복지정책을 지방자치단체와 교육청에서 중복하여 추진할 가능성과 주체의 혼선을 야기할 수 있다. 지방자치단체별로 개별 조례를 제정하여 교육복지 개념의 정의를 다르게 적용한다면 더 큰 혼란이 발생될 것이다. 공동계획 수립 거버넌스를 "정부 주도의 일방향적 교육행정에서 정부와 민간 교육공동체의 상호협력을 통한 교육협치를 실행하는 것"으로 정의한다면, 교육협력 거버넌스가 성공하기 위해서는 ① 교육청과 지방자치단체뿐만 아니라 관련 정책문제와 관련된 이해당사자들의 참여(participation), ② 참여하는 주체들 사이의 신뢰와 협력(trust & cooperation), ③ 협력을 가능하게 하는 안정적인 네트워크(network)가 전제되어야 하며 특히, 협력적 거버넌스의 성공조건으로 거버넌스 운영 과정에서 조직 리더들의 촉진적 리더십이 필수적이며, 거버넌스를 통한 문제해결의 성공 경험 등이 매우 중요하기 때문에 교육협력 거버넌스를 위해서는 제도적 마련과 법적 근거가 중요하다.

2) 공동사업비 제도[38)]

공동사업비 제도는 지방자치단체와 교육청이 협업 가능한 사업에 대해 양자가 공동으로 예산을 편성하여 집행하는 제도를 의미한다.[39)] 최근 무상급식, 돌봄서비스 등 교육복지와 관련된 지역주민의 관심이 증가함에 따라 지방자치단체는 교육청과는 별도로 지역주민의 교육현안에 대한 욕구를 반영하기 위해 다양한 교육정책을 수립하고 재정지출을 확대하고 있는 상황이다.[40)]

표 15 경상남도와 경상남도교육청의 중복 공약 비교[41)]

<table>
<tr><th>교육청 추진 공약</th><th>지방자치단체 추진 공약</th></tr>
<tr><th>공약과제</th><th>공약과제</th></tr>
<tr><td>고교까지 전면 무상 급식</td><td rowspan="2">교육의 공공성 강화(친환경 무상급식)</td></tr>
<tr><td>학교급식의 질 확보</td></tr>
<tr><td>교복 구입비 지원 확대</td><td rowspan="3">교육의 공공성 강화(무상교육)</td></tr>
<tr><td>체육복 구입지 지원 확대</td></tr>
<tr><td>학습준비물 지원 확대</td></tr>
<tr><td rowspan="4">유치원 돌봄교실 운영 확대</td><td>경남 맘 편한 원스톱 보육센터 설치</td></tr>
<tr><td>공동육아나눔터 확대 및 긴급육아 파견</td></tr>
<tr><td>보육료차액지원</td></tr>
<tr><td>돌봄노동자지원센터 설치</td></tr>
<tr><td>초등 돌봄교실 운영 시간 확대</td><td>교육의 공공성 강화(온종일 돌봄)</td></tr>
</table>

38) 오나래, 지방자치단체-교육청 간 공동사업비 제도 도입방안 연구, 한국지방세연구원. 2022, 재구성하였다.

39) 오나래, 앞의 보고서(2022년), 3면.

40) 민선 7기 광역자지간체 교육분야 공약과 시·도 교육청의 추진 공약을 살펴보면 무상보육, 온종일 돌봄체계 확대, 무상급식 시행, 교복비 무상지원, 국공립어린이집 확충, 시민교육 활성화, 학교 건물 내진 보강 등 다양한 내용을 포함하고 있음(시·도교육청 교육관련 세부공약과제).

학교 건물 내진 보강	학교건물 내진보강 및 스프링쿨러
학교 석면 제거 안전학교 조성	
미세먼지 없는 안전학교 조성	어린이집 공기청정기 설치
국·공립 유치원 확대	국공립어린이집 확충
전국 최고수준 경남진로교육원 설립	평생교육·사회교육
지방자치단체 협력 마을형 진로체험장 운영	

지방자치단체의 교육지원사업에 대한 관심이 증대됨에 따라 지방자치단체와 교육청 교육 관련 사업의 유사 중복문제, 이해 부족과 갈등으로 인한 문제가 제기되고 있으며,[42] 지방교육재정의 효율적 활용 및 지방교육재정과 일반재정의 연계·협력 방안으로 지방자치단체와 교육청이 공동협력사업을 발굴하고 공동사업이 제도를 도입하는 방안이 제기되어야 한다.

지방자치단체와 교육청의 이원적 구조를 통합하여 설립된 경상남도 통합교육추진단의 사례를 살펴보면, 지방교육재정지원교부금의 효율적 집행으로 유아 및 초중등교육 분야의 재원으로 사용되고 있으며, 지방자치단체가 별도로 관할 구역 내에 고등학교 이하 각급학교의 교육에 소요되는 경비를 보조할 때에는 그 사업의 범위가 「지방자치단체의 교육경비 보조에 관한 규정」 제2조[43]에 따라 고등교육 평생교육 등 생애 전주기로 확장되는 양상을 나타내었다. 이와

41) 민선 7기 교육분야 공약, 경상남도 교육청 추진 공약 홈페이지 참고.

42) 무상급식 및 누리과정 운영비 부담 갈등, 지방자치단체 분야·부문별 세출예산 설정 기준으로 교육분야 외에 문화 및 관광, 사회복지 등의 분야에서 교육사업가 중복되는 사업이 다수 존재한다.

43) 제2조(보조사업의 범위) 특별시·광역시·도·특별자치도 및 시·군·구(이하 "지방자치단체"라 한다)가 관할구역 안에 있는 고등학교 이하 각급 학교의 교육에 소요되는 경비중 보조할 수 있는 사업(이하 "보조사업"이라 한다)은 다음 각호와 같다.
1. 학교의 급식시설·설비사업
2. 학교의 교육정보화사업
2의2. 학교의 교육시설개선사업 및 환경개선사업
3. 학교교육과정 운영의 지원에 관한 사업
4. 지역주민을 위한 교육과정 개발 및 운영에 관한 사업
5. 학교교육과 연계하여 학교에 설치되는 지역주민 및 청소년이 활용할 수 있는 체육·문화공간 설치사업
6. 기타 지방자치단체의 장이 필요하다고 인정하는 학교교육여건 개선사업

같은 지방자치단체와 교육청 간 연계·협력 사업은 '공동사업비' 제도의 모델이 되었다.[44)]

공동사업비제도가 정착된 것은 아니지만, 지방자치단체의 교육사무와 관련하여 중복투자를 방지하기 위해 지방자치단체와 교육청이 함께 중장기적 계획을 수립하고 재원 마련 및 예산편성 단계부터 상호협의를 거쳐 구체적인 정책사업을 운영함으로써 재정운영의 책임성을 제고하여 우선 순위에 따라 재원배분이 이루어질 수 있을 것이다. 법률 제정시 공동사업비 도입의 전제로 지방교육행정협의회가 공동사업의 선정, 재원의 운영형태,[45)] 예산의 편성 및 집행, 관리에 실질적으로 참여할 수 있고, 공동사업비 운영, 비법정전입금 또는 교육경비보조금을 통한 연계·협력 사업 성과를 평가할 수 있는 법적 근거를 마련해야 한다.

3) 지방자치단체의 협력 방안[46)]

교육복지의 전달체계 측면에서 지방자치단체와의 연계 및 협력이 필요하다. 경제적 취약계층에 대한 지원은 지방자치단체 일반회계 및 사업에서도 지원되고 있는데, 지방자치단체는 지역주민에 대한 복지서비스를 제공할 책무가 있기 때문이다. 교육(교육·체육·문화·예술의 진흥에 관한 사무)을 제외한 일반사무는 광역지방 자치단체에서는 시·도청이 담당하고, 기초지방자치단체에서는 시·군·구청이 집행하고 있고, 교육사무는 광역지방자치단체이든 기초지방자치단체든 모두 시·도교육청이 집행하고 있으며, 시·도교육청도 그 아래에 하급교육청으로서 교육지원청을 갖고 있지만, 우리나라는 기초 단위의 교육자치를 도입하고 있지 않아 교육지원청은 자치 권한 없이 시·도교육청의 교육감이 위임한 사항만을 처리하는 교육행정 관서에 불과하다. 교육자치와 일반자치는

---

44) 오나래, 앞의 보고서(2022년), 55면.

45) 공동사업비 제도의 도입 시 예산을 통해 운영할 것인지, 기금을 설치하여 운영할 것인지에 대한 검토가 필요하다.

46) 하민철, 지방자치단체와의 교육협력사업 발굴 및 협력방안 연구, 충청북도교육연구정보원, 2020, 1-132면 재구성하였다.

자치제도라는 점에서는 상호 관련성이 깊지만, 법적으로 독립된 자치로 규정하고 있기 때문에 법적으로 상호 독립적인 주체이지만, 일반자치든 교육자치든 처리해야 할 사무영역만 다를 뿐, 지역발전이라는 공통의 목적을 추구하고 있다는 점에서는 큰 차이가 없다. 우리나라는 독특하게 시·도청이 아닌 별도 기관으로 시·도교육청을 두어 교육행정의 집행을 일반행정으로부터 분리·독립시킨 것으로 볼 수 있기에 일반자치와 교육자치는 서로 지방자치라는 점은 공유하지만 상호 독립적이라는 관계로 규정될 수 있으나 교육만을 관장하는 시·도교육청이 시·도청으로부터 독립성을 갖는다고 해도 실제 재정적으로 의존적인 규정들을 두고 있어 완전한 독립이라기보다는 불완전한 독립 관계를 유지하고 있다. 구체적으로 현재 교육자치를 관장하고 있는 시·도교육청은 교육자치를 위한 독립적인 자체 세원을 갖고 있지 못하며, 지방교육재정의 재원 확보 규정에 의해 시·도교육청은 매년 일정 부분의 교육재정을 시·도의 전입금에 의존하게 되어 있고, 이 전입금의 교부에 민감하게 반응할 수밖에 없는 상황이며, 시·도의 교육감과 해당 지역 시·도지사 사이의 정책갈등이 발생하고, 적시에 전입금을 교부받지 못하면 교육감의 교육자치 운영에 상당한 어려움이 예상된다.

이러한 점에서 지방교육자치와 일반자치와의 관계는 법률에 의해 상호 독립적인 것처럼 보이지만, 실제 재정적으로 일부 의존적 관계가 있어 지방자치단체와 교육청의 교육복지지원에 있어 연계·협력을 이루기 위해서는 '협력적 교육거버넌스'[47] 방식의 추진체계가 검토될 수 있다. 기금 또는 별도의 정책사업비를 확보하여 다양한 자원을 활용하여 '공동기획－공동집행－공동 성과관리' 등의 추진체계를 갖출 수 있을 것이다. 직접적 사례로 경상남도교육청

47) 보편적으로 사용되는 거버넌스 개념은 '정부가 공동체 문제를 해결하기 위해 시장(market) 및 시민사회(civil society) 주체들과 함께 공동체 문제를 해결하려는 새로운 형태의 문제해결기제(problem solving mechanism) 혹은 새로운 문제해결의 조정방식(coordination system)'으로 정의됨(Rhodes, 1997; Lowndes & Skelcher) 거버넌스는 정부와 시장, 시민사회 주체들이 동등한 주체로서 신뢰(trust)를 바탕으로 협력(cooperation)을 통해 공동체 문제를 해결하는 것이기 때문에 과거 정부가 단독으로 문제를 해결했던 전통적 행정과는 전혀 다른 새로운 형태가 되는 것이다.

은 학생 수 감소로 폐교된 창원시 구암중학교 체육관을 재건축하는 도시재생 프로젝트를 추진하여 책과 문화가 공존하는 신개념 복합 독서문화공간인 '마산 지혜의 바다도서관을'[48] 2018년 4월 개관하였다. 경남도교육청은 창원 지혜의바다의 성과에 힘입어 2019년 12월 11일 경남 김해시의 폐교인 옛 주촌초등학교를 리모델링을 하여 연면적 3523㎡, 지혜동 2층과 바다동 3층에 10만 장서 규모로 총 56억 원의 사업비를 투입해 경남의 두 번째 미래형 복합도서문화공간인 김해 지혜의 바다를 개관하였고, 세 번째 지혜의 바다 프로젝트로 남부도서관을 산청군 신안보건지소 부지에 2020년 9월 개관을 목표로 국비 16억 원을 포함해 총 38억 원의 예산을 투입해 산청군이 부지를 제공하고 도서관 건립을 맡고, 경상남도교육청이 건립비의 지원과 도서관 운영을 하기로 역할 분담하는 교육협력 프로젝트를 2019년 2월 업무협약을 맺어 추진한 바 있다.

지방자치단체와의 협조가 더욱 필요한 부분은 취약계층 학생 지원과 관련한 정보시스템의 공유를 활용하여 교육급여 및 교육비 지원을 포함하여 지방자치단체의 지원 사업에 대한 신청과 지원이 간명하게 이루어질 수 있는 정보시스템의 구축이 필요하다.

4. 교육복지종합계획 수립

교육복지정책의 효과적인 추진을 위해서는 기본 단위인 학교에서부터 시·도, 중앙에 이르기까지 교육취약집단에 대한 정확한 실태를 조사하고, 중장기적 교육복지계획을 수립하여, 계획에 기반한 정책을 추진해 나가야 할 것이다. 참여정부에서 교육복지종합 계획을 5개년 계획으로 수립하여 시행하였으나, 이에 대한 법적 근거의 부재로 예산 확보가 불안정하여 안정적인 진행이 어렵다는 문제가 있었다.

교육복지정책의 효과적 추진을 위하여 5년 단위로 교육복지 종합계획을

48) 경남신문, 2018. 4. 13.

수립하도록 하고, 중앙과 시·도 지역 차원에서도 책무성을 부여하며, 각 단위에서 이루어지는 교육취약집단에 대한 실태 조사 결과에 기초하여 교육복지 정책이 발굴하여 국가적 수준의 중장기적 교육복지정책이 수립될 수 있도록 법제화하여야 한다.

교육복지종합계획에는 첫째, 수립주기, 둘째, 국가와 지역 단위 정책의 기본 방향, 셋째, 주요 추진 내용, 넷째, 정책별 관련 부처 및 지방자치단체와의 협조 체제 구축 방안, 다섯째, 민간 자원 활용 방안, 여섯째, 재원확보방안 등을 포함하여야 한다. 특히 국가 단위의 교육복지종합계획에는 교육복지실태조사실시 계획도 포함되어야 한다. 교육복지 정책이 중앙 부처 및 지방자치단체에서 실시되어야 하므로 교육복지종합계획 수립 시 관련 부처와 지방자치단체의 협의를 의무 사항으로 규정하여야 할 것이다.

5. 교육복지 재원의 확보 방안

교육복지 법제에 관한 논의 및 교육복지의 효율적인 정책추진에 있어서 가장 중요한 부분은 교육복지에 필요한 재정의 확보 방안이다. 교육복지 정책에서 사용되고 있는 재정은 일반적으로 지방교육재정교부금 체계에서 배분되며, 무상교육 확대·무상급식 등과 같은 보편적 복지는 보통교부금의 형태, 그리고 목적형 사업으로서 국가 시책사업의 경우에는 특별교부금 형태로 배분된다. 여기에 시·도교육청 자체 재정이 해당 사업시행 학교들을 중심으로 배분·집행된다.[49] 살펴본 바와 같이 교육복지에 대한 개념의 모호성으로 인하여 교육복지가 실질적으로 실현되고 있는 학교를 통한 복지프로그램이 증가하고 있지만, 교육복지프로그램의 개념과 성격, 유형에 대한 명확한 규정이 없는 상황에서 현장에서의 혼선은 계속되고 있다.[50]

초중등교육의 교육복지 사업 계획과 추진은 중앙정부 차원, 지방정부 차

49) 이근영, 경기도 교육복지 정책 분석 및 발전 방안, 경기도교육 연구원, 2018, 99면.
50) 이봉주·우명숙, 보편적 교육복지 제한된 교육재정, 교육복지재정 실태와 자료집, 214, 25면.

원, 단위학교 차원으로 구분할 수 있다. 중앙정부 차원에서는 교육부에서 지원하는 국고보조금 사업과 특별교부금 국가시책사업 중 교육복지 성격의 사업이 이에 해당되고, 여성가족부의 학교밖 청소년지원센터 지원, 한부모가족지원법에 따른 한부모·조손가족 지원, 다문화가족지원센터 운용, 보건복지부의 지역아동센터 지원 등의 정부부처별로 교육복지 관련 사업들이 일부 추진되고 있다. 지방정부 차원에서는 시·도교육청에서 교육비특별회계를 통해 교육청 주관으로 추진되는 교육복지 사업과 중앙정부에서 특별교부금 국가시책사업으로 교부되어 추진되는 교육복지사업, 그리고 지방자치단체에서 자체적으로 추진하는 사업과 비법정전입금을 통해 추진되는 사업이 있다.

단위학교 차원에서는 시·도교육청에서 교부하는 목적사업비와 단위학교 자체 지원 사업, 그리고 지방자치단체에서 지원하는 교육경비보조사업 중 교육복지 관련 사업 등이 있다.[51] 대통령령인 「지방자치단체의 교육경비 보조에 관한 규정」이 있는바, 이 규정은 「지방교육재정교부금법」 제11조 제8항에 따라 특별시·광역시·특별자치시·도·특별자치도 및 시·군·구가 그 관할구역 안에 있는 고등학교 이하 각급 학교의 교육에 소요되는 경비를 보조함에 있어 필요한 사항을 규정함을 목적으로 한다. 구체적으로는 학교의 급식시설·설비사업, 학교의 교육정보화사업, 학교의 교육시설개선사업 및 환경개선사업, 학교교육과정 운영의 지원에 관한 사업, 지역주민을 위한 교육과정 개발 및 운영에 관한 사업, 학교교육과 연계하여 학교에 설치되는 지역주민 및 청소년이 활용할 수 있는 체육·문화공간 설치사업, 기타 지방자지단체의 장이 필요하다고 인정하는 학교교육여건 개선사업을 지방자치단체가 보조할 수 있는 사업으로 명시하고 있다.[52] 아울러 「유아교육지원특별회계법」도 살펴볼 필요가 있는데 동 법은 누리교육과정이[53] 실시되면서 국가 또는 시·도교육청 중 누

51) 엄문영·이선호, 교육복지투자 실태 및 효율화 방안 연구, 한국교육개발원, 2014, 32면.

52) 국가법령정보센터, 지방자치단체의 교육경비 보조에 관한 규정 제2조.

53) 유아교육지원특별회계 설치 배경이 된 '누리과정'은 만 3~5세 유아를 대상으로 유치원 및 어린이집에서 동일한 교육·보육과정을 제공하고, 부모의 소득과 무관하게 유치원 유아 학비 및 어린이

가 어린이집 누리과정 예산을 부담해야 하는지와 시·도교육청이 누리과정 예산을 편성할 재정여력이 있는지 등에 대해 교육부와 시·도교육청 간 논란이 매년 반복되었고, 2016년 일부 시·도교육청이 어린이집 누리과정 예산을 미편성하여 보육대란 등의 어려움을 해소하기 위하여 제정되었다. 구체적으로 이 법 제1조는 유아교육 및 보육을 통합한 공통의 교육·보육과정 정책의 안정적인 추진을 위하여 유아교육지원특별회계를 설치하고, 그 운영에 관한 사항을 규정함을 목적으로 하고 있으며 특별회계로부터의 전입, 차입금, 지방자치단체에 대한 지원 등과 세출예산의 이월, 잉여금의 처리, 예비비를 규정하고 있다.[54]

교육복지정책에 투입되는 사회적 비용의 규모와 교육적 요구를 종합적으로 파악할 수 있는 시스템이 부족하고 지속적으로 무상급식의 확대와 누리과정의 사례에서 확인할 수 있듯이 대규모 교육복지 수요가 추가되었고, 이로 인한 교육재정 확보 및 배분 과정에서의 교육부, 시·도 교육청간 갈등이 매우 심각한 수준에 이르렀다. 결국 기준재정수요가 기존재정수입을 초과하여 지방교육채를 발행할 수밖에 없는 상황에 직면하였고 이러한 상황이 지속되면서 지방교육채 누적액이 증가하여 지방교육재정의 건전성에 부담이 되고 있다.[55]

그리고 2016년부터 지방자치단체에서는 한부모가정 지원 사업에 교과서비를 추가 지원하고 있는데 그동안 교육청에서 시행하는 대부분의 복지사업에는 한부모가정 자녀를 그 대상에 포함시키고, 교과서비 또한 지원하고 있는 사업임에도 지원대상의 일부만 지방자치단체 사업으로 변경되어 중복 지원 여부의 확인 과정이 추가되었다. 급식비 또한 토·공휴일과 방학 기간은 지방

집 보육료를 무상 지원하는 사업이다. 정부는 누리과정을 도입함으로써, 이원화되어있던 유치원 교육과정과 어린이집 보육과정을 하나로 통합하는 "공통 보육·유아교육 과정"을 제공하여 초등학교 교육과정과 연계하고, 만 3~5세 아이들은 유치원과 어린이집 어디를 이용하든 생애 첫 출발선에서 수준 높고 균등한 교육의 기회를 보장받을 수 있도 록 하였다(KPFIS 인사이트, 유아교육 재정 현황과 국제비교, 2016. 2월호, 한국재정정보원).

54) 국가법령정보센터, 유아교육지원특별회계법, 검색일: 2024. 3. 8.

55) 교육복지 재정 실태와 과제, 이선호, 제5차 미래교육정책포럼, 2017, 59면.

자치단체가 지원하고 학기 중 급식비는 교육청이 부담하는 실정이다. 사업 주체에 따라 지원기준이 상이하여 학기 중과 토·공휴일에 지원받는 대상도 다르고, 지원예산조차 교육청에서 편성하여 지방자치단체로 하여금 집행하는 구조이다. 이처럼 교육부와 보건복지부 여성가족부에서 개별적인 교육복지를 위한 사업을 추진하고 있으나 사업별 서비스의 내용 면에서 중복되는 부분과 동일한 사업을 각 부처의 기준에 의하여 지원하고 있어 시·도교육청 및 학교현장에서 혼란이 발생할 수밖에 없다.

이것은 교육복지를 총체적으로 관장하고 추진할 국가 및 지방자치단체의 추진 기구의 부재와 이들에 대한 지원 및 협력체계의 거버넌스와 물적·인적 자원의 정비가 미흡하기 때문이다. 조례의 적용 범위는 시·도의 관할 구역에 국한되지만, 대전광역시는 「지방자치법」 제142조[56]에 따라 「대전광역시 중구 학력신장지원기금 설치 및 운영 조례」를 제정·운용하여 일반회계 출연금, 기금 운용으로 발생하는 수익금으로 기금의 재원을 조성하여 교육여건 및 교육환경 개선 사업의 용도로 사용하고 있다.

교육복지는 상당한 재원을 필요로 하기에 필요한 재원의 정확한 추산에 근거한 안정적인 재원의 확보 방안을 갖추는 것이 필요하다. 2010년 「지방교육재정교부금법」 개정으로 교육복지에 대한 책임과 권한이 시·도교육청으로 위임되었다. 물론 시·도교육비특별회계의 중앙정부 이전 재원에 대한 의존도가 높고 특별교부금 국가시책사업은 국가 주도로 이루어지고 있다고 볼 수 있으나. 특별교부금 사업 특성상 재정지원이 중단될 경우 시·도교육청에서 자체적으로 투자할 여력이 불가하다고 보아야 한다. 교육복지에 대한 국가와 지방자치단체, 교육청, 학교의 역할 및 재원부담 구조에 대한 명확한 구분과 책무가 절실하며 이를 토대로 한 법률제정이 필요하다.

56) "지방자치단체는 행정목적을 달성하기 위한 경우나 공익상 필요한 경우에는 재산을 보유하거나 특정한 자금을 운용하기 위한 기금을 설치할 수 있다."

6. 교육복지 우선지원 대상과 규정

교육복지 정책 대상자의 범위를 명확하게 확정하기에는 어려움이 있지만, 교육복지 개념에 근거하여 정책 대상별 교육지원을 명확하게 규정하고 수혜자들에 대한 지원이 누락 되지 않고 실시될 수 있도록 법적 방안을 마련해야 할 것이다. 1995년 5·31 교육개혁에서 시작된 교육복지 정책은 여러 정권을 지나 2017년 '경제·사회 양극화에 대응한 교육복지 정책의 방향과 과제'를 발표하면서 교육복지 정책이 중앙정부 차원의 정책으로 정착하는 데에 이바지 하였다. 최근까지 중앙정부 차원의 교육복지 정책의 가장 드러나는 변화는 소득계층, 지역간 교육격차, 교육취약집단에 주안을 두었던 교육복지의 관심이 보편적 복지로 전환되었다는 데 있다.[57] 다양한 부처와 기관에서 교육복지 정책이 확대되면서 교육복지 정책의 범위가 불분명해짐에 따라 최근에는 학생성장통합지원 등 개별적으로 수행되던 유관사업과 교육복지 정책을 통합적 관점으로 연계하여 추진하려는 움직임도 보이고 있다.[58]

현재 국가가 추진하고 있는 교육복지 정책은 교육복지 수혜대상의 범위를 보편적 복지 및 선별적 복지로 구분하여 교육복지 정책을 시행하고 있다.

---

57) 김민희, "정권교체에 따른 교육복지 정책 변동 분석," 「교육정치학연구」 제25권 제3호, 한국교육정치학회, 2018, 136면.

58) 교육부, '이제는 학생에 맞춰 지원한다': 학생맞춤통합지원 역량강화 추진, 보도자료, 2023. 1. 12. 일자.

표 16 교육복지 정책 대상[59)]

구분	보편	선별
유아	유아교육의 국가책임 확대	저소득층 유아 방과후학교 지원
초·중등	– 초등돌봄(단, 늘봄학교 시행으로 인하여 2025년까지 사업진행) – 고교무상 – 학업중단학생지원 – 기초학력보장 – 모든 학생을 위한 마음건강 지원[60)]	– 소외계층 맞춤형 진로교육, 교육급여, 교육복지안전망, 농어촌지역 맞춤형지원, 다문화, 탈북학생 지원, 특수교육대상자 교육여건 개선 – 초중등 국가장학제도(특별교부금 및 복권기금공사다리)
고등·평생	평생교육 지원	– 청년 학자금 지원 확대 – 학자금 대출금리 동결 – 저소득층 대상 평생교육바우처 규모 확대
기타	– 복지친화적 교육환경 구축 급식관리, 건강관리, 안전관리 학교복합시설 신규 설립[61)] 늘봄학교[62)]	

59) 교육부, 「2024년 교육정책 활용하는 법 및 교육급여 산정 기준」을 참고하여 연구자가 작성.

60) 2024년 3월부터 초·중·고 모든 학교에서 위기학생 선별 검사 도구(마음 easy 검사 도구)를 도입하여 위기 학생을 조기에 발견하여 위기 학생이 치유·회복될 수 있도록 전문기관 연계를 강화하고, 2025년부터 마음챙김 및 디지털 리터러시 교육을 도입함(교육부 보도자료, 모든 학생을 위한 마음건강 지원 강화한다. 2024. 1. 3).

61) 학교와 지역에서 필요한 교육·돌봄, 문화, 체육시설 등을 복합적으로 운영하여 설치하는 시설로 교육지원청은 학교부지 일부를 지방자치단체에 무상으로 제공하고, 지방자치단체는 교육·문화·복지·체육 시설 등 학생 및 지역주민이 요구하는 공용시설을 구축하여 학생 및 주민의 생산적 복지에 기여할 수 있다(학교복합시설 설치 및 운영·관리에 관한 법률 및 한국교육개발원 학교복합시설 정책 참고).

62) 늘봄학교는 정규수업 외에 학교와 지역사회의 다양한 교육자원을 연계하여 학생 성장·발달을 위해 제공하는 종합 교육프로그램으로 기존의 초등학교 방과후와 돌봄을 통합·개선한 단일체제로 앞으로 초등학교 방과후와 돌봄은 없어지고(2025년까지 운영), 늘봄학교 하나의 체제만 유지될 예정이다. 지원대상은 원하는 초등학생 모두가 늘봄학교를 이용할 수 있으며 2024년 초등 1학년부터 '누구나 이용' 가능하고 연차별로 확대하여 2026년까지 초등 전 학년을 대상으로 지원할 계획이다(교육부, 2024년 늘봄학교 추진방안, 2024. 2).

1) 선별지원 대상 및 정책

(1) 교육급여 및 교육비 지원

교육급여는 「국민기초생활 보장법」에 따른 기초생활보장제도의 하나로 국가의 의무지출, 즉 권리성 급여[63]에 해당하며, 기준 중위소득 50% 이하인 가구의 초중고 학생에게 교육활동지원비를 지급하는 제도이다. 2024년 기준 교육활동지원비는 2023년에 비해 11% 인상되어 연간 초등학생 461,000원, 중학생 654,000원, 고등학생 727,000원을 지원한다.[64]

교육비 지원은 초중등교육법 제60조의4부터 10에 따른 시·도교육청의 재량적 예산사업으로 교육청 자체 지원기준에 따라 유동적인 성격을 갖는다. 통상 중위소득 50~80% 이하 초중고 학생(기초수급자, 법정차상위 등 포함)에게 입학금·수업료, 학교급식비, 학교운영지원비, 교과서비, 방과후학교 자유수강권(연 60만 원), 교육정보화(컴퓨터, 인터넷 통신비 23만 원, PC) 등을 지원하는 사업이며 교육급여 수급자와 교육지 지원은 수급자는 중복적으로 포함될 수 있다. 교육급여 및 교육비 지원은 저소득층 및 취약계층 학생에 대한 대표적인 선별지원이며, 이용권(바우처)지원 정책의 성격을 가진다.

(2) 복권기금 꿈사다리 장학금

계층 간의 교육격차가 심화되고 있으며 교육을 통한 계층이동의 가능성이 점차 희박한 추세에서 취약계층 학생들의 잠재력 개발과 진로개척을 위해 중학교부터 장기적·안정적으로 지원할 수 있는 장학제도가 필요하게 되었다. 국가에서는 교육이 희망이 되는 사회 구현을 위해 2018년부터 '계층이동 희망사다리 사업'을 시행하였으며, 이 제도는 학업의지가 높고 성장 잠재력을 가진 저소득층 우수학생을 조기 발굴하여 지속적인 지원을 통해 우수인재로 성장할 수 있도록 하며, 학업분야에 국한하지 않고 예술·체육 분야 등에 재능 있

---

63) 국민은 관련 법률에 따라, 교육활동을 위해 해당 급여를 국가에 요구할 권리가 있음.
64) 교육부 보도자료, 2024년 교육비 신청, 2024. 2. 23.

는 학생에게 지원하여 교육의 희망사다리 기능을 회복하는데 목적을 두고 시행되었다.[65]

초중등 국가장학금은 교육부의 특별교부금을 재원으로 하는 특별교부금 꿈사다리 장학사업과 2019년 시범사업 후 확대 시행되고 있는 복권기금 꿈사다리 장학사업의 이원화된 제도로 시행되고 있는데 특별교부금으로 진행되고 있는 꿈사다리 장학사업은 2018-2019년 지원 대상 학생을 선발하였으며, 2024년도에 종료될 예정이다.[66]

복권기금 꿈사다리 장학사업은[67] 국민기초생활수급자나 한부모가족 지원대상자, 법정 차상위계층 등 저소득층 혹은 긴급 구난사유에 해당하는 중고등학생 가운데 역량과 잠재력을 갖춘 학생에 대해 대학을 졸업할 때까지 연계하여 지원하는 국가 장학사업이다. 이는 복권기금을 재원으로 저소득층 학생들에게 장학금을 지원하는 것으로, 2019년 도입됐다.

선발된 장학생에게는 학업 계획에 맞게 이용할 수 있는 장학금(매월 25~35만 원)과 1:1 지도상담 및 교육 프로그램 등이 지원된다. 한국장학재단에서 운영을 담당하며, 교육부, 한국장학재단, 시·도교육청, 소속 학교, 장학생으로 전달되는 시스템을 구축하고 있다. 복권기금 꿈사다리 장학생 선발 유형은 역량과 잠재력을 갖춘 저소득층 중고생을 선발하여 대학 졸업까지 장기적으로 지원하고 있으며, 현재 꿈 장학금[68]과 소득 수준과 무관하게 재난·폭력 등에 따른 위기 중고생을 선발하여 지원하는 SOS 장학금의 유형으로 지원한다.[69]

---

65) 한국장학재단, 2019년 복권기금 꿈사다리 장학사업세부 시행계획, 2019. 3, 4면.
66) 한국장학재단 보도자료, 제1회 꿈사다리장학제도 개최, 2018. 8. 16(보도).
67) 기획재정부의 복권기금을 재원으로 하여 사업·운영비와 원금보전성 기금으로 예산이 관리되고 있다.
68) 학교에서 추천한 저소득층 우수 중·고생 선발·지원
69) 교육부 보도자료, '복권기금 꿈사다리 장학금'이 저소득층 중고등학생의 꿈을 지원합니다, 교육복지정책과, 2023. 3. 29.

(3) 이주배경학생 지원[70]

다문화가정 학생은 그 유형에 따라 국제결혼가정 학생과 외국인 가정 학생[71]으로 구분되고, 국제결혼가정 학생은 다시 국내 출생 자녀[72]와 중도입국자녀[73]로 구분된다. 다문화가정의 학생이 모두 경제적으로 취약한 계층은 아니지만, 다문화학생의 문화 및 환경의 적응과 언어지원 등을 위한 정책의 필요성으로 선별지원 대상에 포함되어 있으며 교육복지 대상으로 분류되어 있다.

2023년 9월 교육부는 제8차 장관회의를 개최하여 이주배경학생 인재양성 지원방안을 발표하였는데, 이주배경 인구가 계속 증가하는 상황에서 '이주배경에 상관없이 누구나 교육을 통해 인재로 성장할 수 있는 교육환경 구축'을 목표로 정부는 우선 이주배경학생에게 차별 없이 교육기회를 보장하기 위해 한국어 교육체제를 전면 강화하였다. 이를 위해 정부에서는 한국어학급을 확대하고, 인공지능 기반 한국어 학습장을 운영하여 인공기능 기술을 활용해 학생의 한국어 성취과정과 강·약점 등을 면밀하게 분석하여 제공하고 있다. 초중학교 입학 예정 이주배경학생의 조기적응을 위한 사전교육 프로그램인 징검다리과정을 운영하면서 다문화 정책학교도 함께 운영하며 교과 연계 다문화교육을 통한 학교 현장의 수용성 제고와 이주배경학생 맞춤형 지원을 강화하고 있다.

이주배경학생의 안정·지속적 정책추진 환경지원을 위한 법적 근거를 마련

---

70) 교육부 보도자료, '제8차 사회관계장관회의 개최하여 「이주배경학생 인재양성 지원방안」 등 발표', 2023. 9. 25, 참고하여 재구성하였다.

71) 외국인 사이에서 출생한 경우(한국계 중국인, 중앙아시아 고려인, 시리아 난민 등)에 해당하며 정주여건이 불안정하여 학업을 지속하기 어려운 경우가 존재하함(유엔아동권리협약에 따라 미등록 이주아동의 교육권 보장).

72) 한국인과 결혼이민자 사이에서 태어나 한국에서 성장한 경우에 해당되며 한국어 구사 능력에는 어려움은 없으나 학습에 필요한 문장이나 어휘를 이해하는 데 곤란을 겪는 경우가 있다. 사춘기에 진입하면서 다문화에 대한 고정관념에 불편함을 느끼며 이로인한 심리·정서적 지원이 요구된다.

73) 결혼이민자가 한국인과 재혼한 이후에 본국에서 데려온 경우, 한국인과 결혼이민자 사이에서 태어났으나 결혼이민자 본국에서 성장하다가 입국한 경우 등, 새로운 가족과 한국문화에 적응하기 위한 스트레스가 발생하며 정체성 혼란이나 무기력 등을 경험하는 경우가 존재하며 한국어능력이 부족하여 공교육 진입과 적응에 어려움이 발생한다.

하고자 2023년 9월에는 「초중등교육법」 제28조의2 신설 추진(법사위 전체회의 상정 · 의결, '23. 9. 1.)[74]과 유아단계부터 다문화 교육정책 지원근거 마련을 위한 「유아교육법」 개정을 추진하여 이주배경학생의 실질적은 공교육권을 보장받을 수 있도록 노력하고 있다.

전술하였듯이 다문화 학생에 관한 규정들은 상당 부분 개선된 것이 사실이다. 국가의 법령[75] 외 각 지방자치단체에는 「다문화교육진흥조례」, 「다문화가족 지원 조례」등이 규정되어 있다.

그러나 다문화 교육 영역에서 중요한 이중 언어와 관련하여 현재 보완이 필요하다. 미국은 이중언어교육법(Bilingual Education Act)을 통하여 지역교육구가 제한된 영어사용자를 위해 이중언어교육프로그램 개설 시 연방이 재원을 지원하도록 하고 있다.[76] 우리의 경우 관련 입법화가 되어 있지 않아 향후 다문화 교육 영역에서 이중 언어와 관련된 법제가 필요하다.

(4) 탈북학생 지원

탈북학생 교육지원의 대상인 북한이탈주민은 근거법[77]상 군사분계선 이

---

74) 다문화 교육정책 지원을 위한 「초 · 중등교육법」 제28조의2 신설내용
① (국가 · 지방자치단체 의무) 다문화 교육정책에 필요한 시책마련 의무
② (정책대상 범위) 다문화가족 구성원(내국인) + 입학예정 · 재학중 외국인
③ (교육부장관 · 교육감 권리)
1) 교육부장관의 다문화 교육 실태조사 실시권
2) 교육감의 한국어학급 등 특별학급 설치 · 운영권
3) 교육부장관과 교육감의 특별학급에 대한 필요경비 및 인력지원권
4) 교육부장관과 교육감의 다문화교육지원센터 설치 · 운영권/지정 · 위탁권
④ (학교장 의무)
1) 동등한 교육기회 보장 2) 다양성 존중
3) 조화롭게 생활하는 학교환경 조성에 노력할 의무

75) 「영유아보육법 시행령」 제22조(다문화가족의 자녀 중 영유아의 경우에도 무상보육을 제공함), 「초 · 중등교육법 시행령」 제19조(귀국 학생 및 다문화학생 등의 입학 및 전학: 다문화학생은 교육감이 정하는 바에 따라 다문화학생 특별학급이 설치된 초등학교에 입학하거나 전학할 수 있도록 규정하고 있음), 「청소년 복지 지원법」 제18조(이주배경청소년에 대한 지원), 「다문화가족지원법」 제5조(다문화가족에 대한 이해증진 교육), 제6조(한국어교육 등에 관한 지원) 제14조의2(다문화가족 자녀에 대한 적용 특례).

76) 염철현, 앞의 논문(2010년), 80면.

77) 북한이탈주민의 보호 및 정착지원에 관한 법률 제2조(정의)

북지역에 주소, 직계가족, 배우자, 직장 등을 두고 있는 사람으로서 북한을 벗어난 후 외국 국적을 취득하지 아니한 사람을 의미하며 북한이탈주민의 자녀가 지원대상에 해당한다.

탈북학생 지원 역시 「교육복지우선지원사업 관리·운영에 관한 규정」[78]에 근거한 대표적인 선별지원 정책으로 성공적인 학교적응과 성장을 위해 심리·정서적으로 불안한 탈북학생에 대해 전문 심리상담사를 통한 정서·심리상담 활동 지원, 탈북학생의 교육적 요구를 반영한 교사와 탈북학생 간 1:1 멘토링 및 2년 이상 성장멘토링 지원, 인문·과학·수학, 예술·체육, 직업 등 다양한 분야에서 잠재력을 가진 탈북학생에게 전문가 1:1 결연 지도를 제공, 진학 및 졸업 후 취업을 위한 자격증 취득 직업 교육과정 및 진로·직업교육 등 맞춤형 교육지원을 제공하는 방식으로 이루어지고 있다.[79]

범부처 협력을 통해 탈북청소년지원센터를 중심으로 사례별 상황에 맞춘 전문가팀을 구성하여 학업·심리·건강·가정 등의 다양한 문제로 긴급 지원이 필요하다고 판단되는 학업중단 위기의 탈북학생을 대상으로 학교 안팎의 자원을 활용한 대응방안 마련 및 지원, 남북한 학생 및 학부모 상호 교류를 통한 상호이해·협력 강화를 위해 동아리 활동 지원, 탈북학생 교육 만족도 제고를 위해 지역 상황에 맞춘 시도교육청별 고유 지원 사업을 시행하는 노력이 지속적으로 진행 중이다.

(5) 특수교육대상자 지원

특수교육은 「장애인 등에 대한 특수교육법」을 근거로, 시각·청각·지적·지체·정서 및 행동·자폐성·의사소통·학습·건강장애와 발달지체, 그 밖에 대통령이 정하는 장애 중 하나에 해당하는 사람으로서 특수교육을 필요로 하는 사람으로 진단·평가된 사람을 대상[80]으로 하는 선별적 복지정책이다.

78) 교육복지우선지원사업 관리·운영에 관한 규정, 제3조(사업대상학생).
79) 교육부, 탈북학생 교육 지원 세부 계획, 교육복지정책과, 2023. 11, 1－5면참조.
80) 국가법령정보센터 홈페이지, 검색일: 2024. 3. 14.

특수교육대상자 지원과 관련해서는 교육 선택권 확대를 위한 특수학교(급) 다양화,[81] 통합교육 지원, 개별 맞춤형 디지털 교육 확대,[82] 장애아 진로교육, 장애인의 고등교육 기회 확대 및 학습권 보장을 위한 장애인 고등·평생교육 기회 확대,[83] 등 다양한 방식으로 운영되고 있다. 특수교육 대상자의 교육권 보장을 위해 병원학교도 별도로 운영하고 있다. 2024년 현재 전국의 41개 병원학교에서 교육과 치료를 병행하고 있다.[84] 향후 교육과 치료가 연계될 수 있도록 2021년 대전교육청과 충남대병원이 연계하여 병원 내 6실의 학급을 설치하였고, 2022년에는 보건복지부와 협업으로 경상대학교병원과 전남대학병원에 공공어린이재활병원을 설립하였다.

특히 직업교육[85] 강화와 관련하여 비장애 학생들과 달리 진로·직업교육을 받기 제한적인 장애 학생을 위해 장애 유형 및 정도를 고려하여 교육과정과 연계한 장애 학생 맞춤형 진로설계를 지원하고 있다. 또한 장애 유형 및 진로 분야별 맞춤형 진로 정보 제공을 위해 학생·학부모 대상의 원격영상 진로멘토링을 운영하여 장애 유형(시각·청각·지체·발달) 및 진로 분야별 장애인 멘토링 및 직업인과의 실시간 소통·정보 공유도 추진하였다.

장애 학생들의 미래생활 역량을 강화하기 위하여 교육과정과 연계한 제험 중심 현장실습 운영을 통해 직무 역량 강화 및 안전한 현장실습 지원과 교

81) 근거법령「특수교육법」제5조(국가 및 지방자치단체의 의무), 제6조(특수교육기관의 설립 및 위탁교육), 제21조(통합교육),「특수학교시설·설비기준령」제2조(교지), 제4조(교육 관련 시설의 종류 및 기준)

82) 근거법령「특수교육법」제28조(특수교육 관련서비스),「장애인차별금지법」제14조(정당한 편의제공 의무),「지능정보화 기본법」제46조(장애인·고령자 등의 지능정보서비스 접근 및 이용 보장),「디지털 기반의 원격교육 활성화 기본법」제7조(학교등의 원격교육 인프라), 제10조(디지털 미디어 문해 교육 등) 동법「시행령」제2조(원격교육 취약계층 학생)

83) 근거법령「특수교육법」제29조(특별지원위원회), 제30조(장애학생지원센터), 제30조의2(개인별 교육지원계획), 제31조(편의제공 등), 제32조(학칙 등의 작성), 제33조(장애인고등교육지원센터),「장애인복지법」제25조(사회적 인식개선 등)

84) 전국병원학교 홈페이지, 검색일: 2024. 3. 14.

85) 근거법령「특수교육법」제23조(진로 및 직업교육의 지원), 제24조(전공과의 설치·운영)「산업교육진흥 및 산학연협력촉진에 관한 법률」제2조(정의), 제36조(학교기업)「직업교육훈련 촉진법」제7조(현장실습), 제25조(지도·점검)「산업재해보상보험법」제123조(현장실습생에 대한 특례)「산업안전보건법」제166조의2(현장실습생에 대한 특례), 진로교육법」제9조(진로전담교사)

육부·고용노동부·보건복지부의 협업 강화 사업으로 장애 학생 취업률과 맞춤형 지원 서비스도 실시되고 있다.[86)]

(6) 농어촌지역 맞춤형 지원

농어촌교육은 특별법을 포함한 농어촌 관련 법률과 「교육기본법」, 「초·중등육법」, 「도서·벽지교육진흥법」 등 많은 법률과 하위법령, 자치법규 등이 분담하여 규율하고 있다.

농어촌지역에 대한 교육복지 정책은 교육여건 개선을 비롯하여, 최근에는 프로그램 지원으로 정책 방향이 변화되고 있다. 소외되고 낙후된 농어촌 교육여건 개선을 위한 부처간 협업 등 지원방식이 지역 격차 해소를 중점으로 다양하게 이루어지고 있다. 국립공주대학교 중앙농어촌교육지원센터 중앙농어촌교육지원센터는 교육부의 위탁과제 관리 지정 기관으로서 시·도교육청의 협조 하에 사업담당 교육청 및 시도교육청과 긴밀한 네트워킹을 구축하여 교육지원청 및 단위 학교별 사업계획 수립 및 집행 지원 사업 대상 기관 사업계획서 검토 및 모니터링 등의 전반적인 정책에 관여하고 있으며 교육지원청은 지원청의 특색을 살린 거버넌스를 구축하여 사업의 질을 제고 단위학교는 학교의 자율성에 기초하여 전교직원이 참여하는 프로그램을 운영하는 체계로 구축되어 있다.[87)]

(7) 학생맞춤통합지원 교육복지안전망

교육부는 윤석열 정부의 국정과제인 ‘국가교육책임제 강화로 교육격차 해소’실현을 위하여 2023년부터 현행 사업별 분절적인 지원 시스템을 모든 학생의 성장을 위한 ‘학생 맞춤 통합지원 구축 방안’을 마련하였다.

학생 맞춤 통합지원체계를 구축하고 추진하기 위하여 교육지원청에 교육복지안전망을 구축하고 교육복지사 미배치학교에 취약계층 학생 맞춤형 서비

86) 교육부, 2024년도 특수교육 운영계획, 2024, 60면.

87) 교육부·중앙농어촌교육지원센터, 2022 농어촌 교육여건 개선사업 추진실적 및 운영사례, 2023. 4. 17, 59면.

스를 연계·지원하고 있으며 전국단위 온라인 플랫폼 구축 등 지연 연계 네트워크를 체계화하고 있다.

교육복지안전망을 확대하기 위하여 「초중등교육법 시행령」을 개정하여 교육청이 학생을 직접 지원할 수 있는 근거를 마련함으로써 교육복지안전망 운영 근거를 강화하였다. 추가적으로 사업별로 분절되어 이뤄지고 있는 학생 지원을 학생에게 맞춰 안정적으로 통합 지원할 수 있는 체계를 구축하기 위하여 2023년 5월31일 김병욱 의원 등 28인이 「학생맞춤통합지원법」을 발의하였고, 2024년 1월 4일 제411회 국회 제1차 법안심사소위원회에 상정되었으나, 회기 종료로 폐기되었다.88)

2) 보편적 지원 대상 및 정책

(1) 고등학교 무상교육 및 의무교육 추진

국가의 교육책임 강화와 국민의 교육비 부담을 감경하기 위하여 단계적인 고등학교 무상교육이 시행되었다. 2019년 9월부터 2020년까지 단계적으로 고등학교 무상교육을 실시하였고, 지원범위는 입학금, 수업료, 학교운영지원비, 교과서비스로 기존 초중학교 무상지원 범위와 동일하며, 대상 학교는 초중등교육법상 고등학교이며, 학교장이 정하는 사립학교 중 재정결함 보조를 받지 않는 학교는 고교 무상교육 지원대상에서 제외되었다.89)

고등학교 무상교육을 위하여 국가에서는 국가가 고등학교 무상교육 소요비용을 효과적으로 지원할 수 있도록 지방교육재정교부금법 제3조에 증액교부금의 근거 조항을 마련하고, 제14조에서 고등학교 무상교육 소요비용의 분담을 국가가 비용의 47.5%, 지방자치단체가 5%, 시·도교육청이 47.5%를 부담하도록 규정하는 지방교육재정교부금법을 개정하였다.

우리나라의 의무교육은 2002년 전국의 모든 중학교까지 확대되었고, 이

88) 국회의안정보시스템, 학생맞춤통합지원법안, 김병욱 의원 등 28인, 검색일: 2024. 3. 19.
89) 대한민국 정책브리핑, 고교 무상교육, 2022. 4. 6.

후 고등학교까지 의무교육 확대에 대한 많은 논의가 있었으나, 고등학교의 경우 무상교육으로 일차적인 국민적 합의 및 정책적 결정이 있었다.

이와 같은 결정의 이면에는 첫째, 고등학교 의무교육을 시행하려면 막대한 재원이 필요하며, 구체적으로 현재 고등학교는 공립과 사립으로 나누어져 있고, 사립학교의 경우 수업료가 발생하므로 학부모들의 부담이 크고, 정부의 재정지원도 부족한 실정이다. 고등학교까지 의무교육을 시행하려면 공립학교의 정원을 대폭 늘리거나, 사립학교의 수업료를 지원해야 하는데, 이는 막대한 재정 부담을 초래할 수 있다. 둘째, 고등학교까지 의무교육을 시행하면 모든 학생이 동등한 교육을 받게 되어 교육의 다양성이 저해될 수 있다는 우려가 있습니다. 고등학교는 학생들의 다양한 적성과 관심사를 고려하여 다양한 교육을 제공하는 것이 바람직하지만, 의무교육으로 시행되면 이러한 다양성이 저해될 수 있다는 것, 한편으로 「초중등교육법」의 의무교육을 취학의무로 제한함으로써 홈스쿨링 등 대안적 교육을 제외하고 있기 때문이다.

우리의 사회적 경제적 상황을 고려할 때, 고등학교 교육 역시 의무교육화가 바람직하며, 이와 함께 교육당국의 승인을 받아 취학 외의 방법으로 학교급의 교육을 제공받을 수 있는 방안을 고려할 필요가 있다. 아울러 학교이탈 학생들이 급증하는 현실을 개선하는 실질적인 도움이 될 수 있을 것이다.

(2) 늘봄학교 실시

학생 대상 돌봄 관련 용어로는 초등돌봄, 늘봄학교, 온종일돌봄, 방과후학교, 방과후돌봄, 전일제 수업 또는 전일제 교육 등이 있다. ‘늘봄학교’는 윤석열 정부 국정과제(국정과제 84번) 및 2023년 교육부 업무보고 등에 포함된 주요 정책 중 하나로 “학교 밖 다양한 교육자원을 활용하여 희망하는 초등학생에게 맞춤형 교육·돌봄 서비스를 제공하는 형태”를 의미한다.[90] 정부부처별 초등 방과후돌봄 관련 지원사업 현황을 살펴보면, 근거법령, 지원대상, 지원기준, 지원방식, 지원내용, 목적, 시기 등에서 차이가 있음을 확인할 수 있다.

---

90) 교육부 보도자료, “교육개혁, 대한민국 재도약의 시작: 2023년 연두 업무보고,” 2023. 1. 5, 6면.

표 17 초등 방과후돌봄 관련 정부부처별 지원 사업[91)]

구분	교육부	보건복지부			여성가족부
사업명	초등돌봄교실	학교돌봄터 (교육부협조)	다함께돌봄센터	지역아동센터	청소년방과후아카데미
근거 법령	「초·중등학교 교육과정」	–	「아동복지법」44조2, 「사회복지사업법」3조	「아동복자법」50–52조, 54–57조, 「사회복지사업법」	「청소년 기본법」제48조의 2
재원	지방비 (교육청)	국고보조금 지방비 (교육청,지방자치단체)	국고보조금 지방비(지방자치단체)	국고보조금 지방비 (지방자치단체)	국고보조금 지방비 (지방자치단체)
지원대상	초1–6	초1–6	만6–12세 미만	만 18세미만	초4–중3학년
지원기준 (소득)	맞벌이 가정 (없음)	맞벌이 가정 (없음)	맞벌이 가정 (없음)	우선돌봄아동 기초, 차상위,장애인 다문화 가정)우선입소	돌봄취약계층우선지원
제공 현황	299,400명	1,621명	20,676명	122,044명	6,908명
지원형태	무상	무상	이용료 자부담	무상	무상
학기	방과 후–19시	방과후–19시	14–19시	14–19시	방과후–21시
방학	자율 운영	자율	09–18시	12–17시	자율

초등 학년 단계의 대표적인 보편적 복지정책은 2024년부터 단계적으로 시행되고 있는[92)] 늘봄학교 정책이라고 할 수 있다. 늘봄학교는 기존의 초등학교 방과후와 돌봄을 통합·개선한 단일체제로 늘봄학교는 정규수업 외에 학교와 지역사회의 다양한 교육자원을 연계하여 학생 성장·발달을 위해 모든 학

91) 교육부, 국회입법조사처 제출자료, 2023. 2. 20.
92) '누구나 이용' 대상: ('24년) 초 1 → ('25년) 초 1~2 → ('26년) 모든 초등학생.

생에게 제공하는 종합 프로그램이다. 2024년 3월 11일 기준 전국 2,960여 학교가 늘봄학교를 운영하고 있으며, 2023년 2,741개 초등학교 1학년 학생의 약 32.2%가 돌봄교실을 이용했었는데, 2024년에는 같은 학교 초등학교 1학년의 70.2%가 돌봄교실을 포함하여 늘봄학교를 이용 중이다.[93] 늘봄학교 이용 대상은 희망하는 초등학생 전원을 대상으로 특히, 장애학생[94] · 이주배경학생[95] · 저소득 등 학생이 가진 배경과 무관하게 참여할 수 있도록 정책 대상별 맞춤형 지원을 강화하고 있음이 기존 돌봄정책과 차별화된 부분이다.

2026년 초등학교 모든 학생을 대상으로 맞춤형 지원이 가능하도록 법 제도를 정비, 제도적 기반 구축을 위해 "(가칭)늘봄학교지원특별법" 제정 추진(24년 하반기), 거점형 늘봄센터 확대 구축, 전국 단위 온라인 플랫폼 구축 등 지역 연계 네트워크 체계화, 중앙교육복지연구지원센터(KEDI) 개편 등의 다양한 노력이 진행되고 있다.

전술하였듯이 부처별 및 사업별로 관련 법령을 제시하였으나 초등돌봄교실의 경우 「초중등학교 교육과정」(교육부고시)은 "학교는 학생과 학부모의 요구를 바탕으로 방과후학교 또는 방학 중 프로그램을 개설할 수 있다."라고 규정한 가운데 돌봄교실이 포함되는 것으로 해석하고 있으나, 초등볼돔교실의 경우 법률적 근거가 마련되어 있지 않아서 학생의 안전과 프로그램의 관리, 종사자의 처우 등이 미흡한 실정이다. 이에 학교·교육청과 지방자치단체 간의 초등학생 돌봄에 관한 역할부담 명시와 학교 참여 활성화 방안에 대한 지원책 마련하는 것이 필요하다.[96] 첫째, 지방자치단체 중심의 돌봄체계로 전환하되 학교는 돌봄에 대한 인적·물적 자원을 적극적으로 지원하는 협력자의

---

93) 교육부 보도자료, 늘봄학교 혜택, 2024. 3. 12.

94) 장애유형·특성을 고려한 맞춤형 교재·교구 사용, 촉각·음성지원 등 교구 구비 등

95) 늘봄학교에서 이주배경학생 맞춤형 한국어교육 제공 및 기초학습 지원 등을 위한 대학생 멘토링 제공, 학생과 학부모가 함께 할 수 있는 가족단위 교류기회 확대.

96) 이덕난, '독일 전일제학교의 시사점 탐색과 한국의 초등 돌봄 정책 마련을 위한 제언,' '전일제 교육 도입방안 모색을 위한 정책토론회,' 미래통합당 저출생대책특별위원회, 2020. 7. 17, 43-49면, 이희현 외, '온종일 돌봄체계 구축 실태 및 개선 과제, 한국교육개발원, 2019, 248면.

역할을 하도록 해야 한다는 의견, 둘째, 지방자치단체와 지역사회의 돌봄서비스 참여 확대 및 지역별·수요별 돌봄 사각지대 해소가 필요하다는 주장 제기, 셋째 지역에 따라 돌봄 서비스의 공급, 학교 및 돌봄기관의 여건 등에 차이가 있으므로 돌봄서비스의 양적·질적 향상을 위하여 지역별로 학교와 지역사회 등의 연계·협력을 활성화해야 한다는 의견이 제기되었다.[97]

이에 정부는 범정부 합동 돌봄 지원체계 효율화 방안 마련 및 학교-지역 연계를 통한 학교 돌봄 확대에 대하여 학교와 지역사회의 연계 모델을 활성화하며, 교육청과 지방자치단체의 예산 투입을 확대하고 학교의 참여를 안내할 수 있는 대책을 마련하여야 할 것이다.

(3) 학업중단 위기학생[98] 지원

학령기 학업중단 학생의 증가에[99] 따른 개인적·사회적 손실을 방지하고 모든 아동·청소년의 배움과 건강한 성장을 지원하기 위하여 학업중단 학생에 대한 맞춤형 지원을 강화하고 있다. 최근 10년간 학업중단 예방 및 학교 밖 청소년 지원정책과 근거법령을 살펴보면, 2012년 학업중단 숙려제도를 시범 운영, 2013년 「학업중단 예방 및 학교 밖 청소년 지원방안」을 수립(교육부·여가부), 2014년 특별교부금 지원 계획을 수립·시행 및 학업중단 숙려제도를[100] 마련하고 여가부 주관으로 「학교 밖 청소년법」이 제정, 2017년 「초중등교육법 시행령」이 개정되어 학교 밖 학력 인정을 위한 법적 근거를 마련, 2020년 '학업중단 예방 추진 계획'을 수립, 2021년 「대한교육기관에 관한 법률」제정 및 「학교 밖 청소년 법」개정으로[101] 의무교육대상 학교 밖 청소년 개인정보를 동의 없이 학교에서 지원센터와 연계가 가능해짐, 2022년 학업중단 예방에 대한

97) 이덕난, 전일제 교육 동입방안 모색을 위한 정책토론회(앞의 보고서), 43-49면.

98) 학업중단의 징후가 발견되거나 학업중단 의사를 밝히는 등 학업중단 위기에 있는 초중등교육법 제28조에 해당하는 학생.

99) ('20) 32,027명, 0.6% → ('21) 42,755명, 0.8% → ('22) 52,981명, 1.0%.

100) 초중등교육법 시행령 개정을 통한 학업중단에 관한 숙려제도 마련(2014. 1. 1. 시행), 초중등교육법 개정을 통해 시행근거를 법률로 상향(2017. 3. 21. 시행).

101) 「학교 밖 청소년 지원에 관한 법률」 제15조 제4항.

단위학교의 책무성 강화[102], 2023년 위기청소년 통합정부시스템이 1차 개통되었다.

정부는 학업중간 위기학생 등의 복합적인 문제 상황에 대해 통합적인 진단·지원을 제공할 학생맞춤통합지원 체계를 구축하고 교육지원청 단위 교육복지안전망을 확대하여 지역사회와 연계한 맞춤형 지원을 제공하고 있다. 학교 안 대안교실을 확대 운영하여 지역사회와 연계를 통한 진로·직업, 인터십, 대안교실 컨설팅 제공이 실시되고 있다. 학생의 특수한 위기상황을 고려한 대안교육 위탁교육기관을 지정 확대하여 실시중이며,[103] 보호소년 학업지원을 위하여 일부 직업훈련 소년원을 지정하여 출원 후 원적학교의 졸업장 취득의 기회를 부여하고 있고,[104] 보호소년을 대상으로 교과교육 내실화를 위하여 소년학교에 교원을 교류하여 교과수업을 지원하고 있다.[105]

학교 밖 청소년의 경우 의무교육단계 학교 밖 학습경험[106] 인정 확대를 통해 대안적 학력취득을 지원하고 있고 사회구성원으로 소외되지 않기 위한 노력도 진행하였다.[107]

학업중단 위기학생과 관련하여 "사회복지는 역사적으로 온정주의적 관점의 시혜에서 출발하여 보호, 원조, 지원, 급여 중심의 권리 관점으로 발전되어 오늘에 이르렀으나, 권리 관점의 복지가 예방적 차원임을 강조하고 있음에도 불구하고 실제로 상당 부분 사후적 차원의 대응방식임을 부정하기 어렵다."[108]

---

102) 학업중단 예방에 관한 사항을 학교규칙에 추가, 체계적 지원을 위한 지원사업 실시.

103) 청소년 한부모: 17개 시·도 청소년 한부모 관련 위탁기관, 보호처분·선도교육: 청소년 꿈키움센터, 한국법무보호복지공단, 학교폭력 피해: 기숙형 학교폭력피해치유센터, 정서행동 장애: 국립중앙청소년디딤센터, 인터넷·스마트폰 중독: 국립청소년인터넷드림마을, 가정해체·가정폭력 위기: 가정형 wee센터.

104) (부산시 교육청) 직업훈련 소년원 재원 중 교육기관을 원적교의 출석일수로 인정하고, 출원 수 원적교 복교 또는 원적교 졸업장 취득의 기회 부여.

105) 교육부, 교육지원청, 법무가 합동하여 퇴직교원을 활용하여 부산 소재 소년원의 교과수업 등 지원.

106) 검정고시 과목 합격, 학력인정 평생교육시설 등 학습과정 이수, 산업체 실습·훈련과정 이수 등 학교 밖 학습경험을 시수로 인정.

107) 관계부처 협동, 학업중단 위기학생 및 학교 밖 청소년 지원방안, 사회관계장관회의, 2023. 11, 1–15면.

108) 홍봉선, "교육복지 분석준거틀 구성과 교육복지법에의 적용," 「학교사회복지」 통권 17호, 한국학

이것은 우리의 정책 및 법제도 기초학력 보장과 동시에 부적응 및 학업중단을 예방하기 위한 법제에 노력이 필요함을 뜻한다. 연관하여 독일의 교육복지는 '개인차'의 인정을 필두로 학교생활 부적응 학생들에게 적응 기회의 제공을 최종 목표로 수업·수업 외·학교 외 청소년 문화 영역에서의 부적응 문제를 대상으로 삼고 있는바, 1993년「아동과 청소년 지원법」 및「개인에 대한 교육 지원을 위한 연방법」등이 근거법령으로 규정되어 있다.[109] 우리나라의 경우 최근 학생들의 개별적인 교육적 요구에 따라 교육과정 운영에 적용할 수 있도록 '2022 개정교육과정'에도 반영되어 변화되어 가고 있으나 학업중단숙려제 기간 경과 후 학업 유지여부와 무관하게 학생들이 본인의 희망에 적합한 교육적 경험들을 계속할 수 있도록 대안적 방안이 모색되어야 한다. 현재의 법에는 학업중단 학생 중 부모 또는 후견인이 학생에게 필요한 교육기회를 추가적으로 제공할 의지와 능력이 없는 경우, 이들에 대한 국가적 지원 기초가 부족한 것이 사실이며 이에 대한 보완이 필요하다.

학업 중단 후 학교 및 공교육 범주 외에 진입 시 이들은 안전히 새로운 상황에 직면하게 되며 이와 관련하여 "학업중단 청소년을 위한 부처별 지원 및 연계가 미흡하며, 학업중단 예방을 위한 생애주기별 지원이 미흡한 실정이다. 교육부에서는 학업중단학생을 위한 대안학교 지원을 하고 있으나 단위학교에서 학업중단이 발생할 경우 개인정보보호 등의 이유로 다른 부처 청소년 사업과 유기적 연계가 소극적이 타 부처 사업 담당자들은 학교와의 연계 협력에 어려움을 토로하고 있다."[110] 불가피하게 학업을 중단하여 공교육의 범주를 벗어난 청소년들에게도 사회의 지속적인 보호를 받음과 동시에 학교 밖 교육을 통한 학습의 지속, 나아가 필요시 학교로 복귀할 수 있는 방안이 필요하다. 이를 위해서는 관련 규정들의 정비와 함께 부처간 연계에 대한 정밀한 법제화가 필요하다.

교사회복지학회, 2009, 4면.

109) 노기호, 앞의 논문(2006), 754면.

110) 노기호, 앞의 논문(2014), 1661면.

(4) 기초학력 보장

기초학력 보장 지원을 위한 국가 차원의 지속적인 노력에도 불구하고 기초학력 미달 학생이 증가하고 있으며,[111] 특히 코로나 19 이후 나타난 기초학력 저하 및 학습결손이 강화되면서 국가[112]·지역[113]·학교로 연계되는 기초학력 보장 체계 마련의 필요성으로 본격화되었다.

2021년 「기초학력 보장법」이 제정되면서 국가－시도교육청－학교의 책무성을 강화하여 최근까지 학습결손 예방·보충을 위해 학생맞춤형 지원을 제공하는 두드림학교와 교육청 단위의 전문적인 지원을 제공하는 학습종합클리닉센터 등의 운영이 확대되어 운영되고 있다.

학생별 상황·특성을 고려하여 이주배경·탈북 학생에게 학생들의 기초학습 지원을 위해 교과별 주요 개념·어휘 등을 한국어·다국어로 제시하는 보조교재 및 영상콘텐츠를 제작·보급하고 있으며, 시설보호학생[114]을 대상으로 보건복지부, 지방자치단체, 지역 아동보호센터와 협력하여 기초학습을 지원하고 있다. 소년원 학교 학생 또한 입원 초기부터 학생 수준을 파악하고 수요에 따라 직업·교과교육이 이루어질 수 있도록 진단 및 보정자료를 지원하고 있다.[115]

기초학력 부족학생에 대한 사회적 편견 등을 고려한 접근, 장기적인 지원을 통한 교육공동체의 책무성 강화 등에 대한 지원정책 추진을 위하여 '제1차 기초학력 보장 종합계획'을 발표하여 모든 학생의 기초학력을 보장하는 국가교육책임제 실현을 위해 노력하고 있다.

---

111) 중학교 3학년 국어: (2017: 2.6%, 2021: 6.0%), 수학(2017: 7.1%, 2021:11.6%), 영어(2017:3.2%, 2021: 5.9%), 교육부, 기초학력 계획, 2023. 10, 1면.

112) 기초학력보장법 제5조, 교육부장관은 5년마다 기초학력 보장 종합계획(이하 "종합계획"이라 한다)을 수립하여야 한다.

113) 기초학력보장법 제5조, 교육감은 종합계획의 내용과 해당 지역의 여건을 고려하여 매년 시·도 기초학력 보장 시행계획을 수립·시행하여야 한다. 교육감은 전년도 시행계획에 따른 추진실적과 다음 연도 시행계획을 매년 교육부장관에게 제출하여야 한다.

114) 아동복지시설 및 위탁가정에서 보호 중인 학생.

115) 교육부 및 관계부처 협업체제: 교육부(총괄)－여성가족부(다문화 학생)－통일부(탈북학생)－법무부(소년원학교 학생)－문화체육관광부(학생선수, 대중문화예술인)－보건복지부(저소득층자녀, 장기결석 학생).

이상의 내용을 종합하면 기초학력 보장과 관련하여 국가가 최소한도의 모든 학생들에게 보장해주어야 하는 기초학력에 대한 명확한 개념적 고찰로부터 기초학력 도달 여부의 기준, 해당 학생들에 대한 개인적 또는 학교 수준에서 지원에 관한 규정이 마련되어야 할 것이다. 즉, 국민적 공감대 형성과 함께 실천하기 위한 규정이 필요하다. 참고로 미국의 낙오학생방지법은 "모든 아동들이 수준 높은 교육을 받고 최소한도로 주정부가 정한 학업성취기준과 학업평가 기준에 도달하기 위해 공정하고 동등한 기회를 갖도록 한다."라고 명시하여 사회적 경제적 약자와 소외계층의 학업성취 향상을 위한 지원을 목적으로 함을 명확히[116] 하고 있음을 시사점으로 삼아 우리도 '사회의 구성원으로 참여할 수 있는 최소한의 역량 및 자질 등'을 보장할 수 있도록 직접적인 기초학력 보장을 위한 법제가 필요할 것이다.

3) 소결

이상에서 살펴본 바와 같이, 정부는 교육복지의 필요성을 인식하고 무상교육 확대, 저소득층 학습특별지원, 늘봄학교 등 선별지원과 보편 지원을 동시에 추진하고 있으나, 교육복지 개념의 혼동과 수혜대상 및 범위의 확대로 정확히 파악하기가 쉽지 않은 상황이다. 교육복지에 대한 개념적 논의와는 별개로 정책적 측면에서 교육복지는 지원대상과 범위, 내용이 명확해야 한다.[117]

유아에서 고등교육에 이르기까지 국가 책임의 강화로 최근 늘봄학교 정책과 같이 초등학교 학생의 국가 돌봄이 확대되고 이주배경 및 탈북학생 지원과 같이 장기적으로 지원하는 정책도 교육복지의 범위에 포함되어 있다. 보편복지 측면에서는 지속적으로 확대되고 있고, 선별 복지 측면에서는 대상이 복잡하게 되는 현상이 나타나고 있다.

---

116) 염철현, 앞의 논문(2010), 84면.
117) 김민희, 앞의 논문(2018년), 137면.

고등학교 무상교육, 무상 유아교육, 늘봄학교 등과 같인 보편복지의 확대로 의무교육 단계의 무상교육이 정립되고 기초학력 지원, 학업중단지원, 초등학교 돌봄 등 국가 책임이 강화되었으나, 취약계층 학생들의 교육적 필요를 충족하기에 필요한 지원 비용 및 프로그램은 부족한 실정이다. 학생성장통합지원이라는 정책을 통해 기존 정책의 한계를 극복하고자 하지만 단위학교의 적극적인 협업이 부족하다면 교육복지추진의 한계는 반복될 것이다.

현재 추진 중인 교육복지 정책의 정책대상, 정책내용, 운영체계, 재정 등을 포함하여 교육복지법 제성을 위한 교육복지 대상자 지원 기준을 제시하고자 한다. 첫째, 교육복지 정책대상의 범위를 명료하게 규정하여 이들에 대한 지원이 이루어질 수 있도록 법적 장치를 마련해야 한다. 교육복지 정책의 가장 우선 대상은 경제적 취약계층이 되어야 한다. 보편지원 정책까지 포섭하게 되면 교육이 복지라는 논쟁의 탈피가 어렵고 교육복지 정책에 소요되는 예산, 효율적 전달체계 등의 대책이 어렵다.

둘째, 교육복지 지원대상에 포함되어 있는 이주배경 학생, 탈북학생, 특수교육 대상자, 다자녀가구 학생, 농어촌 맞춤형 지원 등의 별개의 범위가 필요하다. 이러한 대상들은 교육복지 정책에서 공통적인 기준으로 적용되고 있는 법정 저소득 기준[118]과 전문가에 의한 진단적 구분에 따른 기준이 모두 포함되어 있어 이러한 공통적 기준 이외에 중위소득에 따른 경제적 기준이 대상저 선정에 포함되는 경우도 있다. 현재와 동일한 기준으로 대상자를 선정할 경우 교육복지 지원의 중복과 사각지대의 문제, 대상자 선정의 행정력 소요 등의 문제가 발생할 수 있으며, 특정 대상이 수여하는 급여의 수준 파악, 집행이나 성과관리 역시 어렵다는 한계를 가진다. 이에 따라 장기적 관점에서 특수교육 대상자의 경우에 교육복지 대상이 아닌 통합교육의 측면에서 표준교육비 추계 대상으로 포함해야 하며, 이주배경 탈북학생 지원은 낙인의 효과를 묵과할 수 없기에 이들 또한 교육복지 대상이 아니라 일반 학생과 통합하여 필요한

118) 국민기초생활보장 수급자, 한부모 가족 대상자, 법정 차상위계층 대상자.

프로그램을 제공하는 것이 효율적일 것이다. 대상자 맞춤형 지원체계의 필요성이 있기에 교육복지 대상의 범위에서 제외하여야 한다.

셋째, 학생성장통합지원은 지원대상 학생의 발굴에서부터 성장지원까지 학교와 교육지원청 지역사회의 협업이 필요한 지원이다. 기초학력부터 마음건강, 언어 등 지원 영역을 중심으로 맞춤형 지원을 위해서는 해당 복지정책이 진행되고 있는 학교의 협조가 필수적이다. 학생성장통합지원이 현재는 학교 안 학생들을 대상으로 하지만, 학교 밖 청소년, 학업중단 학생 등 취약계층 학생들을 지원할 수 있는 교육복지 정책 설계가 필요할 것으로 보인다.

취약계층 지원에 대한 지원은 많은 관련 법령에 의해 이루어지고 있기에 이들을 모두 포함하는 통합법으로서의 교육복지법을 제정상 기존 관련법을 포함하고, 다른 법령의 개정을 통하여 기존의 관련법에 의해 이루어지는 지원이 교육복지법에 제시된 추진 체제와 지원 체제를 기초하되 개별적 지원이 교육복지의 기본 목적에 비추어 진행될 수 있도록 이 법이 기존 법에 우선하는 위치에 있도록 해야 한다.

이에 교육복지법은 법적 기반이 부족한 취약계층, 저소득층, 학업중단 학생 등에 대한 지원을 주요 대상으로 하되, 전체 교육취약계층의 발굴과 지원을 위한 정책 수립 및 시행을 위한 지원 및 추진 체제 관련 법적 기반 구축에 주안을 두는 것이 효율적인 법안 마련 방안이 될 수 있을 것이다.

제 6 장

교육복지법 제정의 당위성

최근 우리 사회의 대표적인 문제로 이슈화되고 있는 저출산 및 사회 양극화가 심각한 수준에 이르고 있다. 우리나라는 현재 저출산 기조가 심화되면서 인구절벽의 위기에 봉착해 있다. 통계청이 2024년 1월 28일 발표한 바에 따르면, 2023년 1월부터 12월까지 출생아 수는 21만 3572명으로 역대 최저를 기록했고, 합계출산율이 0.72명으로 역대 가장 낮았던 2022년의 0.78명보다 0.06명이 더 감소하여 다시금 역대 최저 기록을 갱신한 것으로 나타났다.[1] 이와 같은 출산율 감소는 교육 분야에도 막대한 영향을 미치고 있다.

교육부는 2024년 취학대상 아동이 없는 초등학교가 전국에 157개라고 밝혔고, 저출생으로 인한 학령인구 감소와 지방 소멸의 가속화로 폐교, 학교 경영 악화, 학교 통폐합 문제, 농어촌의 작은 학교, 시골 지역이나 소규모 학교는 학생 수 감소로 운영 자체가 위태로운 등 다양한 학교 운영의 어려움이 나타난다. 이러한 저출생과 인구감소는 교육격차를 심화하는 요인이 될 수 있고, 지역 간 교육자원 불균형도 심화될 전망이다. 이와 같이 저출산 및 경제·사회 양극화를 극복하기 위한 방안들 중 인적 자원이 국가발전의 원동력인 우리나라에서는 교육복지 정책의 추진이 중요할 것이다.

1) 통계청 보도자료, 2023년 인구동향조사 출생·사망 통계.

우리나라는 그동안 교육복지 정책을 추진하고 법령을 정비하기 위한 노력을 하였다. 그러나 정권이 바뀔 때마다 교육정책, 더 나아가 교육복지정책이 변경되는 관계로 교육복지정책의 일관성 부족, 사교육비로 인한 부담과 이로 인한 출산 기피 초래, 공교육에 대한 불신과 낮은 만족도,[2] 교육 소외와 격차 문제에 직면하고 있다. 이러한 이유에서 학계와 정치권에서는 교육복지정책의 일관성과 효율성을 확보하기 위하여 교육복지법의 제정이 필요하다고 일관되게 주장하고 있다.

따라서 이 연구는 다음과 같이 교육복지법의 제정을 제안하였다.

첫째, 교육복지의 소외지역 발생에 관한 문제이다. 보편적인 사회적 소외계층으로 인식되는 대상인 노인, 아동, 장애인 등에 관하여는 개별 복지법이 존재하며 근로자에 대해서도 근로자복지기본법이 제정되어 있으며 청소년을 위한 청소년복지지원법이 별도 마련되어 있다. 한 영역에 단일 법령이 있는 경우, 법의 제정과 목적 이념, 원칙들이 총론적으로 규정되어 있는데 무엇보다 단일 법령이 각론에서 열거하기 곤란한 사안에 직면하여도 앞에서 규정한 법원칙에 근거할 수 있기 때문이다. 교육복지는 교육과 복지라는 두 정책이 공존함에도 교육과 복지를 포섭할 수 있는 단일 법령이 부재하며, 헌법－교육기본법－초중등 교육법 등의 교육 관계 법령을 중심으로 청소년 관계 법령, 일반복지 관계 법령 등에 산재하여 있다. 사안에 따라 각 부처가 주관하는 개별 법령의 규율은 필연적이기에 특정 사안에 대해서 현행 교육관련 법령의 영향이 부족할 개연성이 높다.

둘째, 헌법상 문화국가원리 및 교육기본권의 실질적 보장을 위해서는 기본권 형성적 법률의 제정이 요구되는데, 교육복지법은 모든 국민에게 실질적인 교육기회를 보장하여 교육여건 불평등 해소를 통하여 능력에 따른 균등한 교육기회를 보장하여 궁극적으로 실질적인 교육기회를 보장하기 위한 법률이라고 할 수 있다. 특히 복지는 이른바 급부행정으로 근거법령이 있어야 국가

2) 보건복지부, 제3차 저출산고령사회 기본계획, 2015, 86면.

의 복지행정권이 발동할 수 있다. 그 재정은 국민의 세금으로 충당되기 때문이며 국가가 기념적으로 교육복지를 지향한다고 하더라도 집행을 발동하기 위해서는 예산과 함께 입법적 근거가 구축되어야 한다.

셋째, 현행 교육기본법이 있으므로 개별법에 산재해 있는 교육복지 관련 조항들을 정리하여 종합적이고 체계적인 교육복지법을 제정할 필요가 있다. 이 방안은 ① 기존의 교육복지 관련법령들을 유지하면서도 교육복지법의 제정으로 교육복지 추진의 법적 근거를 마련하고, ② 통합적인 법적 근거로서 의미를 가지며, ③ 교육복지 정책의 총론적인 법적 근거로서 역할을 할 것이며, ④ 새로운 교육복지정책의 각론적인 법적 규율을 가능하게 할 것이다.

넷째, 법령의 실효성 제고와 학교 중심의 교육복지지원체제 구축의 법제화를 제시하고자 한다. 교육복지에 관한 규정들이 선언적 규정으로 유지되어서는 실체적인 면을 체감할 수 없다. 이를 위해서는 국가와 지방자치단체의 책임을 강행규정으로 부여하고 필요한 재원 확보 방안까지 구체적으로 명시하여야 한다. 현재의 교육복지 관련 법령들은 임의규정 또는 하위 법령에서 추가적으로 구체화하여야 실효성을 확보할 수 있는 선언적 규정에 불과하여 교육복지와 연관된 국민의 기본권을 프로그램 측면에 머물러 있음과 무관하지 않다. 교육복지에 관한 규정들이 선언적 규정에 그친다면 효율적인 성과를 기대할 수 없다. 예컨대 교육의 과정, 기회, 결과의 격차를 체감할 수 있도록 정교화되어야 하며, 이를 위해서는 국가와 지방자치단체의 책임을 강행규정으로 부여하고 재원 확보 방안까지 구체적으로 명시하여야 한다. 특히 교육복지 정책 대상자는 대부분 학교에서 교육을 받는 학생들임에도 불구하고 이들에 대한 지원 및 관련 법에는 일반적인 규정만 있을 뿐 학교가 교육복지 대상자들을 위한 역할 수행은 명확한 규정이 포함되어 있지 않다. 수혜대상자와 직접적 전달자의 역할에 있는 학교가 전문성을 갖추어 적극적으로 대상자들의 소외, 배재, 부적응, 격차를 해소할 수 있도록 재량권을 부여할 수 있도록 법제화할 필요성이 있다.

헌법상 균등한 교육기회를 보장하여 교육격차를 해소하는 한편, 교육복지 개념을 정립하고, 유사 법률에 산재되어 있는 교육복지 관련 규정들을 정비 내지 통합함과 함께 교육복지의 법적 근거를 마련하며, 재정적 집행의 지원체계를 구축하려는 차원에서 단일법의 형식의 교육복지법을 제정하는 것이 타당하다. 다만 입법기술상 기존의 개별법률 규정들은 유지하되 내용 및 관할권의 충돌에 있어서는 「교육복지법」이 우선한다는 규정을 두는 방법 또는 기존의 법령에 산재하고 있는 교육복지 관련 조항을 교육복지법에 담고 다른 법률을 폐지할 수 있을 것이다.

교육복지 관련 법들을 통하여 '교육복지 정책'이 운영되고 있으나, 교육복지 수혜자들의 만족도를 고려할 때, 교육복지 혜택에 대한 결과보고 의무에서 종결되는 것이 아니라, 정책에 대한 점검 및 기관별 평가, 과태료 등 의무이행 강제수단 도입을 위한 법적 개선이 필요하다.

지금까지 추진된 교육복지 정책으로 보편적 복지 및 선별적 복지의 수혜 대상과 범위 재원 등이 확대되었지만, 여전히 교육복지 대상 및 범위의 불명확성, 지원내용 및 전달체계의 중복성과 산발적인 측면에 한계가 있다. 교육복지는 학습자들의 교육기회, 과정, 결과에서 차별받지 않고 교육을 받을 권리가 실현될 수 있도록 돕는 일이 핵심이다. 소외와 불평등은 이러한 교육의 본질을 저해하는 요소이며 이를 제거하기 위한 노력은 교육정책의 기본이다. 이러한 교육복지의 본질이 활성화될 때 우리 교육복지의 효율성도 향상될 수 있으며, 그것이 곧 진정한 사회 선진화로 나아가는 희망의 사다리가 될 것이다.

저출산으로 인구절벽에 근접한 시대에 교육복지는 국민의 교육복지 수요를 간과할 수 없는 것이 현실이며, 이를 어떻게 충족시킬 것인지 그 여부는 헌법이 입법자와 법집행자인 행정부에 부여한 의무이자 책임이다. 따라서 교육복지는 세계적인 추세이며, 이를 소홀히 할 수 없는 것이 현실이다.

참고문헌

1. 국내문헌

1) 단행본

고전·황준성·신지수·이명균, 교육복지지원법 제정 방안, 한국교육단체총연합회 정책자료 91집, 2009.

국회도서관, 세계의 헌법－40개국 헌법－전문, 국회도서관 법률정보실, 2018.

국회사무처법제실, 교육복지체제 구축을 위한 법제연구, 연구용역보고서, 국회사무처법제실, 2005.

김경애, 현장 중심의 자율적 교육복지우선지원사업 추진 방안 연구, 한국교육개발원, 2011.

김미애, 교육정책의 주요 이슈 평가와 개선방량, 한국경제연구원, 2014.

김성식, 교육복지의 의미와 새로운 방향 모색, 서울교육 2023 봄호(250호),

김정원 외 6인, 교육복지정책의 효과적 추진을 위한 법·제도 마련 연구, 정책 연구개발사업, 2008.

김정원, 교육복지정책의 효과적 추진을 위한 법·제도 마련 연구, 한국교육개발원, 2008.

김정현, 북유럽의 교육복지 법제에 관한 비교법적 연구－핀란드, 한국법제연구원, 국가정책연구포털(NKIS), 2013.

나원희 외 4인, 중앙 및 지방정부의 교육복지지출 분석, 한국보건사회연구원, 2022.

노기호, 북유럽의 교육복지 법제에 관한 비교법적 연구－스웨덴, 한국법제 연구원, 국가정책연구포털(NKIS), 2013.

류방란, MB정부 역점 교육복지 정책 검토 및 향후 과제, 한국교육개발원, 2011.

미국의 Head Start, 2006년도 We Start 국제세미나 자료집, 한국 We Start 운동본부·중앙일보사, 2006.

박영도, 기본법의 입법모델연구, 한국법제연구원, 2006.

법제처 법제지원총괄과, 법령 입안 심사 기준, 2023.

성낙인, 헌법학, 법문사, 2013.

손현, 사회적 이동성 제고를 위한 교육·복지·고용법제에 관한 연구, 한국법제연구원, 2020.

양계민, 이주배경 아동·청소년 행정자료 연계 및 법제화방안 연구, 한국청소년정책연구원, 2021.

염철현, 교사와 법, 원미사, 2001.

외교부, 노르웨이 개황, 2012.

윤광석·황윤원, 행정환경과 정부특성 비교연구Ⅶ: 노르웨이의 행정과 정책연구, 한국행정연구원, 2016.

윤성현, 북유럽의 교육복지 법제에 관한 비교법적 연구－덴마크, 한국법제연구원, 국가정책연구포털(NKIS), 2013.

이덕난, 북유럽의 교육복지 법제에 관한 비교법적 연구－노르웨이, 한국법제연구원 국가정책연구포털(NKIS), 2013.

이돈희, 교육정의론, 교육과학사, 1999.

이상오, 평생학습사회론－교육복지의 차원－, 교육과학사, 2000.

이상윤, 교육격차해소를 위한 법제 개선방안 연구, 한국법제연구원, 2010.

이혜영, 교육복지에 관한 법제 연구, 교육인적자원부 정책과제연구, 2006.

이희연, 교육복지정책 평가 및 개선과제, 한국교육개발원, 2019.

장덕호·유기웅, 교육 복지론(제2판), 박영사, 2020.

전재수, 교육격차 해소를 위한 법률안 검토보고, 2016.

전제상, 국민대통합 교육의 과제, 현안보고, 2013.

정수정, 독일의 연방교육지원법, 최신외국법제정보, 2019.

정주리, 독일 아동·청소년 지원법 개편과 시사점, 국제사회보장리뷰, 2017.

조옥경 외 6인, 저출산 극복을 위한 교육개혁 방안－교육복지 실천 전략을 중심으로－, 2017 교육부 정책연구 보고서, 교육부·한국교육개발원, 2017.

최경숙, 장애인권리보장법 제정 추진방안 연구, 한국장애인개발원, 2020.

하민철 외 4인, 지방자치단체와의 교육협력사업 발굴 및 협력방안 연구, 충청북도 교육연구정보원, 2020.

한국교육개발원, 교육복지법 제정을 위한 공청회, 제30차 KEDI 교육정책포럼, 한국교육개발원, 2006.

한국교육개발원, 교육복지투자우선지역 지원법(안) 검토 및 대안 제시, 한국교육개발원, 2005.

한만길, 21세기 교육복지 발전방안연구, 한국교육개발원 연구보고서, 2000.

홍문기, 독일 아동·청소년 지원법 개정 동향, 국제사회보장리뷰, 2022.

2) 논문

강명원, 비대면 교육환경의 대응에 관한 연구－교육복지를 중심으로－, 헌법학연구 제27권 제2호, 한국헌법학회, 2021.

김경애, 교육복지의 모델과 통합원리 탐색, 평생교육학연구 제18권 제4호, 2012.

김수갑, 헌법상 문화국가 원리에 관한 연구, 고려대학교 박사학위논문, 1993.

김용일, 신자유주의 교육개혁의 성과와 한계, 교육학연구 제37권 제3호, 2000.

김용훈, 교육 복지의 구현을 위한 정책적 함의, 서울법학 제21권 제3호, 서울시립대학교 법학연구소, 2014.

______, 노르웨이 헌법의 특징과 정부형태에 있어서의 특징－의회의 지위를 중심으로－, 의정연구 제19권 제2호, 2013.

김윤정, 의무교육제도에 대한 헌법적 연구, 서강대학교 대학원 박사학위 논문,

김인희, 교육복지의개념에 관한 고찰－교육소외 해소를 위한 교육복지의 이론적 기초 정립에 관하여－, 교육행정학연구 제24권 제3호, 한국교육행정학회, 2006.

김한양. 소외계층 학생의 교육권 강화를 위한 연구, 미국헌법연구 제22권 제2호, 2011.

노기호, 공정사회 실현을 위한 전제로서의 교육복지의 방향과 과제, 법과 정책연구 제14권 제4호, 한국법정책학회, 2014.

______, 교원의 교육권에 관한 연구, 한양대학교 박사학위 논문, 1998.

______, 독일의 교육복지정책과 법제의 동향, 법과 정책연구 제6권 제2호, 한국법정책학회, 2006.

______, 독일의 교육취약계층 지원을 위한 교육안전망에 대한 법적·제도적 구조 연구,

한양법학 제27권 제1호, 한양법학회, 2016.

______, 미국의 교육복지정책과 법제의 동향, 공법연구 제35권 제3호, 한국공법학회, 2007.

______, 현대 교육복지정책의 동향과 법제의 방향, 법과 정책연구 8권 2호, 한국법정책학회, 2008.

류방란, 영국 교육우선지역 정책과 사회적 자본의 형성, 교육사회학연구, 제24권 제2호, 2014.

박거용, 이명박 정부 고등 교육정책에 대한 비판적 검토, 동향과 전망 제77호, 한국사회과학연구소, 2009.

박상희, 아동·청소년의 행복 보장을 위한 독일의 교육복지 개념 고찰, 한독사회과학논총 제21권 제2호, 한독사회과학회, 2011.

박옥경, 노르웨이의 교육과 교과서 제도, 교과서연구 통권 54호, 한국교과서연구재단, 2008.

박재윤·황준성, 교육복지에 관한 법리 및 관련 법제의 현황과 과제, 교육법학연구 제20권 제1호, 대한교육법학회, 2008.

성낙인, 헌법상 문화국가원리와 문화적 기본권, 유럽헌법연구 제30호, 2019.

안선희, 이명박 정부 5년 평가와 새 정부의 과제 －국민 모두의 행복을 위한 교육개혁－, 계간 민주 제6권, 한국학술정보, 2013.

양재진, 박근혜 정부의 정책과 한국사회의 전망, 민주사회와정책연구, 제24권 제24호, 민주사회정책연구원, 2013.

여유진, 한국에서의 교육을 통한 사회이동 경향에 대한 연구, 보건사회연구 제28권 제2호, 한국보건사회연구원, 2008.

염철현, 미국연방차원의 교육복지법 개관 및 시사점, 교육법학연구, 2010.

우주형, 장애인복지 관련 법제의 발전방향, 외국법제정보 제41호, 한국법제연구원, 2011.

이덕난, 노르웨이의 교육행정과 교육복지, 외국법제정보 2013(NO4)권 2013호, 한국법제연구원, 2013.

이병규, 직업교육의 헌법적 논의, 홍익법학 제20권 제1호, 32019.

이상경, 빈곤에 대한 헌법적 접근, 공법연구 제44집 제3호, 한국공법학회, 2016.

임미원, 복지국가 원리의 이념적 기초에 대한 고찰, 헌법재판연구 제9권 제2호, 2022.

임재홍, 한국 사회의 법과 인권 민주주의, 민주법학 제50권 제50호, 민주주의 법학연구회, 2012.

정상우, 다문화교육을 위한 법체계 분석과 입법 대안 모색, 교육법학연구 제27권 제2호, 2015.

정순원, 교육제도 법률주의에 따른 교과서제도 쟁점 고찰, 교육법학연구 제32권 제3호, 대한교육법학회, 2020.

정재요 · 유순갑, 한국교육의 사회민주주의적 요소 －교육헌법판례의 비판적 분석을 중심으로－, 교육사상연구 제30권 제1호, 2016.

정재황, 교육을 받을 권리에 대한 헌법적 고찰 -헌법재판소 판례분석을 중심으로－, 국제헌법학회 제20권 제2호, 2014.

정주리, 독일 아동 · 청소년지원법 개편과 시사점, 국제사회보장리뷰 2017, Vol. 1, 국제사회보장동향, 2017.

정필운, 교육복지정책을 체계적으로 추진하기 위하여 독자적인 법률 제정이 필요한가?, 한국정책논집 제17권, 한국정책연구원, 2017.

______, 교육영역에서 복지국가원리의 구현, 헌법학연구 제21권 제4호, 2015.

______, 학교안전법에 대한 입법 평가, 공법연구 제45집 제1호, 한국공법학회, 2016.

주영달, 제4차 산업혁명시대의 교육제도 개선 과제, 교육법학연구 제332권 제1호, 대한교육법학회, 2020.

지성우, 다문화가족 관련 법률의 현황과 입법과제, 유럽헌법연구 제22호, 2016.

홍문기, 독일 아동 · 청소년지원법 개정 동향, 국제사회보장리뷰 2022, Vol. 23, 국제사회보장동향, 2022.

홍봉선, 우리나라 교육복지의 방향과 과제, 한국사회복지학 제56권 제1호, 한국사회복지학회, 2004.

3) 정부 부처 정책 발표 자료(보도 자료 등)

관계부처 합동, 박근혜정부 국정과제, 2013. 5. 28.

관계부처 합동, 평생학습 진흥방안(제5차 평생교육진흥 기본계획), 2022. 12.

관계부처 합동, 한국교육복지제도의 실태와 정책과제, 제5차 KEDI 미래교육정책포럼, 2017.

교육과학기술부 보도자료, 인재대국 진입으로 선진 일류국가 실현, 2012.
교육과학기술부, 이명박 정부 교육복지 대책, 2008. 12.
교육과학기술부 보도자료, 이명박정부 교육복지 대책 발표, 2008. 12. 17.
교육과학기술부, 교육살리기 과학기술강국 건설-2008년 주요 국정과제 실행 계획, 2008. 3. 20.
교육과학기술부, 인제대국 진입으로 선진 일류국가 실현, 2011. 12. 14.
교육부, 2018년 정부 업무보고, 2018. 1.
교육부, 2024년 주요정책 추진계획-교육개혁으로 사회 난제 해결-, 2024.
교육부, 공교육 경쟁력 제고방안, 교육부 책임교육정책실, 2023. 6.
교육부, 교육개혁 대한민국 재도약의 시작, 2023년 추진계획, 2023. 1. 5.
교육부, 교육이 희망이 되는 사회, 2018. 1.
교육부, 국민이 체감하는 교육혁신 미래를 주도하는 인재양성, 2020. 3. 2.
교육부 대통령 업무보고, 2013년 국정과제 실천 계획, 2013. 3. 28.
교육부, 모두가 행복한 교육 미래를 여는 창의인재, 2014. 2. 13.
교육부, 모두가 함께하는 행복교육 창의인재 양성을 위한 2015년 교육부 업무계획, 2015. 1. 22.
교육부, 모두를 포용하는 사회 미래를 열어가는 교육, 2018. 12. 11.
교육부 보도자료, 교육개혁 대한민국 재도약의 시작 발표, 2023. 1. 5.
교육부 보도자료, 교육부 소관 2개 안건 국무회의 통과(교육공무원 승진규정, 사립학교법 시행령 심의·의결)발표, 2023. 6. 5.
교육부 보도자료, 초중등교육법 시행령 일부개정령안 국무회의 통과 발표, 2022. 8. 22.
교육부 업무보고, 2022. 7. 29.
교육부, 제1차 기초학력 보장 종합계획(2021-2027), 2022. 10.
교육부, 제6차 특수교육발전 5개년 계획, 특수교육정책과, 2022. 12.
교육부, 함께 성장하는 포용사회 내일을 열어가는 미래교육, 2021. 1. 26.
대한민국 정책브리핑, 고교 무상교육 발표, 2022. 4. 6.
교육부, 보도자료, 학생맞춤통합지원 역량 강화 추진, 2023. 1. 12.
관계부처 합동, 학업중단 위기학생 및 학교 밖 청소년 지원방안, 2023. 11.
국회입법조사처, 2023 국정감사 이슈 분석, 2023. 7. 31.

4) 국회 법안 심사 및 검토보고서

국회 다문화가족지원법 일부개정법률안(한병도 의원 대표발의), 2023. 3. 28.

국회 교육문화체육관광위원회(수석전문위원 정재룡), 교육격차 해소를 위한 법률안(전재수 의원 대표발의) 검토보고서, 2016. 11.

국회 교육문화체육관광위원회(수석전문위원 정재룡), 교육격차 해소를 위한 법률안(송기석 의원 대표발의) 검토보고서, 2018. 3.

국회 교육위원회(전문위원 박재유), 도서·벽지 교육진흥법 일부개정법률안(서삼석 의원 대표발의) 검토보고서, 2020. 8.

2. 외국문헌

Agranoff, R. & M. McGuire. (2003). Collaborative Public Management: New Strategies for Local Governments. Washington, D. C.: Georgetown University Press.

American Journal of Sociology, 97, S95–S120.

Coleman, J.S., Foundation of Social Theory. Cambridge:Harvard University Pres. 1990.

Coleman, J.S., Social Capital in the Creation of Human Capital, 1988.

Cambron–McCabe, N. H., MaCarthy, M. M., & Eckes, S. E., Public School Law.

Education (Welfare) Act, 2000. [No. 22.]

Anthony Giddens, 제3의 길(한상진、박찬욱 역), 책과 함께, 2014년

Teachers' and Students' Rights(7th ed.), 2014.

https://www.bmbf.de/files/26%20BAf%c3%b6G%c3%84ndG%20Regierungsentwurf.pdf.

https://www.gesetze–im–internet.de/baf_g/BAf%C3%B6G.pdf.

Journal of Law and Education, 2015.

Norwegian Ministry of Education and Research, 「EDUCATION IN NORWAY 2007」.

Rhodes, R. A. W., Understanding Governance. Buckingham: Open University Press, 1997.

Whitehead, J., & Clough, N., Pupils, the forgotten partners in education action zones. Journal of Education Policy, 19(2), 2004.

찾아보기

기타

<저자 약력>

김 지 영

국립창원대학교 법학박사(행정법전공), 2024. 6.
국립창원대학교 교육학박사(특수교육학 박사), 2014.
국립창원대학교 교육학석사, 2010.
국립창원대학교 교육대학원 특수교육학과 강사(2015-2017)
김해가야대학교 특수교육학과 강사(2019-2022)
(現) 창원지방법원 신병불인수 청소년 위탁보호위원(2023.7-2025.7)
(現) 대한교육법학회 회원
(現) 한국장애인법연구회 회원
(現) 한국사회법학회 회원

〈주요 논문 및 저서〉

- 교육복지법 제정에 관한 연구, 창원대학교 법학박사 학위논문, 2024. 6.
- 장애인복지법상 진술조력인 제도의 현황과 개선방안(KCI 등재학술지), 한국사법학회, 2022.12.
- 동요를 활용한 음운인식 훈련이 언어장애를 동반한 정신지체 학생들의 음운인식과 읽기능력 및 단어재인에 미치는 효과(KCI 등재학술지), 한국청각언어장애교육연구, 2014. 12.
- 동요를 활용한 음운인식 훈련이 언어장애를 동반한 정신지체 학생들의 음운인식과 읽기능력 및 단어재인에 미치는 효과, 창원대학교 교육학박사 학위 논문, 2014. 2.
- 특수학교 교육과정 변천에 따른 교육목표의 특성 분석, 한국교육현상해석학회, 2010. 12.
- 특수학교 교육과정 변천에 따른 교육목표의 특성 분석, 창원대학교 교육학석사 학위 논문, 2010. 8.

교육복지법

초판인쇄 2025년 5월 15일
초판발행 2025년 5월 23일

지은이 김지영
펴낸이 박노일

총괄기획 최준규
편 집 이상민

펴낸곳 pnc publishing and culture 피앤씨미디어
경기도 고양시 일산동구 강송로 153 310-1501
등록 제396-2012-000203호
전 화 070)7550-3758 팩 스 02)6280-3758
홈페이지 www.pncmedia.co.kr 이메일 pnc@pncmedia.co.kr
ISBN 979-11-7401-001-8 93360

정 가 28,000원